El Libro de Astrología y Numerología de Zolar

El Libro de Astrología y Numerología de Zolar

Traducción: Enrique Mercado

SIMON &
SCHUSTER

AGUILAR
LIBROS EN
ESPAÑOL

ER
r
1230 Avenue of the Americas
New York, NY 10020

AGUILAR
LIBROS EN
ESPAÑOL

5 7 9 10 8 6 4

Impreso en los Estados Unidos de America
El catálogo de la Biblioteca del Congreso está pendiente.
Puede solicitarse información.

ISBN 0-684-81328-9

© Aguilar, Altea, Taurus, Alfaguara, S.A. de C.V.
Av. Universidad 767, Col. del Valle
México, 03100, D.F.
Teléfono 688 8966

EL LIBRO DE ASTROLOGÍA Y NUMEROLOGÍA DE ZOLAR
Título original en inglés:
Zolar's Book of Dreams, Numbers, and Lucky Days

Aguilar es un sello del Grupo **Santillana** que edita en Argentina, Chile,
Colombia, Costa Rica, Ecuador, España, Estados Unidos, México,
Perú, Portugal, Puerto Rico, República Dominicana,
Uruguay y Venezuela.

ÍNDICE

LOS SUEÑOS Y SU SIGNIFICADO

El campo de estudio de los sueños es vasto y puede dividirse en dos partes: la observación y la interpretación de éstos. Plutarco y Cicerón no desestimaron su estudio, y desde la antigüedad hasta nuestros días, numerosos autores han seguido su ejemplo, sin considerar aquéllos que proporcionan claves para descifrar los sueños, siempre tomadas de segunda mano.

Muchos sueños han sido famosos, sea por la notoriedad de quienes los soñaron o por los hechos que se afirma presagiaron.

Nadie que haya leído la Biblia desconoce el sueño en que Jacob vio la escalera que, apoyada en su pecho, ascendía a los cielos, augurio del alto destino de su raza; el sueño del faraón (el de las siete vacas gordas y las siete vacas flacas) que José interpretó como el inicio de siete años de abundancia seguidos de siete años de escasez, y tantos otros sueños en los que Jehová se apareció a Moisés y a los profetas. Sabrá también, por los Evangelios, del ángel que anunció a José, el carpintero, la maternidad sobrenatural de María; del otro ángel que le ordenó huir a Egipto para escapar de la matanza de los inocentes, y de la mujer de Pilatos, instada en sueños a rogarle a su esposo que salvara a Cristo.

Fue por un sueño donde vio laureles, como la madre de Virgilio supo que daría a luz un poeta. Un espectro amenazador le predijo en sueños a Bruto la derrota que sufriría al día siguiente en la batalla de Filipos. Calpurnia, la mujer de César, vio en un sueño el asesinato de su esposo. Catalina de Médicis supo por sus sueños que su marido perdería la vida en un torneo. Hallándose dormido, Enrique II de Francia escuchó una voz que le predijo que en pocos días sería herido en un ojo.

La princesa De Condé presenció en sueños la batalla de Jarnac, en la que su hijo hallaría la muerte. En sueños madame Roland supo que su madre moriría y madame de la Bedollier vio por vez primera al hombre con el que habría de casarse.

¿Son en verdad proféticos los sueños?

Todos hemos sabido de coincidencias inquietantes y asombrosas entre sueños y acontecimientos posteriores. Algunos científicos han llegado a creer que los sueños son una advertencia, al menos hasta cierto punto. Por otra parte, existen casos en que el sueño puede comprenderse fácilmente. ¿Cuántas mujeres de pescadores, por ejemplo, no han visto en sueños un naufragio la misma noche en que perecen sus esposos devorados por un destino demasiado común entre quienes se hacen a la mar? Pero ¿acaso estas mujeres no olvidan esos sueños cuando no ocurre algo?

Sin embargo, permítasenos recordar que, si en ciertas condiciones psicofísicas (especialmente bajo hipnosis) somos capaces de anticipar acontecimientos, no resulta extraordinario que el sueño se acompañe a veces de una sensación premonitoria, cuyas imágenes se convierten en formas simbólicas más o menos definidas.

Aun así, Thylbus afirma en su *Realm of Dreams* (Reino de los sueños) que apenas un sueño entre cientos podría ser predictivo. Nuestras visiones nocturnas se deben con frecuencia, como lo explicaremos más adelante, al estado en que se halla nuestro cuerpo, a una sensación física percibida durante el sueño o a un deseo reprimido (la teoría de Freud). Por lo tanto, antes de recurrir a un manual de sueños para intentar comprender el que nos preocupa, debemos recordar que sólo los sueños aparentemente inexplicables pueden tener un valor premonitorio.

Los egipcios llamaron a estos sueños "mensajeros del misterio", pues los creían enviados por la diosa Isis para, con la ayuda de Serapis, servir de amonestación y consejo.

Pero pasemos a explicaciones más serias.

En opinión de los ocultistas, la separación del ser en un yo material y un yo psíquico o astral rara vez ocurre en estado de vigilia; en todo caso, tiene lugar durante el sueño. Y si conciben los sueños como una especie de presentimiento o telepatía, se debe, dicen, a que a menudo durante el reposo el alma se encuentra liberada de la pesada carga del cuerpo material, lo que facilita el probable contacto con el mundo espiritual.

Los científicos, por su parte —o al menos los materialistas, que desechan toda hipótesis que no se someta al bisturí— explican los sueños como producto del flujo de la sangre por la cabeza; admiten únicamente causas fisiológicas y sostienen que son el resultado de la acción del sistema nervioso, sin comunicación con la realidad exterior. Mediante la suspensión, así sea parcial, del ejercicio de ciertas facultades (atención, voluntad, juicio), el acto de dormir libera todas las imágenes e ideas que la imaginación trae a la mente en completo desorden (de donde se deriva su incoherencia).

No puede negarse que las condiciones fisiológicas influyen en los sueños, y los antiguos estaban conscientes de ello, ya que antes de aceptarlos como signos consideraban el funcionamiento de los órganos, la posición del durmiente durante el sueño (que debía evitar cualquier presión sobre el hígado, espejo de los sueños vueltos realidad), la hora, el día y hasta la estación del año (pues, según ellos, el otoño y el invierno no eran buenas temporadas). A ello se debe que, siguiendo las enseñanzas del médico árabe Ibn Sirin (quien vivió en el siglo VIII a.C.), Moreau de la Sarthe y Main de Biran hayan distinguido dos clases de sueños: los intuitivos y los afectivos u orgánicos (relacionados y provocados por situaciones especiales, patológicas o de otro tipo, como, por ejemplo, un durmiente que siente frío y sueña con nieve).

Abundemos en cada una de estas categorías.

Como ya dijimos, sólo los sueños intuitivos tienen relación con la ciencia adivinatoria. Aun así, tal vez sea exagerado creer que los dioses se ocupan de nuestros asuntos insignificantes, al grado de utilizar esta vía para hacernos llegar sus consejos, y nos sorprendería ver las contradicciones que hay entre los diferentes manuales sobre sueños que se ofrecen a nuestra ansiedad por conocer el futuro. Por lo demás, ¡cuántas veces ha ocurrido que los presagios que creemos encontrar en nuestros sueños no se cumplen jamás!

Dijimos también que los ocultistas veían en los sueños una suerte de presentimiento o telepatía, que es la facultad de ver a distancia sin la ayuda de los sentidos. De acuerdo con las leyes del determinismo, los sucesos concernientes a cada uno de nosotros están siempre e indudablemente en preparación en el vasto territorio del mundo invisible; están en cierta forma en estado de germinación, como la semilla en el seno del surco. Pero esto ocurre en el mundo espiritual al igual que en el mundo físico, y así como no todas las semillas dan fruto, no todos los presagios se vuelven realidad. En ocasiones nuestra voluntad detiene o precipita el curso de los acontecimientos, después de ver en sueños una advertencia.

No debemos considerar las interpretaciones de los sueños como predicciones. Basta con ser realistas y entender los sueños más bien como reminiscencias o reflejo de nuestras preocupaciones. No debemos tomar las claves para descifrar sueños literalmente. Todo lo que podamos decir respecto de la búsqueda del hombre en el futuro debe estar basado exclusivamente en hipótesis y coincidencias.

Los antiguos aseguraban que mediante recetas, amuletos, plegarias e imágenes era posible procurarse sueños dulces y apacibles y evitar los desagradables. Por tal motivo solían recomendar colocar una rama de laurel junto a la cabeza del durmiente. ¿Más consejos sobre el particular? Según los sabios de la antigüedad, la tranquilidad mental es la fuente de los sueños felices; el hombre justo que va a la cama con pensamientos agradables tendrá sueños hermosos. Para evitar sueños aterradores, escribieron, conviene no leer de noche.

No sólo las enfermedades más graves, sino también las más leves indisposiciones pueden originar sueños peculiares. Desafortunadamente su significado es muy incierto: ignoramos su vínculo con el foco y la naturaleza de las afecciones que los acompañan. Lo único que sabemos es que durante el sueño la labor patológica que se lleva a cabo en las profundidades de nuestro organismo induce sueños que están en relación más o menos directa con el órgano afectado. Tan es así que en ocasiones nuestros sueños pueden llevarnos a sospechar la presencia de una enfermedad no manifestada durante la vigilia. He aquí algunos ejemplos: Una dolencia cardiaca o circulatoria se anuncia a veces, antes de su aparición obvia, mediante penosos sueños o pesadillas seguidos de tristes presentimientos. Si los sueños se repiten con frecuencia, quizá se trate de síntomas anticipadores de alguna lesión severa, difícil, si no es que imposible de prevenir. Una vez que la lesión se presenta, los sueños tienden a acortarse; ocurren por lo general apenas iniciado el descanso y se interrumpen por un súbito despertar. Se combinan con una muerte prematura en circunstancias trágicas. De acuerdo con las observaciones de varios especialistas, los sueños en los que predomina el color rojo u ocurre un asesinato son aviso de hemorragias espontáneas, y cuanto más intensos y detallados sean, tanto mayor consideración merecen. Es especialmente en las etapas prodrómicas de la neurosis o de la enajenación mental, cuando el carácter de los sueños es tan complejo y extraordinario que debe llamar la atención de los médicos. Antes de mostrarse definitivamente, la locura suele manifestarse a través de espantosas pesadillas que auguran lo peor.

Pero más que precederlas, estos fenómenos acompañan habitualmente las enfermedades. Las personas que padecen fiebre sienten en ocasiones una sed muy intensa, y en sus sueños no pueden saciarla. Se sabe de individuos que al levantarse, tras haber soñado que les cortaban una pierna o que ésta se convertía en piedra, presentan síntomas de parálisis, o no tardan en manifestarlos. El enfriamiento de un órgano o la opresión prolongada suelen ir aparejados de sensaciones similares.

Tanto la medicina china como la hindú han recurrido durante siglos a los sueños como fuente de información para el diagnóstico de enfermedades. En este sistema los sueños se dividen en cinco clases, según el órgano al que corresponden: el corazón, los pulmones, los riñones, el bazo y el hígado. Cada clase se subdivide a su vez en dos condiciones normales del órgano respectivo; éstas no provocan sueños de ninguna especie. La siguiente relación abreviada de sueños que denotan una disfunción orgánica es una muestra de esta ciencia asiática y de sus rigurosos principios.

1. Sueños de fantasmas, monstruos y seres aterradores: signo de disfunción del corazón (obstrucción de vasos sanguíneos), saturación. Sueños de incendios, llamas, humo, luces:

signo de disfunción del corazón; mareo debido a un debilitamiento del flujo sanguíneo y disminución del ritmo cardiaco.

2. Sueños de peleas, guerra, armas, soldados: signo de disfunción de los pulmones, saturación. Sueños de llanuras, mar, campo, caminos intransitables y viajes: signo de disfunción del corazón.

3. Sueños de fatiga excesiva, dolor de riñones: signo de disfunción de los riñones; sobresaturación de los canales. Sueño donde se nada con dificultad y con peligro de ahogamiento: signo de disfunción de los riñones.

4. Sueños de canciones, festividades, música, diversión: signo de disfunción del bazo, inicio de saturación de los canales. Sueños de peligros, batallas, disputas, comidas abundantes: signo de disfunción del bazo.

5. Sueños de bosques impenetrables, montañas empinadas, árboles: signo de disfunción del hígado, saturación. Sueños de pastos, prados, arbustos, campos: signo de disfunción del hígado.

Por último, soñar con arroyos, manantiales o cascadas es signo de anemia, mientras que sueños con homicidas, colgados o estrangulados indican asfixia asmática.

Más adelante comprobaremos que este diagnóstico a través de los sueños es muy similar, en algunas de sus inducciones, al que han realizado en casos semejantes los médicos occidentales, aunque un poco más detallado.

De cualquier forma, hoy en día se reconoce por lo general que las pesadillas angustiosas —de asfixia con la sensación de muerte inminente— son señal de una obstrucción en los principales vasos sanguíneos del cerebro y el corazón. Sería recomendable enfrentar estos indicios de congestión con un cambio en el estilo de vida. Lo mismo puede decirse en el caso de sueños frecuentes de parálisis total o parcial, indicativos de problemas circulatorios.

Aquí, al menos, los sueños ofrecen un interés confiable, y es probable que esta aplicación práctica de la oniromancia haya sido la base de esta ciencia en la antigüedad. Cometeríamos un error si despreciáramos su estudio con el pretexto de que los místicos, y después los charlatanes, deformaron su propósito original.

He aquí algunos ejemplos de sueños carentes de valor:

a. Sueños de las primeras horas de descanso durante el periodo de la digestión.

b. Sueños con una cosa o persona de la que escuchamos algo recientemente.

c. Pesadillas febriles debidas a un dolor, un susto, la lectura de un libro o algo que vimos.

d. Sueños que resultan de la manera de dormir, de la posición del durmiente.

e. Sueños provocados por una enfermedad o alguna causa externa obvia (ruido, frío, etcétera).

El sueño verdaderamente revelador ocurre en medio de nuestro periodo de descanso, comúnmente entre las tres y las siete de la mañana, cuando las funciones digestivas han concluido, el cuerpo se halla en buen estado de salud, la mente no ha sido expuesta a emoción alguna, y la posición normal de reposo no causa problemas a ningún órgano. De acuerdo con Ibn Sirin, autor del primer tratado sobre sueños, «el durmiente que descansa correctamente debe haberse abstenido de todo alimento y bebida. Se habría ido a la cama con el corazón alegre y la mente tranquila, luego de haber obedecido los preceptos del Corán tocantes a rezos y abluciones».

Interpretación de los sueños

Las reglas generales de interpretación de los sueños son:

a. La gravedad e importancia de los sucesos que presagia se relacionan directamente con la intensidad de la impresión que los augurios hayan causado en el sueño.

b. La fecha en que debe ocurrir el suceso que presagia se halla en proporción: 1) en el caso de un animal, a su periodo de gestación, incubación o salida del cascarón; 2) en el caso de algo visto, a la distancia a la que se encontraba del durmiente en el sueño; 3) en el caso de un hecho que se repite una y otra vez, a la frecuencia de su repetición, etcétera.

c. Con sus muchas excepciones, el significado del sueño es por lo general contrario a lo que se soñó. Así, soñar con la muerte significa matrimonio o dicha; un asesinato, seguridad; un espejo, traición.

d. Sin embargo, las monstruosidades, deformidades y horrores vistos en sueños significan males.

e. La derecha es buena (igual que los números impares); la izquierda, fatal.

f. Todos los felinos salvajes y animales de gran tamaño significan males.

g. Todos los animales domésticos, especialmente si son de color claro (excepto los gatos), son buen augurio.

h. Los reptiles son el peor presagio (calumnia, deshonestidad, traición).

i. Los peces significan abundancia y riqueza si son hermosos y aparecen en la superficie del agua; pero si se encuentran en el fondo, indican peligro grave.

j. Las aves vistas en sueños: a la derecha o el este, beneficio; a la izquierda o el oeste, maldad; de alto vuelo, buena suerte; de vuelo bajo, mala suerte; cantando, éxito; ocultando la cabeza, mala suerte; volviendo la cabeza, contrariedad; con la cabeza bajo el ala, enfermedad de una persona muy querida; en dirección al soñador, motivo de alarma; heridas, traición.

k. Las frutas significan abundancia, a menos que su estación haya pasado ya en el momento del sueño.

l. Las verduras son una premonición terrible, con dos excepciones: champiñones y chícharos guisantes.

m. Las diversas partes del cuerpo indican las personas a quienes se refieren los sueños: la cabeza se relaciona, en las interpretaciones modernas, con el durmiente mismo; los dientes, con un pariente cercano; la mano derecha, con los hermanos y hermanas del soñador; la mano izquierda, con sus hijos; el pie derecho, con sus padres o abuelos; el pie izquierdo, con sus sirvientes.

n. Un dolor o enfermedad indica la urgencia de consultar a un médico.

o. Las armas son augurio de traición o rompimiento.

p. Un animal del mismo sexo del durmiente nunca anuncia buena fortuna. Lo contrario es, por supuesto, buena señal.

q. Todos los sueños de grandes esfuerzos anticipan dificultades por enfrentar. No obstante, si tales esfuerzos son leves o se ven coronados por el éxito, puede esperarse un final satisfactorio. Si, por el contrario, la labor soñada es difícil, será señal de serios obstáculos.

r. Un objeto de color claro, brillante, nuevo o lleno es buen augurio.

s. Un objeto de color oscuro, opaco, viejo, usado o vacío significa males.

t. Ascender es siempre bueno.

u. Descender es malo; denota al menos una pérdida.

v. Es preferible no soñar con insectos (preocupaciones, angustias).

w. Soñar con enemigos es desafortunado.

x. Soñar con parientes o amigos vivos con quienes se está en buenos términos es señal de buena suerte.

y. Para una niña o adolescente soñarse casada significa «rompimiento»; accidente, quizá muerte.

z. Todas las sombras oscuras o negras son malos presagios, pero las sombras claras tienen un significado alentador. Todo color intenso indica una pasión desbordada; cualquier color combinado con negro significa lo contrario de su sentido particular.

Éste es el significado de los colores más comunes:

Rojo carmín: amor intenso.

Rojo y negro: odio profundo.

Rojo ocre: pasión violenta.

Rojo claro: afecto.

Amarillo oscuro: bajas pasiones.

Amarillo canario: comodidades materiales.

Verde pino: maldad, amenaza.

Verde claro: serenidad, alegría.

Azul marino: dominación.

Azul celeste: pureza, felicidad.

Morado: poder.

Morado y negro: intriga, traición.

Morado oscuro: pesar.

Morado claro: bondad, sagacidad.

Anaranjado: felicidad en el amor.

Índigo: beneficio.

Blanco: alegrías familiares.

Negro: duelo, muerte.

Marrón: melancolía, peligro.
Blanco de España: buen augurio.

Análisis de los sueños
El proceso de análisis de los sueños comprende los siguientes pasos:

1. Registro del sueño.

2. División del sueño en sus partes o elementos.

3. Descubrimiento, mediante la memoria común, del material reciente de los sueños.

4. Descubrimiento, mediante libre asociación, del material remoto y subconsciente.

5. Identificación del deseo o temor instintivos que es la fuerza emocional de la obsesión oculta y la causa fundamental del sueño.

Con un poco de práctica se es capaz de analizar sueños sencillos con una rápida asociación libre de la más significativa escena o suceso del sueño.

Pero como ocurre con todo nuevo arte o procedimiento, para dominarlo es necesario ejecutar desde el inicio cada paso con todo cuidado. A medida que se adquiriera destreza y experiencia, se podrán omitir muchos detalles y abordar de inmediato el meollo del asunto, para obtener resultados más rápidamente.

Una mente experimentada en el análisis de sueños es capaz de identificar casi de inmediato el elemento significativo del sueño y extraer del subconsciente con apenas unos cuantos eslabones de la cadena de libre asociación, tanto las causas fundamentales como su sentido.

Pongamos un ejemplo: Recientemente un conocido mío, experto en esta actividad, me relató el análisis que hizo de un sueño en cuestión de minutos esa misma mañana, mientras se vestía.

El sueño era muy complejo, pero el elemento significativo consistía en que se vio llevando a su sobrina, en circunstancias sumamente sospechosas para otros, a un hotel de dudosa reputación. A una persona poco familiarizada con el análisis de los sueños esto le habría parecido horrible, dado que aparentemente reflejaba la intención del soñador de seducir a su propia sobrina. Pero mi amigo sabía, por análisis previos, que en él no existía tal intención subconsciente hacia su sobrina, que era más bien fea y muy alejada del tipo de mujer que habría despertado su instinto sexual, aunque no fuera pariente.

El proceso de libre asociación le permitió desenredar rápidamente esta maraña. En los últimos meses mi amigo le había insistido a su sobrino, hermano de la muchacha que apareció en el sueño, que fuera a visitarlo a Nueva York, invitación que había inquietado a los padres, quienes vivían en una ciudad pequeña y consideraban Nueva York como un centro de perversión. Mi conocido había escrito entonces a su hermana diciéndole: «Si él [el sobrino] fuera mujer, tendrías de qué preocuparte.» El sobrino es tan apuesto como fea la hermana, de manera que el soñador pensó en su subconsciente: «Lo que les preocupa a mis queridos parientes es que el chico se pervierta en esta maldita ciudad. Si él fuera mujer, ni siquiera me atrevería a invitarla, porque sus padres piensan que por vivir en Nueva York soy un bribón perverso, y quizá incluso sospechen que le he echado el ojo a la chica.»

Este pensamiento se convierte en la idea dramatizada en el sueño. Parece alarmante, pero el análisis reveló que la causa inofensiva del sueño fue el deseo del durmiente de que sus familiares dejaran de preocuparse pensando que la ciudad corrompería a su sobrino.

Estos breves análisis suelen ser certeros cuando se tiene mucha práctica, pero al principio es mejor seguir puntillosamente los cinco pasos mencionados, en los que abundaré a continuación.

En un antiguo libro inglés de cocina aparece una frase muy cómica. La receta se titula «Cómo preparar una liebre». Las instrucciones empiezan así: «Lo primero que debe hacer es atrapar la liebre.» Uno pensaría que es posible comprar una liebre en el mercado, pero supongo que el autor de este libro de cocina creía que era mejor atrapar la liebre para garantizar su frescura.

Este consejo también es útil para nuestra receta de análisis de los sueños, porque siempre es mejor un sueño fresco que uno ya viejo. Por viejos me refiero a aquéllos soñados hace tiempo y que en su momento le parecieron peculiares o reveladores. Quizá fueron contados varias veces, pero los sueños, como los chismes, se van haciendo más grandes cuanto más se cuentan. Los sueños que se escriben casi inmediatamente después de haberlos tenido están libres de esa falta.

Pero existe otra razón por la cual los sueños que se analizan deben ser frescos, y es que en el análisis se rasca en el subconsciente mediante la libre asociación a fin de descubrir lo que está detrás de los sueños. En consecuencia, cuanto más reciente sea el sueño, tanto más fácilmente se encontrarán los motivos que lo produjeron.

Parecería entonces que los sueños deben analizarse de inmediato, pero en la práctica resulta que esto no siempre funciona, sobre todo cuando uno se despierta a media noche y pretende analizar el sueño que acaba de tener. La mente se encuentra entonces demasiado adormilada o, en el caso de un sueño de emociones intensas, demasiado excitado emocionalmente. Lo mismo ocurre con el sueño que uno recuerda al despertar si se pretende analizarlo aún sin levantarse de la cama. Es preferible repetirlo en la memoria consciente para asegurarse de recordarlo, o mejor aún, anotarlo en una libreta y volver a dormirse si es media noche, o bien levantarse si es de mañana.

Después, a cualquier hora del día (es decir, antes de volver a acostarse en la noche siguiente) en que se disponga de un momento de tranquilidad, se debe recordar o releer el sueño y analizarlo. La única excepción es el sueño de la siesta del medio día, que convendría analizarlo lo más pronto posible, luego de haberse desamodorrado.

Es muy común analizar los sueños por la noche. Pero si uno deja pasar una segunda noche, se corre el riesgo de que el análisis resulte más difícil, por la mezcla de recuerdos de distintos sueños. En cambio, si sólo transcurre un día, quizá se olviden algunos detalles, pero no los elementos básicos del sueño, ya que son importantes para el subconsciente, y por lo tanto más fáciles de retener. De hecho pueden recordarse durante años o toda la vida, como lo demostrará el propio análisis de los sueños. Hago estas sugerencias respecto del mejor momento para efectuar el análisis sólo para resaltar las condiciones más favorables. Sin embargo, también sueños viejos pueden analizarse, pero los frescos, los de la noche anterior, son más fáciles de examinar.

La sugerencia de dividir el sueño en sus elementos persigue el propósito de evitar el riesgo de pasar por alto alguna parte que quizá no parezca especialmente importante pero que resulte serlo al efectuar el análisis.

Para ello no existen reglas ni fáciles ni difíciles, pues los elementos de todos los sueños son en esencia los mismos de un relato: escenario, personajes y acciones o incidentes.

El escenario es simplemente el lugar en el que transcurre el sueño. Bien puede tratarse de un lugar conocido que pueda señalarse con unas cuantas palabras: «Estaba en la sala de la casa de mi tío.» Más tarde, el escenario puede cambiar: «Pero después aparecíamos a la orilla de un lago y un velero venía hacia nosotros.» Estos lugares u objetos sobresalientes son elementos del sueño. Tal vez sean familiares y baste nombrarlos para crear una imagen, pero también puede tratarse de cosas y lugares desconocidos que se requiera describir con detalles.

El segundo elemento de los sueños son los personajes; es decir, las personas que intervienen, aunque en ocasiones también los animales y hasta ciertos objetos adoptan características humanas, como suele ocurrir en los cuentos fantásticos. «Mi tío estaba en una recámara, y usaba barba, como solía hacerlo cuando yo era niño.» En este caso el personaje es el tío, pero debe considerarse el rasgo distintivo que sugiere que los hechos ocurridos en el sueño tienen relación con una experiencia infantil del durmiente. «Íbamos a pescar y yo atrapaba un pez, pero al tratar de quitarle el anzuelo, se convertía en un animal peludo.» El pez y el animal peludo son auténticos personajes de este sueño, y probablemente resulten ser elementos importantes. «Después el bote volvía a la orilla y de éste salía una muchacha muy hermosa con rizos largos y dorados que no conozco y estoy seguro de que no es alguien que haya conocido alguna vez.» Aquí tenemos otro personaje del sueño cuya sola descripción demuestra que es importante; tal vez su identidad sea descubierta en el curso del análisis.

Las acciones o incidentes del sueño tienen por supuesto

una estrecha relación con el escenario y los personajes, de manera que casi nunca pueden separarse. «Yo atrapaba un pez» es una acción, como también «pero el pez se convertía en un animal peludo», o «del bote salía una muchacha hermosa... se acercaba a mí, me arrebataba la caña de pescar y la lanzaba al lago.» Todos estos hechos son ejemplos de acciones e incidentes.

Para reordenar el material del sueño no es necesario dividirlo en sus elementos como yo lo he hecho, en tres grupos: escenarios, personajes y acciones; pero tomar en cuenta estos tres tipos de elementos en la historia de un sueño permite hacer una división más completa. Al recorrer el sueño en su sucesión natural, se advierte la presencia de estos elementos sin extraerlos del lugar que les corresponde. Si se dispone de una versión escrita del sueño, pueden subrayarse las palabras o frases importantes.

El durmiente es simplemente uno más de los elementos del sueño, pero su caracterización en él es tan significativa que me detendré en este punto. Lo primero que debe considerarse es si uno aparece en el sueño como uno mismo y si se es actor u observador en el drama. Nueve de cada diez veces el durmiente aparece en las escenas del sueño, pero en ocasiones luce como es en el presente, y en otras como fue en otro periodo de su vida. En raras oportunidades el durmiente aparece en un estado o condición que nunca ha vivido pero que en el pasado imaginó como su estado futuro. He comprobado que con frecuencia las mujeres sueñan cosas como: «Estaba casada con tal persona, o con un hombre de este tipo.» Los hombres, en cambio, no suelen soñarse casados, aunque sí enamorados o teniendo relaciones sexuales.

Puede ocurrir que uno sea el actor del sueño pero con una identidad diferente. La transferencia de personalidad es resultado del pensamiento «Me gustaría ser así o asá» o «Si yo fuera tal y tal»...

No existe una distinción definida entre material reciente y remoto en los sueños. Si se menciona aquí es porque ayuda a realizar el análisis. Como se sabe, la mayoría de los sueños, si no es que todos, son producto de ciertas vivencias o pensamientos del día anterior o recientes.

El material de nuestros sueños puede determinarse con sólo repasar sus elementos, uno por uno, y preguntarse qué suceso o idea recientes pudieron motivarlo.

De cualquier forma, no todos los elementos del sueño son provocados por un hecho reciente; suele ocurrir que únicamente aquéllos que representan hechos desencadenantes sean fáciles de explicar. Pero por extraño que parezca, los que son significativos no siempre surgen al inicio. Un hombre soñó que de la cabecera de su cama se desprendía un tablón que le cortaba la cabeza; todo indicaba que el sueño se originó a partir de un hecho reciente, pero tal elemento apareció hasta el final.

Este caso es indudablemente excepcional, pero no es de extrañar que el acontecimiento que motiva al sueño aparezca en las partes finales del relato. En consecuencia, para realizar un análisis completo se deberá revisar cada elemento y determinar qué hecho o idea recientes pueden explicarlo. Este examen constituye la esencia misma del proceso, ya que los pasos anteriores son sólo preparatorios, y van acompañados de la libre asociación.

Se debe aislar cada elemento del sueño y dejar que a partir de una escena, personaje o acción la mente los asocie libremente con recuerdos y experiencias que estén en el subconsciente. Es sorprendente la rapidez con que se obtienen resultados y la claridad con que se identifican las fuentes subconscientes más profundas que motivaron el sueño o le transmitieron su energía conductora.

Por lo común se encuentran semejanzas entre los acontecimientos recientes más importantes que motivaron el sueño y los que ocurrieron hace muchos años, quizá décadas.

Ello no significa que en esta etapa del análisis se desentierren siempre recuerdos muy viejos, porque algunos sueños que aparentemente son causados por hechos recientes incluyen elementos subconscientes de hace mucho tiempo, los cuales explican que los acontecimientos recientes, representados en el sueño, sean significativos para el subconsciente.

No proporcionaré aquí ejemplos de este paso de la operación porque prefiero concluir la descripción del proceso.

Con frecuencia, el deseo o temor emocional instintivo se

reconoce inmediatamente con sólo recordar ideas y experiencias que están detrás del sueño. Sin embargo, no siempre será tan evidente. Quiero destacar aquí que la mera identificación de los elementos intelectuales de los recuerdos del sueño no constituyen el análisis científico de éste. Mientras la emoción fundamental, ya sea deseo o temor, que une el material del sueño y forma la obsesión del subconsciente, siga oculta y no se comprenda, no se habrá analizado completamente el sueño. Cuando se descubre la esencia de su estructura, todo el sueño y su significado se esclarecen de golpe, y entonces concluye el análisis.

Aquellos sueños cuyo material remite al pasado, y que revelan deseos o temores puramente subconscientes, son los más importantes en el auto-psicoanálisis. Pero esto no significa que todos los sueños sean de este tipo. Es verdad que todos expresan temor o deseo, pero algunos pueden tomar el material de la vida reciente, y los deseos y temores que los precipitaron, ser también conscientes.

Esto no significa que tales sueños deban considerarse como carentes de importancia, pues todos ayudan a conocerse mejor. Pero lo cierto es que sólo los deseos y temores más remotos resultan fundamentales en la naturaleza del durmiente, y como éste no tiene conciencia de ellos, son la fuente más probable de conflicto con los pensamientos y acciones conscientes.

He descrito los cinco pasos del análisis de los sueños como si debieran darse por separado. En la práctica se combinan, y conforme se adquiera experiencia, se podrán hacer más combinaciones.

Al recordar o escribir un sueño, se advertirán sus elementos, y con sólo hacerlo volverá a la memoria, sin esfuerzo alguno, el material de los últimos sueños. En ocasiones también se hacen asociaciones y se descubre al mismo tiempo material subconsciente remoto; se revelan así temores o deseos instintivos. En el siguiente análisis presentaré, en la medida de lo posible, el proceso del pensamiento como ocurre en la práctica. A medida que avance en estos ejemplos, seré más sintético y omitiré algunos detalles intermedios.

El sueño: Encontraba en la calle a un hombre que no

reconocía. Cuando pasaba a su lado me tomaba del brazo y me llamaba por mi nombre; entonces me daba cuenta de que era mi viejo amigo Orvis, a quien no he visto desde hace años. Lucía extraño, parecía más joven y fuerte de como hubiera esperado encontrarlo. Me pedía que lo acompañara a su oficina. Aceptaba y descubría que ésta era agradable y denotaba prosperidad. Cuando mi amigo se quitaba el sombrero, me sorprendía ver que su cabello era abundante y negro, cuando en realidad la última vez que nos encontramos estaba casi calvo, y el poco cabello que le quedaba empezaba a encanecer.

Material reciente: Davis me llamó un par de días antes y hablamos de Orvis; nos preguntamos qué sería de él. Comentamos que había envejecido y no debía irle muy bien.

Análisis por libre asociación: No reconocí a Orvis, se veía más joven, tenía una enorme melena oscura; pero ya está calvo, es la persona más calva que conozco. Supongo que yo también me quedaré calvo algún día (sugiere elemento de deseo-temor). Hace apenas una semana o algo así me vi en un espejo mientras un rayo de sol iluminaba mi cabeza y me di cuenta de que cada vez tengo menos cabello. (Material reciente por asociación y elemento de ansioso temor cada vez más obvio.) En lugar de calva, Orvis no sólo tenía abundante cabellera, sino que además era negra, cuando en realidad es gris. El otro día mi esposa me quitó una cana (más material reciente y se sugiere un elemento deseo-temor secundario). A Orvis le iba muy bien en los negocios y se veía más joven y fuerte de como hubiera esperado encontrarlo.

No es necesario continuar con este detallado análisis, pues el sueño está claro y su análisis es evidente. El temor fundamental es el envejecimiento. Y este temor a la decadencia general originada por la edad es el elemento emocional de la obsesión que motiva ideas específicas como calvicie, encanecimiento, pérdida de la energía juvenil y fracaso en los negocios.

Más específicamente, la causa del sueño es mi temor a quedarme calvo. Sin embargo, en el sueño yo no era calvo, sino que veía al más calvo de mis amigos con una espléndida cabellera negra. Por lo tanto, el elemento de deseo (precisamente contrario al temor) es que la calvicie pueda ser prevenida o atacada si se manifiesta.

En el sueño están también otros deseos menores, en específico uno del cual nunca había tomado conciencia por considerarlo una frivolidad: me gustaría que mi cabello fuera negro. Es obvio que este deseo me ha acompañado toda la vida en el subconsciente, porque siempre me han parecido atractivos los hombres con cabello negro, y el mío es de un café indefinido.

Este sueño es muy simple y fácil de analizar dado que contiene material reciente, asequible al consciente. Aun así, se requiere cierto grado de análisis, ya que en lugar de aparecer yo mismo calvo, aparece con cabello un conocido que es calvo. El significado inmediato del sueño es que a Orvis le había crecido cabello y lucía joven y próspero. Cuando hablé con Davis, deseé conscientemente que a Orvis le estuviera yendo bien en los negocios, pero no se me ocurrió pensar en su apariencia o su calvicie, o cuando menos no en forma consciente. Sin embargo, en mi subconsciente surgió la idea del riesgo de quedarme calvo, lo cual se hizo evidente al asociar el recuerdo del sol alumbrando mi cabeza. La rapidez con que hice esta asociación confirma la preocupación en mi subconsciente de mi calvicie, no la de mi amigo. Pero aun así, quien apareció en el sueño con una nueva cabellera fue Orvis. Éste es el elemento de dramatización o simbolismo del sueño. Mi subconsciente quería dejar salir el tema de la calvicie, y se sirvió de Orvis para representarlo; la cabellera negra fue la excelente expresión dramática o simbólica de mi deseo de no quedarme calvo.

Aunque simple, obvio y de escasa importancia, este sueño ilustra a la perfección tanto el mecanismo característico de los sueños como el método de su análisis.

Siguiendo las huellas de Freud, muchos psicoanalistas han hecho negocio elaborando y pubicando fascinantes listas de los símbolos de los sueños a partir de numerosos casos de simbolismo onírico. No cabe duda de que muchas personas han tenido sueños con los mismos símbolos, pero ello no es razón para creer que éstos signifiquen siempre lo mismo. Al analizar uno sus sueños se revela un simbolismo propio.

Conviene insistir en este punto. La sola formulación de un sueño y su análisis parecerían en sí mismos un caso de simbolismo forzado, pero cuando se dispone de la información necesaria, incluyendo la relativa a sueños anteriores, el simbolismo deja de ser un misterio.

Un soñador, al que llamaremos Smith, sueña que se encuentra en una canoa al lado de un hombre al que llamaremos Jones. Reman. Su canoa está amarrada a otra, en la que no va nadie.

Si yo dijera que la canoa en la que reman estos señores es cierta señorita, a la que llamaremos señorita Brown, y la canoa de atrás es la señora Smith, la esposa del soñador, cualquiera exclamaría: «¡Qué barbaridad!» Pues bien, así es, y este análisis lo hizo el propio Smith.

«Soñé que Jones y yo íbamos remando en una canoa a la que estaba amarrada otra, vacía. Eso fue todo o, más bien, todo lo que pude recordar de mi sueño al despertar. Al analizarlo, advertí que no tenía indicios para relacionar a Jones con la experiencia de ir en una canoa, y no recuerdo haber deseado nunca ir a remar con él en canoa. Lo único que sé de él es que sale con la señorita Brown. El problema es que ella me resulta atractiva, y recuerdo haber sentido deseos, durante mis vacaciones de verano, de que ella estuviera ahí conmigo para ir juntos a remar al lago, ella y yo solos en una canoa. En ese momento recordé de pronto otro sueño, que seguramente tuve antes esa misma noche pero lo había olvidado al despertar. Yo iba en una canoa con la señorita Brown, y Jones iba en el otro extremo; ambos remábamos.

«Me gustaría que la señorita Brown compartiera su amor con los dos; es decir, la quiero para mí, pero reconozco que Jones es una buena persona a la que no tengo derecho de eliminar. Sería maravilloso que fuera novia de ambos. Pero yo estoy casado, y a mi esposa no le gustaría. Si yo me fuera con la señorita Brown, mi esposa se quedaría sola. No lo soportaría ni estaría dispuesta a renunciar a mí, así que vendría con nosotros. La canoa vacía de atrás es mi esposa.

«El deseo que se manifiesta en el sueño es, por supuesto, que la señorita Brown fuera mía, pero para eso tendría que compartirla con Jones y resignarme a que mi esposa nos siguiera, sola. Al principio, las mujeres iban en las canoas, pero desaparecían de repente, o más bien las canoas adoptaban su representación. Es obvio que mi deseo subconsciente de poseer a la señorita Brown resulta un tanto ridículo, tomando en cuenta las circunstancias en las que tendría que aceptarla...»

El análisis de este sueño se facilitó gracias al recuerdo que suscitó el sueño anterior, en el que la señorita Brown estaba en la canoa. Este segundo sueño es la evidencia contundente de que las canoas simbolizan efectivamente a las mujeres, y demuestra la sencillez con la que es posible llegar a tal conclusión dado que el sueño continuó a pesar de que las mujeres que lo motivaron desaparecieron de la escena o, mejor dicho, se fundieron con las canoas y terminaron siendo simbolizadas por ellas. En ningún momento la esposa del durmiente apareció en los sueños, pero su participación en ellos quedó de manifiesto al analizar el conjunto.

Salta a la vista el valor psicoanalítico del análisis de este sueño. Es muy probable que Smith no hubiera admitido conscientemente que estaba enamorado de la señorita Brown, amor que en todo caso le parecía ridículo debido a su condición presente y al hecho de que él admiraba al novio y de ninguna manera deseaba ofenderlo. El soñador seguía enamorado de su esposa, pero subconscientemente había desarrollado una obsesión amorosa secundaria. Así, su impulso amoroso estaba dividido, y una parte de su energía sexual instintiva se dirigía a la otra mujer, con lo que su amor por su esposa había disminuido. El trasladar a la conciencia esta información del subconsciente tendrá el efecto natural de que el individuo concentrará todo su amor en su esposa, porque desde la perspectiva de la razón y el sentido común resulta evidente que su amor por la otra mujer es imposible.

El sueño de la noche anterior a la boda

Quizá el relato de este sueño no corresponde con lo que uno imaginaría por el título. Lo tuvo una muchacha la noche anterior a su boda, y tanto el sueño mismo como su análisis parecerían una película de suspenso. El sueño es simple; lo importante está en la manera en que el análisis reveló la vida subconsciente de esta muchacha.

Soñó que un perro y un gato que tuvo de niña se peleaban. El gato perseguía al perro a toda prisa, mientras éste aullaba muerto de miedo. A la chica le pareció ridículo que el perro se dejara atemorizar por el gato, y llegó a dudar de que fuera un perro de verdad.

Al día siguiente se casaría con un hombre al que llamaremos Henry, a quien apenas tenía unos meses de conocer. No estaba segura de quererlo mucho, pero sí de que casarse con él era lo mejor que podía hacer. Su argumento era que Henry era rico, además de todo un caballero, sereno y refinado. La quería mucho y ella sabía que siempre sería tierno y cariñoso. Pero era de baja estatura: unos cinco centímetros menos que ella; había tenido que comenzar a usar zapatos de tacón bajo desde que lo conoció. Qué diferencia con Albert, el muchacho con quien salía antes de conocer a Henry. Albert era enorme, velludo, un poco brusco; ella lo amaba, pero una vez habían tenido una pelea fuerte y ella empezó a tenerle miedo, a temer casarse con él.

Pensó entonces en el sueño de la pelea del gato y el perro. El gato le había ganado al perro. Se acordó de cuando jugaba con ellos siendo niña. Al gato lo llamaba Mamá, y al perro Papá; ignoraba todo acerca del sexo. Recordó lo incómoda que se había sentido su madre el día en que, ella, inocentemente, dijo frente a unas visitas que el perro era papá de los gatitos del gato... Recordó también que ese incidente había provocado una discusión entre sus padres, en la que su mamá parecía empequeñecida y asustada.

Entendía ahora el significado del sueño: le habría gustado que su madre hubiera ganado esa «peleas», aunque en su sueño el perro se hubiera visto ridículo aullando y huyendo a toda velocidad del gato... ¡Qué ridículo sería un hombre que le tuviera miedo a una mujer! No se había casado con Albert porque le tenía miedo; era un hombre fuerte y rudo, como su padre. ¿Pero era posible entonces que su decisión de casarse con Henry se debiera a que era pequeño, cortés y dócil, así podría «manejarlo»? Pensó en ese momento que tenía que estar loca para casarse con un hombre al que no respetaba por tenerle miedo a ella.

Todo era muy claro. Nunca antes lo había admitido para

sí, pero la causa de que hubiera dejado a su varonil y gigantesco novio y accedido a casarse con aquel otro hombrecito era que en su niñez le había resultado insufrible ver a su madre dejarse amedrentar e intimidar por un hombre fuerte. La obsesión de su infancia la predispuso contra los hombres fuertes, pero era una obsesión que se oponía a su instinto amoroso natural, inclinado precisamente hacia ese tipo de varones.

La revelación de estas verdades subconscientes le hizo ver que no podía casarse con el hombrecito, aunque fuera mucho más rico y refinado que el hombre del que ahora se daba cuenta que estaba realmente enamorada. Se puso de pie y le envió a Henry una nota para cancelar el compromiso, que tan cerca había estado de convertirse en matrimonio; y cuando se trasladó a otra parte de la ciudad, lejos de miradas indiscretas, le hizo llegar a Albert un mensaje pidiéndole que le llamara.

El complejo de culpa de una esposa

El sueño: «Yo estaba casada con mi esposo, pero también Mary X. Los tres vivíamos en la casa [la casa de la soñadora en la vieja granja familiar]. Él estaba pintando y yo le detenía las pinturas, mientras Mary X le hacía sugerencias sobre el cuadro. Yo quería intervenir, pero ella sabía más sobre su arte y él no se ocupaba en absoluto de mí. Entonces le pedía yo a Mary X que fuera por las vacas a los pastizales. Al hacerlo me volteaba hacia mi esposo y le decía: 'Vámonos antes de que regrese'.»

El análisis: Este sueño es un caso evidente de sustitución de una persona por otra. Mary X era una estudiante de arte a la que la soñadora y su esposo, pintor, habían conocido apenas unos días antes del sueño. La esposa había sentido celos, como sentía por todas las mujeres pintoras. Sin embargo, sus celos no tenían justificación, porque su esposo estaba profundamente enamorado de ella, y solía opinar que todas las pintoras que conocía eran «una bola de tontas». Así, no había motivo real de sus celos por Mary X.

La clave del significado profundo del sueño radica en su ubicación en la vieja casa familiar y en la relación aparentemente polígama. Mary X era en realidad un personaje sustituto de la hermana de la soñadora. En las acciones del sueño se condensaba dramáticamente la esencia de hechos reales. Las dos hermanas habían vivido juntas en la vieja granja, y ambas habían sido muchachas preciosas e inteligentes, merecedoras de esposos mucho mejores que los que la comunidad rural podía ofrecerles.

Un joven de las cercanías se había ido a vivir a una gran ciudad y se había vuelto dibujante. De visita en su pueblo fue evidente su interés en las hermanas. La mayor (nuestra durmiente) advirtió que el joven estaba en realidad a la caza de una esposa, y pensó que ésta debería ser su hermana, que tenía más sensibilidad artística que ella.

Sin embargo, la soñadora quería quedarse con él. Era apuesto y listo, y casarse con él representaba la oportunidad de librarse de las pesadas tareas de la granja. Manejó el asunto a su conveniencia y terminó casándose con aquel joven, aunque con la profunda sensación de haberle arrebatado a su hermana una oportunidad que legítimamente le correspondía.

La hermana menor se había casado tiempo después y era completamente feliz. No había nada que lamentar. La mujer del pintor se daba cuenta ahora, a partir del trato desdeñoso que su esposo les concedía a las pintoras, que la tenue sensibilidad artística de su hermana habría sido más un problema que motivo de felicidad entre ellos, en caso de que se hubieran casado. Conscientemente no tenía nada de qué arrepentirse, puesto que para todos las cosas marchaban a las mil maravillas; pero en el subconsciente seguía padeciendo el complejo de culpa producido por la sensación de haber tomado para sí al hombre del que su hermana se había hecho acreedora. Esta sensación sobrevivía en las profundidades de su mente y era la causa de sus irracionales celos y temores.

Con seguridad la correcta comprensión e interpretación de este sueño debió de liberarla de su sensación interna de culpa y hacer más sana y dichosa su vida matrimonial.

El sueño de un joven tímido

Un joven tuvo el siguiente sueño, que referimos junto con su análisis.

El sueño: Estaba en un corral y lo rodeaban cientos de conejitos blancos. Comía con ellos: tomaba leche de un platito y se llevaba a la boca trozos de lechuga. Él no era conejo, sino otro tipo de animal, «un gatito, perrito o algo similar». El corral fue rodeado de pronto por muchísimos perros, los cuales le ladraban y se burlaban de él.

La asociación (recuerdo de ciertas sensaciones de la infancia): Este muchacho había tenido de niño unos conejitos blancos que debían permanecer encerrados en un corral para evitar que los perros les hicieran daño. Los perros eran feroces y crueles; los conejos, en cambio, hermosos y pacíficos. Era un crimen que alguien se atreviera a herir a un conejito. Los niños eran malos y rudos como los perros, pero las niñas, bonitas y amables como los conejos. A las mamás no les gustaba que sus hijas jugaran con los muchachitos malos y rudos, pero no se molestaban de que él jugara con ellas. Los demás niños se burlaban de él. Le decían «miedoso» y «maricón».

Cuando creció se mudó a otra ciudad, y evitó todo trato con las mujeres. Temía enormemente que se le viera con ellas. Luego tomó clases de baile. Bailaba muy bien frente a los maestros, pero cuando asistió a una fiesta e invitó a bailar a una muchacha, sus viejos temores se apoderaron de él y bailó tan mal que la chica se retiró a su asiento en la siguiente pieza.

El análisis, ahora muy obvio, revela la permanencia en este joven de una obsesión subconsciente de temor al ridículo. Seguía temiendo que se le sorprendiera junto a un grupo de mujeres, por más que fuese un muchacho apuesto, y no tenía apariencia ni gestos afeminados. Había superado su amaneramiento infantil, pero conservado en el subconsciente su temor al ridículo.

El sueño de bailar sobre una tumba

En este sueño de una joven secretaria tienen lugar una doble sustitución de personalidad y la confusión de un nombre, seguramente por obra del «censor» de los sueños. Siente tanta vergüenza al recordarlo que no se atreve a referirlo. Aunque no soy de las personas que creen en la vigencia universal del censor de los sueños y del simbolismo onírico, admito que tal explicación es certera en algunos casos, aunque lo único que puedo decir es que el análisis debe determinar si los recuerdos que se hacen presentes en el sueño son obvios o enigmáticos, lo que a su vez sólo puede saberse si se les interpreta como símbolos.

El sueño: «Estaba yo en un cementerio con mi padre, poniendo flores en una tumba nueva. Acababan de colocar la lápida y me acercaba a leer el nombre inscrito en ella. El nombre de pila era Elizabeth, pero el apellido estaba algo borroso y no podía leerlo. Me volvía hacia mi padre; reía y me tendía los brazos. Me decía: 'Bueno, pequeña, ya acabamos; ahora vamos a bailar.' Comenzábamos a bailar sobre la tumba, pero la escena cambiaba repentinamente y ahora yo estaba bailando en un salón con George D.»

Material reciente: El domingo anterior al sueño, la durmiente había pasado cerca del cementerio con una amiga. Vieron a algunas personas colocar flores sobre tumbas nuevas, pero no puso particular atención en ninguna. No las acompañaba ningún hombre. Nunca ha ido a un panteón con su padre. Nadie de su familia ha muerto. Su padre y su madre se llevan muy bien. Nunca le ha deseado la muerte a su madre ni ha temido que muera; además, su madre no se llama Elizabeth. No conoce a nadie con ese nombre. George D. es un amigo suyo, con el que, en efecto, sale a bailar de vez en cuando, como en el sueño. La sola idea de bailar con su padre es imposible, y bailar sobre una tumba le parecería «espantoso».

Todo indica que este sueño no se resuelve con la sola búsqueda de material en experiencias recientes. Asimismo, no contiene elementos que se refieran a experiencias infantiles en particular. En estas circunstancias, hay razón para creer que la mente de la soñadora sufre una suerte de pasmo, lo cual nos lleva a sospechar que los personajes del sueño sustituyen en realidad a otros. Sin embargo, nuevas asociaciones no revelan nada que pueda conducir a una solución. En cambio, respecto a George D. obtenemos estos comentarios: «No me interesa gran cosa; es un tonto.» Esto nos da indicio de que quien le interesa a la durmiente es otro hombre, un hombre mayor, que es representado por el padre en el sueño. A la pregunta de si su padre le decía «pequeña», responde que no. A la siguiente pregunta, «¿Qué hombre que por su edad podría ser tu padre te dice 'pequeña'?», contesta con el dato revelador: «Mi jefe me dice así de vez en cuando, pero sin ninguna intención especial.»

Es evidente que por fin hemos dado con la pista que habrá de dirigirnos al verdadero análisis del sueño. La esposa de su jefe se llama Elizabeth; en un principio, la chica afirmó ignorar este dato, pero luego recordó haberle tomado en dictado a su jefe la carta que éste envió a su esposa el último verano, cuando ella salió de vacaciones. Es posible que la muchacha no haya retenido en la conciencia el nombre de la esposa, pero sí en el subconsciente, y que por lo tanto en el sueño haya preferido ignorar el apellido.

Para decirlo sin rodeos, el significado de este sueño es: «Me gustaría que la esposa de mi jefe se muriera y que él y yo bailáramos sobre su tumba.»

Como puede comprobarse por la forma en que lo relató, la soñadora fue ayudada a realizar este análisis. Sin esta ayuda no habría podido efectuarlo, tanto por sus reservas para con el análisis mismo como por su temor a admitir la verdad. La durmiente se mintió en el sueño, y en el análisis no sólo volvió a hacerlo, sino que también me mintió a mí. Si realmente hubiera deseado analizarlo hasta sus últimas consecuencias, estoy seguro de que el proceso habría sido más rápido que mediante mi ayuda, que por lo demás habría salido sobrando.

Es muy común que este tipo de sueños cause problemas, por ello insisto en que si se supera la perniciosa tendencia a temer a los pensamientos propios, es posible analizar los sueños mucho mejor que con la ayuda de otra persona. Lo que quiero decir con esto es que no hay nada que temer. La joven de este ejemplo no quería admitir que estaba enamorada de su jefe, y tampoco lo admitió abiertamente en su sueño. Pero gracias al análisis se encontró en condiciones mucho mejores de vencer esta inclinación amorosa que oculta en su subconsciente. Si no pudo vencerla, tenía la opción de cambiar de trabajo, o de tener un romance con su jefe con todo conocimiento de causa.

Si le parece reprochable esta última posibilidad, permítaseme decir que sería preferible un desenlace así, asumido con conciencia, que la obstinación de la chica en seguir mintiendose. El jefe le decía «pequeña» y le dictaba cartas para su esposa, sin reflexionar en los efectos que podría tener en su secretaria el enterarse de que en su hogar no imperaba precisamente una atmósfera de gran amor. En estas condiciones, a la joven no le costó ningún trabajo dejarse llevar por la corriente, haciéndose creer que su jefe no tenía «ninguna intención especial», hasta que la pasión subconsciente creció a tal grado que amenazaba con desbordarse a pesar de los esfuerzos de represión consciente ejercidos en su contra. No estoy promoviendo los amores ilícitos; simplemente considero más sano conocer la verdad respecto de nuestros sentimientos que seguir engañándonos, ya que se corre el riesgo de que éstos se rebelen contra nuestra conciencia racional y la sometan.

Un sueño de amor de significado más amplio

Un buen amigo mío, de mediana edad y felizmente casado, acostumbraba relatarme sus sueños sobre temas diversos, muchos de los cuales pudimos analizar en su provecho y beneficio. No obstante, uno de ellos, o más bien una serie de éstos, relacionados siempre con la misma persona, nos parecieron durante mucho tiempo simples recuerdos de sus aventuras amorosas infantiles, y carentes por tanto de significado para su vida presente.

En estos sueños aparecía una niña que conoció en su ciudad natal siendo apenas un adolescente en ciernes. Todo indicaba que la había amado locamente, sin atreverse a confesárselo a sí mismo, y mucho menos a ella.

Cuando yo le sugería que tal vez esos sueños tenían alguna significación para su vida amorosa actual, invariablemente hacía mofa de ello, aseguraba estar completamente enamorado de su esposa, joven, bella y culta, y decía que lo más seguro era que aquella jovencita ya se hubiera casado con un granjero o tendero y tuviera una buena docena de hijos.

Pero un día me relató un nuevo sueño con su primer amor. «La pasábamos de maravilla», me dijo. «¿Qué crees que hacíamos? Corríamos para todos lados con antorchas en las manos e incendiábamos todas las iglesias del pueblo.»

Comprendí de inmediato por qué le daba tanto placer referirme este sueño; bien sabía yo que detestaba todo lo que tuviera que ver con iglesias y religión, cosa que por lo demás entristecía a su esposa. Éste era, en efecto, el único detalle que ensombrecía su matrimonio, tan dichoso en otros aspectos de su vida en común.

Me bastaron unas cuantas preguntas para conocer esta otra parte de la historia: todos los habitantes de aquel pueblo rústico y severo de su niñez acudían a la iglesia, y la gastada frase «¿Puedo conocer tu casa?», dicha a las puertas del templo, era la fórmula universalmente aceptada, y prácticamente la única, mediante la que un muchacho podía presentársele a una chica. Mi amigo se veía obligado a asistir a una iglesia diferente de la frecuentada por la niña de sus sueños, y la férrea autoridad paterna le impedía ausentarse del centro familiar de adoración aunque fuera un minuto. Fue así como terminó por odiar las iglesias, y no porque, como lo sostendría más tarde, su naturaleza careciera de sentido religioso, sino a causa del rígido sistema de su pueblo, que puso fuera de su alcance a la mujer que amaba.

«Bueno», admitió cuando le ofrecí esta explicación, «creo que ahora sí casi le diste. Me imagino que no les tendría inquina a las iglesias si dejaran que la gente fuera espontánea y feliz.» No hace falta decir que el descubrimiento consciente de esta obsesión contra las iglesias, basada en la frustración de un amor infantil, desembocó en un estado matrimonial más satisfactorio.

Un sueño que da prueba de razonamiento subconsciente
El siguiente sueño constituye un curioso ejemplo de razonamiento subconsciente:

Una mujer de Nueva York soñó que estaba en una estación del tren subterráneo. Una serie de anchas plataformas, como si fuera un ferrocarril de vagones rasos, ocupaba el espacio habitualmente destinado a los trenes. Una multitud atravesaba el andén e iba a apiñarse sobre aquellas plataformas. De pronto, un gong resonó. La gente se detuvo en el andén, de cuya orilla comenzó a salir un pequeño barandal que la obligó a retroceder. Un tren irrumpió por el túnel, sin conductor, a toda velocidad, aventando una luz muy potente sobre los atestados vagones rasos, los cuales arrasó a su paso.

Un nuevo tren de plataformas vacías rodó hasta su lugar. Junto con el gentío, la soñadora lo abordó. Como en la ocasión anterior, apareció otro tren veloz en dirección a la turba, sin embargo esta vez no fue arrollada, sino acogida por lo que se diría el cascarón del tren. La durmiente se halló de pronto dentro de un vagón repleto y en movimiento. El tren había recogido a la muchedumbre sin detener su marcha alocada.

Este nuevo sistema de acceso para los pasajeros no dejó de maravillarla. Por más que lo intentaba, no podía entender cómo funcionaba, pero era patente que funcionaba a la perfección. Le pareció muy bien.

Antes de proceder a su análisis, me gustaría llamar la atención sobre las evidencias que este sueño proporciona acerca de las facultades razonadoras del subconsciente. Considero una verdadera fortuna que la durmiente me haya contado este sueño cuando sus causas estaban aún frescas en su memoria, pues gracias a ello pude ahondar exhaustivamente sobre este tema y hacerme de una de las pruebas más determinantes que poseo en materia de capacidad de raciocinio del subconsciente.

Para comenzar, la soñadora me aseguró que, tanto en la época del sueño como hasta donde alcanza su memoria, nunca ha sentido el menor interés por asuntos técnicos e ingenieriles. Jamás ha tenido por costumbre razonar conscientemente sobre tales temas, ni mucho menos pretendido resolver problemas de este género. Sus motivos para proceder de esta manera, como podrá confirmarse más adelante, son de orden subconsciente. Pero conscientemente —esto es, hasta donde ella misma puede saber—, nunca ha poseído tal habilidad ni semejante interés. Muy por el contrario, está convencida de que carece de estas capacidades, hasta el punto de que todo razonamiento sobre el particular y cualquier consideración o explicación de problemas de esta índole no solamente le aburren, sino que francamente le fastidian. En específico, jamás ha mostrado interés alguno en el problema del congestionamiento del sistema subterráneo de transporte más allá de lamentar el hecho de que, por desgracia, el asunto no tiene remedio. «Por supuesto que sí, que el problema del congestionamiento del metro es muy grave», me dijo, «porque a mí misma me afecta. Tengo que subirme a los trenes junto con tantas otras personas, y soportar la mayoría de las veces que los trenes permanezcan parados durante mucho tiempo, mientras a mí se me hace tarde para llegar a una cita. Pero mi reflexión sobre el asunto jamás ha pasado de ahí. Por más que deseara idear una solución, nunca daría con ella, así que jamás lo intentaría siquiera.»

Con el antecedente de esta deliberada actitud frente el problema, ocupémonos ahora del sueño, en el que se propone un acabado plan para resolver el congestionamiento y los retrasos del tren subterráneo. No es que la durmiente lo haya inventado en el sueño, sino sólo que en él pudo verlo en operación. Le maravilló, quiso indagar acerca de su funcionamiento y consideró que se trataba de un sistema muy ingenioso. Por supuesto que de ninguna manera pretende hacerlo pasar como una invención suya.

El hecho de que esta propuesta de operación del tren subterráneo que la durmiente vio en funcionamiento en su sueño sea ridícula e inaplicable no prueba que ella no haya razonado subconscientemente, sino sólo que el razonamiento fue un tanto defectuoso. La sola imposibilidad de que un tren a toda marcha recoja de amplias plataformas a los pasajeros demuestra que el sueño no se originó en el recuerdo de una idea que ella haya escuchado o visto o leído en un periódico. Pero por imposible que sea llevarlo a la práctica, es preciso reconocer que su plan es original y complicado. Así pues, nuestra soñadora no sólo razonó subconscientemente, sino que además se aplicó un problema mecánico y resolvió incluso detalles, cosa que de ningún modo habría podido ni accedido a realizar en estado consciente.

He aquí, entonces, la interpretación del sueño del tren subterráneo: en primer término, el material reciente es obvio. La instalación de torniquetes nuevos en el subterráneo de Nueva York condujo la atención de la soñadora hacia el congestionamiento del sistema, pues la saturación y consecuente retraso de los trenes le provocaba muchas molestias que habría preferido evitarse.

Aunque no deja de ser interesante, el asunto tiene poca importancia en la vida de esta mujer. No obstante, el análisis completo del sueño a través de la libre asociación sacó a la luz una historia trágica y salvó la felicidad de un hogar. El análisis reveló que el profundo deseo real que motivó el sueño era de carácter sexual en un sentido amplio, y que anhelaba paz, amor y dicha en su vida matrimonial. Se trataba de un deseo tanto consciente como subconsciente.

Un deseo más específico, estrechamente relacionado con el sueño, era estrictamente subconsciente: nuestra soñadora deseaba poder interesarse en problemas de ingeniería, comprenderlos y resolverlos. El resorte de este deseo era que su esposo es ingeniero, de manera que si ella se interesaba en su trabajo y se capacitaba, podría comprender mejor a su marido, y por lo tanto hacerlo más feliz e impedir que su atención se concentrara tanto en cierta científica que entendía muy bien sus labores y a quien él recurría demasiado a menudo, movido por la simpatía y admiración que le profesaba. Podría pensarse que este deseo era consciente, mas no es así, porque estaba inhibido; esta mujer sostenía conscientemente que la ingeniería, a la que se dedica su esposo, no le interesaba y más bien le aburría. Creía lamentar haberse casado con un ingeniero, y que era limitado, mecánico e inculto, que debería haberse casado con un pintor o un músico.

El análisis del sueño nos remite ahora a la infancia de la soñadora. Nos encontramos frente a una niña en un hogar elegante conviviendo con una madre anticuada y testaruda. Como cualquier otra niña de su edad, es lista y está suficientemente dotada de todos los instintos humanos de construcción, los mismos que impulsan a los niños a fabricar objetos e interesarse en las máquinas. La preciosa hija de la distinguida madre, que no cesa de afanarse inútilmente en hacer de ella una damita, tiene un compañero de juegos, un niño de overol, dueño de una extraordinaria habilidad mecánica. Este niño inventa objetos en la cochera de su casa. La niña se interesa y desea participar; le ayuda al niño, y lo hace muy bien.

Tras una dichosa tarde dedicada a estas labores, vuelve a casa con el exquisito vestido hecho trizas y completamente manchado por la maquinaria del taller de su amigo, siendo que su madre estaba en la creencia de que se hallaba en casa de una linda vecinita jugando con muñecas de porcelana. La reprende duramente y le dice que lo que acaba de hacer es impropio de una dama. Comenta lo sucedido con una vecina, y le confía su preocupación por la tendencia a ser «marimacho» que observa en su hija y la degradación a la que se expone por jugar con niños en una cochera. El chisme llega a los oídos de los niños del rumbo, quienes de inmediato comienzan a llamarla «marimacho» y a hacerle insinuaciones vagas e infantiles por meterse con niños en las cocheras. Así, debido a la reprobación social y el ridículo infantil, la niña reprime su instinto de construcción mecánica, tal como les ocurre a prácticamente todas las niñas, pues la sociedad ha decretado que tal instinto es exclusivo de los varones.

Damos un salto hasta los doce años de edad y nos encontramos ahora ante una jovencita bien nutrida y con una educación más bien estrecha, ignorante de la ciencia y la mecánica y con escasa habilidad para pensar en estos asuntos, pero con el instinto original aún latente, aunque debidamente oculto bajo una gruesa capa de cultura femenina de reciente adquisición.

Conoce a un muchacho, ingeniero, pero de tan buena educación como ella, que es incapaz de «hablar de trabajo» hallándose en sociedad (una más de las torpes restricciones de la así llamada «buena educación»). Más aún, su profesión por lo pronto no le interesa, porque lo que le gusta es la vida social y bailar.

Se enamoran. Casi no se habla de su profesión de ingeniero y las oportunidades que tendrá. Sin embargo, el hecho de que él sea ingeniero revive en ella por un tiempo aquel instinto constructivo reprimido, y alberga la esperanza de interesarse y colaborar en su trabajo.

Se casan. Una noche, el joven esposo vuelve a casa sumamente excitado por un problema de ingeniería en el que está trabajando. La esposa se muestra atraída por el tema y se presta a conversar sobre el asunto; pero como es ignorante y no tiene entrenamiento en este tipo de mentalidad, el esposo se burla de su ignorancia y su falta de entendimiento. Le dice: «¡Perdóname por haber hablado de esto! Por un momento olvidé que es imposible que lo comprendas.»

Ella se siente humillada y el instinto es reprimido nuevamente y forzado a volver al subconsciente. Pero con el resentimiento del orgullo herido, la represión genera esta vez un abierto y consciente antagonismo contra el tema. A partir de este instante, la esposa se esmerará en cultivar su desinterés e incapacidad para pensar en cualquier asunto mecánico. No obstante, el esposo se sumerge cada vez más en su profesión e ignora a su mujer y su vida social. Sus simpatías e intereses comienzan a diferenciarse; mientras ella busca compensación en los campos artísticos del pensamiento y la cultura, él busca en cualquier parte la admiración femenina.

Así están las cosas cuando ocurre el sueño del tren subterráneo. El análisis revela su interés instintivo original en esta pasión humana de inventar objetos mecánicos, y le hace ver lo absurdo y desafortunado de la doble represión de que ha sido objeto ese instinto. Al explicar al esposo el análisis del sueño, se manifiesta también la injusta torpeza que él cometió negándose a sí mismo la alegría de compartir, al menospreciar los primeros esfuerzos de su joven esposa por conocer y comprender su trabajo. Reconoce, además, la gracia y la osadía implícitas en el hecho de que su delicada mujer hubiera sido un «marimacho» que creaba objetos en una vieja cochera, así como la notable hazaña de pretender resolver el congestionamiento del subterráneo a través de razonamientos subconscientes. Ambos ríen por ello, pero también por los muchos otros inventos imposibles y soluciones imprácticas que la esposa ha ideado; mas esta vez él no se ríe de ella, sino con ella. Y han de vivir felices para siempre.

¿Cómo saber si el análisis es correcto?
Quienes comienzan apenas a familiarizarse con el tema del análisis de los sueños, suelen hacerse la pregunta que encabeza esta sección. Uno deja de plantearse la pregunta cuando ha adquirido suficiente experiencia en el análisis de los sueños propios, aunque siempre habrá alguien que cuestione esta posibilidad.

Antes que nada, uno cuenta con las mismas ventajas que se tendrían para solucionar cualquier otro problema. Es decir, si con los métodos que ya han sido probados y comprobados por otras personas se llega a ciertas conclusiones, lo más probable es que uno esté en lo correcto.

Aun así, en el análisis de los sueños uno tiene a su favor un hecho adicional de mucha mayor importancia. La respuesta que se busca se encuentra ya en el subconsciente, así que seguirla y dar con ella proporciona una satisfacción muy particular. En el momento en que uno dice: «Ah, es esto», se experimenta un gran alivio, la dichosa sensación de haber llevado la búsqueda hasta el fin. Una vez que se adquiere un grado razonable de práctica, la satisfacción bastará para confirmar que uno está en lo cierto.

Para recurrir a un ejemplo, supongamos que se pretende recordar un nombre que por lo pronto se escapa de la memoria por hallarse sepultado bajo las bóvedas del subconsciente, en lo más profundo de la memoria. Pero si después de numerosos y desesperados intentos fallidos, alguien sugiere el nombre correcto, uno entre cien, se reconoce: «Sí, ése es». Esta sugerencia toca de inmediato el recuerdo oculto y el nombre es identificado. El análisis correcto de un sueño toca un temor o deseo subconsciente, y de este modo se identifica.

Ésta es otra de las ventajas del autoanálisis. Quien se dedica profesionalmente a analizar los sueños de los demás no dispone de ella, salvo que el paciente decida concedérsela. El psicoanálisis representa uno de los pocos casos en los que el paciente sabe más que el médico.

¿Todos los sueños pueden ser interpretados?
Sí, siempre y cuando se les recuerde completos y se posea suficiente experiencia en la interpretación de los propios. Sin embargo, no debemos preocuparnos cuando no podemos hallar una interpretación satisfactoria a todos nuestros sueños, sobre todo al principio.

Si tras razonables esfuerzos no encuentra uno la pista de una interpretación reveladora, es recomendable olvidar el sueño por un tiempo. Después, luego de haber interpretado otros, quizá pueda uno volver sobre ese sueño y descubrir nuevas asociaciones reveladoras. De no ser así, es probable que al transferirlo al subconsciente se haya perdido una parte esencial del sueño, en en ese caso no es recomendable forzar la interpretación del fragmento faltante, a riesgo de elaborar una explicación incorrecta.

Es conveniente dormir tranquilo, con la certeza de que habrá muchos sueños que más tarde se podrán interpretar; porque cuanto más interesado esté uno en la tarea, tanto más capacidad de recordar los sueños, miles de sueños, porque todo el tiempo que pasamos dormidos soñamos.

Tampoco debe uno preocuparse por la supuesta pérdida de algunos mensajes esenciales del subconsciente porque se es incapaz de recordar el sueño completo o de interpretarlo. Si dependiéramos sólo de un sueño en particular, las posibilidades de una interpretación correcta serían mínimas, porque aunque somos capaces de recordar muchos soñados en una misma noche, cuya interpretación nos llevaría el día entero, lo cierto es que recordamos apenas una fracción mínima del total de ellos. Pero el subconsciente repetirá una y otra vez en sueños sus deseos fundamentales.

Utilidad del análisis de sus sueños
Interpretamos nuestros sueños para saber qué ocurre en nuestro subconsciente, pero el objetivo del psicoanálisis no se reduce a ello, pretende también utilizar las fuerzas subconscientes en favor del cumplimiento de nuestros propósitos e ideales en la vida.

Una vez interpretado un sueño y determinado el deseo subconsciente que lo motivó, pueden plantearse las siguientes preguntas:

1. ¿Qué tiene que ver este deseo con mi vida actual?

2. ¿Este deseo subconsciente es también consciente?

3. De ser así, ¿qué fuerzas de mi propia naturaleza, o del mundo exterior, se oponen al cumplimiento de este deseo?

4. Si me es imposible aceptar conscientemente este deseo subconsciente, ¿qué deseo consciente puedo ofrecer a mi subconsciente que pueda substituir este anhelo imposible de satisfacer?

Una nueva explicación de los sueños
Después de proporcionar estas reglas generales, sólo me resta exponer mi propia clave de los sueños, tan sintética y razonablemente como sea posible y con una mera intención

informativa, por supuesto, ya que en mi escepticismo en esta materia no caben contemplaciones.

He consultado para ello las mejores fuentes antiguas y modernas, y adoptado además las siguientes tres reglas:

1. No dedicar mucho tiempo a sueños vagos, raros o demasiado enredados.

2. Generalizar el significado de las imágenes, pues en este arte adivinatorio, más que en ningún otro, el detalle corre el riesgo de derivar en charlatanería.

3. Desechar las explicaciones que resultan burdas, por simples, o que nos dejan un mal sabor de boca, como, por ejemplo, que un collar de perlas en un sueño significa aventura amorosa.

Me limitaré por lo tanto a significados que tienen a su favor la opinión unánime, garantía de su arraigo en la tradición y de su valor moral.

INTRODUCCIÓN A LA NUMEROLOGÍA

Existen muchos métodos y sistemas para hacer predicciones, pero quizá ninguno tan interesante como la numerología, que cualquier persona puede dominar. Además, para manejarlo no se requieren largas horas de tedioso estudio; basta con seguir unas cuantas reglas.

Egipcios, griegos, romanos y árabes idearon normas para captar las vibraciones de los números, todas ellas muy precisas. Las enseñanzas de los adeptos a la numerología llegan hasta nosotros desde la más remota antigüedad.

Todas las letras tienen equivalentes numéricos; en consecuencia, todas las combinaciones de letras que componen los nombres responden a ciertos valores numéricos. Cuando a una persona, ciudad, libro o cualquier otro objeto se le otorga un nombre, éste despide de inmediato cierta fuerza oculta expresada en números. En su forma más primitiva, también la Naturaleza responde a los números. Adviértase si no la formación geométrica de los copos de nieve o de las células de las plantas, la precisión matemática del amanecer, los movimientos de los cuerpos celestes, la sucesión de las estaciones, etc. Éstas y muchas otras fórmulas geométricas o matemáticas obedecen a los más diversos valores numéricos. Nuestra vida cotidiana sigue la trama de los números de nuestro nombre, de nuestra fecha de nacimiento y de nuestra posición en el espacio, frente a todo lo cual emitimos reacciones particulares. Hay nombres que atraen nuestra atención de inmediato, mientras que muchos otros nos pasan desapercibidos. Se debe a nuestra reacción a su magnetismo numérico. El universo opera con la más exacta precisión matemática, calculada en fracciones de segundo.

Toda expresión del ritmo de la vida obedece a una medida numérica del tiempo. Si la música nos emociona, es porque armonizamos inconscientemente con cierto número de influencias que ejercen las notas; o si determinados tipos de música nos desagradan, es porque el valor numérico de esa música no es afín a los números de nuestro nombre y fecha de nacimiento. Así, en nuestra vida cotidiana experimentamos muchas reacciones buenas o adversas ante la influencia magnética de los números que nos rodean, presentes en todo lo que vemos, escuchamos o sentimos. Es imposible escapar a ellos. Cuanto más pronto se conozca su valor, tanto mayor su capacidad de armonizar con la vida y con las personas a nuestro alrededor.

En las siguientes páginas expondré un sistema muy sencillo de cálculos numéricos a fin de que el lector conozca la influencia que ejercen en la vida diaria y obtenga el mayor provecho.

Para determinar el número de la suerte que cada sueño te ofrece, reduce la clave del sueño a un solo dígito. Si, por ejemplo, sueñas con un bebé:

B = 2
E = 5
B = 2
E = 5

14 = 1 + 4 = 5; éste será el número de suerte para bebé. Si deseas tres números, puedes usar tres números cualesquiera que se reduzcan a 5, por ejemplo: 7 + 4 + 3 = 14 = 5.

Notarás que todos los números que aparecen antes y después de cada uno de los sueños incluidos en este libro han sido obtenidos de esta manera.

El alfabeto

En todos los sistemas de numerología, las letras del alfabeto corresponden a los nueve dígitos. Los números compuestos por dos cifras no cuentan, con excepción del 11 y el 22, hecho que se explicará después. Las letras del alfabeto deben reducirse a números sueltos, y en consecuencia más de una letra corresponde al mismo número, como se muestra a continuación:

1	2	3	4	5	6	7	8	9
A	B	C	D	E	F	G	H	I
J	K	L	M	N/Ñ	O	P	Q	R
S	T	U	V	W	X	Y	Z	

Observarás que las letras A, J y S tienen el mismo valor numérico de 1, mientras que B, K y T comparten el valor del 2, etc. El número que aparece en la parte superior de cada letra corresponde a la vibración numérica.

Ejemplo de numeración de un nombre
Basta con lo dicho hasta aquí para convertir los nombres en números. Pongamos como ejemplo un nombre sencillo. Lo recomendable es escribir verticalmente tanto el nombre propio como el apellido, ya que resulta más fácil sumar verticalmente. El nombre que hemos elegido es María Rey:

$$M = 4 \qquad R = 9$$
$$A = 1 \qquad E = 5$$
$$R = 9 \qquad Y = 7$$
$$Í = 9 \qquad 21$$
$$A = 1$$
$$ 24$$

El nombre de María da como resultado 24, y el apellido Rey 21. Para obtener la vibración total del nombre es necesario sumar a 24, 21, que es igual a 45. Este número es compuesto, así que a 4 debemos sumarle 5, lo que nos da 9. Esto quiere decir que la dama que responde a este nombre posee un valor numérico de 9. Ahora se pueden consultar las páginas siguientes para conocer el significado del número 9.

Supongamos que la fecha de nacimiento de María Rey es 8 de junio de 1912. Para convertir esta fecha en un valor numérico, debemos escribirla como sigue: 8, 6, 1912, dado que junio es el sexto mes del año. El resultado de la suma (8 más 6 más 1 más 9 más 1 más 2) es 27, que por ser un número compuesto debe reducirse mediante suma a uno solo, que es 9. Así, la fecha de nacimiento de María Rey equivale a 9, mismo número que el de su nombre. A los números que se derivan de la fecha de nacimiento se les llama *senda de nacimiento*. Para encontrar el *número de destino* de María Rey debemos sumar el número de su nombre al número de su fecha de nacimiento, esto es, 9 más 9, lo que nos da 18. Sumando este número doble obtenemos 9. Por lo tanto, el número de destino de María Rey es 9. En las siguientes páginas aparece una columna del destino, donde aparecen las referencias propias del número 9.

Ciertos números tienen afinidad entre sí, mientras que otros chocan abiertamente. Los números pares armonizan con números también pares, en tanto que los números nones armonizan con los demás números nones; pero rara vez los números pares armonizan con los nones, salvo en el caso del 11 y el 22. Estos dos números constituyen una excepción, pues prácticamente todos los demás armonizan con ellos. El 11 es una octava mayor de 2, porque 1 más 1 es igual a 2, mientras que 22 es una octava mayor de 4, porque 2 más 2 dan 4. Sin embargo, casi nunca se les reduce a un solo número, debido a sus grandes poderes individuales. Así, no reduzca a una sola cifra los números 11 y 22 que obtenga en alguna de estas operaciones, para los cuales existen también indicaciones particulares en las siguientes páginas.

En caso de que quisiéramos saber si María Rey, cuyo número de destino es 9, es apta como secretaria, tendríamos que deducir primeramente la vibración numérica de la palabra «secretaria». Consultando la tabla encontramos que los números son 1 más 5 más 3 más 9 más 5 más 2 más 1 más 9 más 9 más 1, que resulta 45, número compuesto cuya suma da 9. Dado que la palabra «secretaria» corresponde a 9, mismo número del nombre, fecha de nacimiento y destino de María Rey, ésta sin duda sería una excelente secretaria.

Siguiendo el mismo método podríamos saber si la señorita Rey viviría felizmente en ciudades como Guadalajara, Monterrey o Acapulco; para ello nos bastaría con determinar los valores numéricos de estos lugares. Podríamos saber asimismo si cierta calle y número le son favorables o no; si debería casarse con su novio o no; si lo más conveniente para ella es viajar por vía terrestre, marítima o aérea, etc. Ya uno sabrá qué otras cosas resultan de interés para uno mismo y para los familiares y conocidos, como el hotel en el que debería alojarse, el número de habitación más adecuado, etcétera.

Al deducir los valores numéricos de los nombres, utiliza aquel con el que se conoce a la persona. Si a un sujeto le pusieron Francisco al nacer pero siempre se le ha llamado Paco, use el nombre Paco. Si descubres que el nombre de Francisco produce mejores influencias, Paco debería desechar de inmediato este nombre y optar por el de Francisco, firmar siempre de esta manera e insistirles a sus parientes, amigos y conocidos que dejen de llamarle Paco y le digan Francisco. El nombre con el que una persona ha sido conocida toda la vida corresponde a la vibración numérica más acorde con ella, pues su constante repetición ha ejercido ya gran influencia sobre su destino, así se trate de un apodo o sobrenombre. De ahí que al numerar un nombre se deba elegir siempre el que la persona comúnmente usa. Cambiarlo, añadirle letras o pronunciarlo de otra manera producirá infaltablemente una vibración nueva, y como consecuencia se obtendrán resultados diferentes y una personalidad distinta en caso de que su uso se prolongue. Muchos personajes famosos han introducido cambios en su nombre al conocer los principios de la numerología, a fin de generar con ello una armonía más apropiada.

En lo que respecta a las mujeres casadas, a veces lo mejor es que conserven su nombre y apellido de solteras, pero en otros casos sería recomendable que adoptaran como propio el apellido del esposo. Para encontrar la mejor combinación tendrán que someter cada uno de los nombres a la prueba de la numerología. De cualquier forma, una vez cambiado el nombre de una persona, ésta tendrá que olvidarse por completo del anterior, jamás lo deberá volver a usar en cartas y en su trato con personas conocidas o por conocer.

Recuerda: para que resulten afortunados nombres, lugares y cosas, deben armonizar los números nones con los nones y los pares con los pares.

Operaciones diversas con la numerología
La numerología puede emplearse de muchas maneras para divertir y beneficiar a quienes gustan de ella. Las ideas que se presentan a continuación son sólo unas cuantas sugerencias. Surgirán otras ideas a medida que se trabaje con la ciencia de los números.

Obtención de números de la suerte con naipes

Toma un juego común de cartas y separa todas las marcadas con el número 10. Previamente deberás haber determinado tu número de destino tal como se indicó en las páginas precedentes. Utilizaremos en este ejemplo el número de destino de María Rey que, como sabemos, es el 9. Tras separar las cartas con el número 10, María Rey debe barajar las restantes, hacer un corte y barajarlas de nuevo. Esta operación de barajamiento y corte debe realizarse nueve veces. Una vez hecho esto, María separa las nueve cartas que hayan quedado en el extremo superior del montón y las coloca hacia abajo. Voltea la primera y la pone sobre la mesa. Si la carta es del número 5, su número de la suerte es 5. Si desea un número de dos cifras, debe volver a separar un grupo de nueve cartas, voltear la primera y colocarla junto a la anterior. Si desea que las cifras sean tres, repetirá nuevamente la operación. Supongamos que las cartas que le correspondieron son el 5 de diamantes, el 2 de tréboles y el 8 de espadas; su número de la suerte es el 528. Las cartas con una figura cuentan como 0, de manera que si la última fuera el rey de espadas en lugar del 8, el número de la suerte de María Rey sería 520.

Recuerda que siempre deberás barajar y cortar las cartas tantas veces como corresponda a tu número de destino. Si es 4, tendrás que barajar y cortar cuatro veces y separar del montón cuatro cartas en vez de nueve. Tu punto de referencia en todos estos movimientos será siempre tu número de destino. No es conveniente que una persona realice más de una vez la operación en un término de 24 horas, porque la repetición destruiría la vibración de su primer número de la suerte y debilitaría por tanto al número obtenido en la segunda prueba.

Nota: La razón por la cual al principio se separan las cartas con el número 10 es que al tratarse de un número de dos cifras, queda fuera de los preceptos de la numerología, que trabaja exclusivamente con números simples.

Deducción de los años de la suerte

Para saber si 1995 es un año afortunado para María Rey, debemos sumar primeramente estas cifras: 1 más 9 más 9 más 5, igual a 24. Al sumar después estos dos números, obtenemos

6. Como este número es par, no armoniza con el número de destino de María Rey, que es 9, de modo que 1995 no es un año de suerte para ella, como lo serían todos aquellos cuya suma resultara ser non. Para que un año sea afortunado, el número resultante de la suma de las cifras que lo componen deberá ser igual al número de destino, o armonizar con él.

Deducción de los meses de la suerte
Para realizar esta operación no hace falta remitirse a los nombres de los meses, sino a su número: enero es el primer mes del año, y por lo tanto le corresponde el número 1; febrero es el segundo y recibe el 2, etc. Como octubre es el décimo mes, le corresponde también el número 1 (1 más 0). Noviembre, el decimoprimero, conserva en cambio el 11, por las razones que ya hemos expuesto. Por último, a diciembre, el decimosegundo, sc le otorga el 3 (1 más 2). El mejor mes para María Rey es el noveno, es decir septiembre.

Deducción de los días de la suerte
Todos los días cuyo número, ya sea en su forma simple o por adición de las cifras de su forma compuesta, coincida con el número de destino son afortunados. Los días de la suerte de María Rey, independientemente del mes de que se trate, son el 9, el 18 y el 27. Los días con números nones también son buenos para ella, pero los que portan números pares son días adversos o simplemente neutros. Con el número de destino se pueden determinar los días buenos y malos.

Deducción de las mejores horas del día
Consulta en un diario o almanaque de tu localidad la hora en que sale el sol. Supongamos que en el lugar donde vive María Rey amanece a las 6:15 am. La primera hora tras el amanecer transcurre entonces entre las 6:15 y las 7:15 de la mañana. Las mejores horas para ella serían tanto la novena a partir del amanecer como cualquiera otra cuya suma dé 9, que en este caso sería la decimoctava tras la salida del sol. Estas horas variarán según el sol salga más temprano o más tarde cada día. Las afortunadas serán siempre las que equivalgan al número de destino, contadas a partir del amanecer.

Elección de amistades

Tus mejores amistades serán aquellas personas cuyo número de destino sea igual al tuyo. Personas con números de destino afines establecerán entre sí excelentes relaciones, mientras que las personas con números contrapuestos serán poco satisfactorias, efímeras y conflictivas.

Cómo hacer predicciones por mes

Para obtener un número mensual, suma los números del mes (el que te corresponde según tu lugar en el año, siempre una cifra simple) y del año. Añade a esta suma tu número de destino, que es igual a tu mejor día de ese mes. El número resultante de la suma, una vez simplificado, será tu número mensual, cuyo significado puedes consultar en el repertorio de números mensuales en las páginas siguientes. Como ejemplo, deduzcamos el número mensual de María Rey para junio de 1995:

Junio	6
1995	24
N° de destino de María Rey	9
Total	39

Tres más 9 es igual a 12, igual a 3, el número mensual de María Rey para junio de 1995.

En el repertorio de números mensuales podríamos enterarnos del significado de este número para María Rey. Obtén tus números mensuales de la misma manera, sirviéndote de tu propio número de destino. Con frecuencia ocurre que varios meses tienen el mismo número mensual, que cambia sin embargo de un año a otro.

Repertorio de números de nombre

1. Número de la creación, del origen de los impulsos primarios y de la fuente de la energía. Las personas cuyo nombre vibra con este número son innovadoras. La mayoría de ellas han sido hasta ahora líderes y pensadores pioneros en sus respectivos campos, además de individuos muy populares en la esfera social en que se desenvuelven. Son personas de ideas constructivas e inclinadas a hacer cosas novedosas y fuera de lo común. No siguen la senda de los demás, por el contrario, sostienen con valor sus propias convicciones. Sin embargo, este número posee también un nivel inferior, al que pertenecen personas excéntricas, egoístas, presuntuosas, dominantes y tímidas. Si tu nombre corresponde a este número, esfuérzate para vencer estas tendencias debilitantes que podrían apoderarse de tu carácter.

2. Número de la belleza, la cultura, la verdad, la percepción y la conciencia. Es decididamente un número femenino que hace que la persona aprecie y respete las cosas refinadas e intelectuales de la vida. Es también el número de la cooperación, la atracción, el afecto, la emoción y el entusiasmo. Las personas cuyo nombre corresponde a este número son amigos cordiales, agradables compañeros, espléndidos anfitriones y excelentes jueces de la naturaleza humana. El nivel inferior de este número provoca individuos impacientes, susceptibles e inclinados a ser demasiado quisquillosos. Si tu nombre corresponde a este número, procura vencer estas tendencias indignas que podrían apoderarse de tu carácter.

3. Número de la iluminación, la perfección y el refinamiento. Este número provoca que la persona sea tierna, afectuosa, simpática, muy cuidadosa de los detalles, dispuesta al sacrificio en bien de ciertos principios idealistas y a menudo capaz de abandonar sus tareas para ayudar a un amigo. Es el número de la Santísima Trinidad, y da pie a que la persona sea sumamente religiosa, impresionable, intuitiva y magnética.

4. Número de la comprensión, la seguridad, la protección, la estabilidad y la ambición. Las personas cuyo nombre reacciona a esta vibración son excelentes amigos y buenos compañeros. Poseen una inteligencia brillante e inventiva y son capaces de alcanzar las ambiciosas metas que se proponen a pesar de los obstáculos. Gustan generalmente de una vida activa y variada, y tienen muchas experiencias interesantes de las que aprenden cosas útiles en la vida.

5. Número de la incertidumbre, la vacilación, la duda y el desaliento. Las personas cuyo nombre corresponde a este número suelen ser confusas, inquietas, irritables, impacientes y malhumoradas. Les resulta difícil entablar relaciones amiga-

bles e invariablemente se oponen a las opiniones de los demás. Con frecuencia sienten que la vida ha sido injusta con ellas, como si las obligara a llevar una existencia contraria a la que indica su naturaleza. Si éste es tu número y ya no quieres luchar contra influencias, cambia ligeramente tu nombre a fin de que corresponda a otro número.

6. Número de la doble personalidad, la indecisión, la tentación y el exceso. Las personas cuyo nombre corresponde a este número son de naturaleza muy peculiar. Por lo general no se les comprende y suelen ser la causa de su propio fracaso. Si están dispuestas a aprender de sus experiencias, harán de éste un número afortunado, pero su paso por la vida no las llevará nunca a ningún lado. Tienden a dejarse llevar por la ley del menor esfuerzo y deben superar su natural inclinación a actuar sin prudencia y sin sentido de la oportunidad. Sólo la determinación puede ayudarles a someter las incertidumbres propias de este número.

7. Número de la espiritualidad, el misticismo, la sabiduría y el éxito. Las personas cuyo nombre corresponde a este número son receptivas, estudiosas, creativas e intelectuales. Poseen un profundo conocimiento y un ardiente deseo por las cosas más bellas de la vida, que captan a la perfección. Si su número no está sujeto a influencias contradictorias, son los mejores amigos, los empleados más valiosos y los compañeros ideales. Su personalidad es poderosamente magnética, son muy generosas y poseen una visión de la vida sumamente original.

8. Número de la justicia, la evolución, la fuerza, la inspiración y el genio. Los individuos cuyo nombre corresponde a este número suelen poseer una personalidad fuerte. Son magnéticos, obstinados, independientes, esforzados, intuitivos, honestos, imparciales y rectos en su trato. La vibración del número 8 es especialmente poderosa, muy difícil de resistir. Produce personas muy activas, que rara vez pueden permanecer quietas por lapsos prolongados, y ansiosas de nuevos acontecimientos y escenarios.

9. Número de la dominación, la eficiencia, el poder psíquico, el humanitarismo y las energías renovadas. Las personas cuyo nombre corresponde a este número son astutas,

activas, filosóficas e intuitivas. Poseen una imaginación muy fértil e ideales altos y están dotadas de facultades poéticas o artísticas. Son por lo general serias y agradables, pero también excéntricas y caprichosas. Sin embargo, su temperamento es estable, refinado, simpático y gentil. Hacen amigos con mucha facilidad y están dispuestas a resolver los problemas de los demás.

11. Número del poder, el valor, el éxito, la aventura, el ímpetu y la energía. Los individuos cuyo nombre corresponde a este número se ubican en una octava mayor respecto de quienes corresponden al número 2. Se trata de pensadores profundos y deseosos de aventuras emocionantes. Sin embargo, a veces sus palabras son imprecisas. Su mente capta el sentido general de las cosas, pero por lo común se les escapan los detalles. Este número ejerce sobre ellos una influencia tan poderosa que a menudo se sienten confundidos entre tantas contradicciones, atracciones y aversiones. La claridad de pensamiento, la determinación y la concentración son las cualidades mentales que deben cultivar para controlar la inquietud que este número genera.

22. Número del arrebato, el error, la precipitación y la inestabilidad. Las personas cuyo nombre corresponde a este número deben oponerse a su natural tendencia a la crítica y el desasosiego. Por lo general ni ellas mismas comprenden sus peculiaridades. Hacen y dicen cosas en determinado momento de las que más tarde se arrepienten. Tienen por costumbre no medir las consecuencias de sus actos. Tienden a los extremos, muchas veces en contra de lo que piensan. Su vida es una dura lucha consigo mismas.

Repertorio de números de senda de nacimiento
(obtenidos del año, mes y día de nacimiento)
1. Si tu fecha de nacimiento da por resultado este número, tendrás muchas y muy extrañas experiencias. Te pasarás la vida obligado a crear tus propias condiciones e impulsar tus ideas muy personales. Sin embargo, tu existencia será muy constructiva.

2. Si ésta es tu senda de nacimiento, tu vida será semejante al recorrido de círculos concéntricos; ciertas experiencias tenderán a repetirse a intervalos regulares. Si cultivas el control de ti mismo, tu vida será interesante y provechosa.

3. Si ésta es tu senda de nacimiento, gozarás de muchas de las mejores cosas de la vida. Viajarás mucho y te enriquecerán las experiencias de los demás. Tu existencia será afortunada y muy satisfactoria.

4. Si ésta es tu senda de nacimiento, tendrás muchos amigos leales. Descollarás además en el ámbito profesional y en los negocios. Tendrás éxito y tu vida será placentera.

5. Si ésta es tu senda de nacimiento, vivirás experiencias extrañas, en ocasiones difíciles de enfrentar; sin embargo, tu poderosa personalidad te permitirá salir adelante. Tu existencia será dichosa y prolongada.

6. Si ésta es tu senda de nacimiento, deberás ser muy cuidadoso con tus acciones, salud y bienestar. Sólo la firmeza de tus propósitos y la estabilidad te conducirán al éxito. Tu vida será variable, pero provechosa.

7. Si ésta es tu senda de nacimiento, emprenderás cosas grandiosas, y habitualmente tendrás éxito. Experiencias nuevas e interesantes se te presentarán por sí solas. Serás dueño de tu destino. Tu vida estará llena de éxitos.

8. Si ésta es tu senda de nacimiento, llevarás una vida muy activa, aunque no necesariamente pacífica. Tus ambiciones no cesarán de impulsarte hacia adelante. No obstante, los estallidos habituales de tu temperamento alterarán el curso de tu vida. Tu trayectoria será aventurada.

9. Si ésta es tu senda de nacimiento, viajarás largamente y participarás en los asuntos más extraordinarios y las profesiones más diversas. Sentirás atracción por la literatura, la música, la pintura y el teatro. Tu camino será riesgoso, pero tu vida muy interesante.

11. Si ésta es tu senda de nacimiento, participarás en audaces empresas, mas vencerás todos los obstáculos que se te opongan a fuerza de voluntad. Serás capitán de tu alma y dueño de tu destino. Tendrás una vida esforzada.

12. Si ésta es tu senda de nacimiento, te crearás muchas dificultades. Juicios equivocados y amistades poco fiables te traerán pérdidas. Deberás aprender a pensar constructivamente y a actuar con discreción. Si cultivas el autocontrol, triunfarás.

Repertorio de números del destino
(obtenidos de la suma del número de nombre y el número de senda de nacimiento)

1. Si éste es tu número de destino, tus esfuerzos fructificarán en un éxito notable. Contarás con manos amigas, pero en esencia te forjarás a ti mismo.

2. Si éste es tu número de destino, tu vida estará llena de cimas y abismos, pero gracias a la ayuda de amistades y parientes saldrás avante. Gozarás de riquezas si sabes aprovechar tus facultades productivas.

3. Si éste es tu número de destino, vivirás experiencias marcadas por el éxito. Dispondrás de los verdaderos apoyos para alcanzar tus ambiciosas metas.

4. Si éste es tu número de destino, tendrás una existencia útil, honorable y de éxito financiero. Deberás ser muy cuidadoso en la elección de profesión y empeñoso. Si eres constante, nada te detendrá. Tal vez serás dueño de muchas propiedades.

5. Si éste es tu número de destino, te causarás muchos problemas. Tendrás que protegerte de accidentes y desconfiar de los extraños. Tu vida te deparará las experiencias más diversas, unas agradables, otras decepcionantes.

6. Si éste es tu número de destino, no deberás permitirte distracción alguna. Será necesario controlar tus emociones y aprovechar al máximo las oportunidades que se te presenten; no dejes que se te escapen. Si te mantienes alerta y procuras ser industrioso, alcanzarás el éxito.

7. Si éste es tu número de destino, deberás prepararte a una vida muy notable. Tu luz llegará muy lejos, y viajarás por todos los confines. Atraerás muchos amigos.

8. Si éste es tu número de destino, enfrentarás muchas dificultades económicas, pero con experiencia y sagacidad podrás vencerlas. Tendrás una vida muy activa.

9. Si éste es tu número de destino, llevarás una existencia sumamente fructífera y satisfactoria. Ganarás la admiración de tus amigos y una buena reputación por tus talentos.

11. Si éste es tu número de destino, vivirás en incesante actividad; triunfarás en grandes proyectos y descollarás en tu medio. Serás dueño de tu destino y forjador de tu fortuna.

22. Si éste es tu número de destino, las cualidades inferiores de tu naturaleza pretenderán controlar tu vida, pero las someterás si te esfuerzas por cambiar tu signo. Deberás evitar intrigas y empresas cuestionables. Vencerás si trabajas a toda tu capacidad.

Repertorio de números mensuales
(obtenidos de la suma del número del destino y el número de mes y año)

1. Cualquier mes que corresponda a este número será un mes de nuevos acontecimientos. Se trata de un buen mes para hacer e iniciar cosas, realizar viajes, pedir favores, emprender nuevos negocios, escribir cartas, etc. Todo lo que hagas por ti surtirá efecto. Es un buen momento para comprar, darse a conocer, contratar personal, buscar un nuevo trabajo y efectuar cambios de toda índole.

2. Cualquier mes que corresponda a este número será de experiencias variadas y de giros inesperados: si eres soltero, tal vez te cases. Resentirás además cierta zozobra y correrás riesgos a causa de tu imprudencia. Sostendrás amargas discusiones y romperás relaciones con amistades si no te esfuerzas por controlar las cosas. Piensa mucho y habla poco. Cuida tu salud y evita conflictos.

3. Cualquier mes que corresponda a este número será ideal para llevar a cabo planes, realizar cambios, viajar, resolver asuntos financieros, ocuparse de negocios y tratar con profesionales. Es probable que en tu vida personal y familiar ocurran importantes y benéficos cambios. No dejes pasar ninguna oportunidad.

4. Cualquier mes que corresponda a este número será bueno para iniciar labores o terminar las inconclusas, dirigir tus esfuerzos hacia el cumplimiento de tus ambiciones, obtener el apoyo de los demás y manejar asuntos legales y de terrenos y propiedades. Si apuestas tu determinación y buen juicio, ésta será para ti una temporada de éxitos. Serás capaz de sentar las bases de actividades futuras.

5. Cualquier mes que corresponda a este número será un mes en el que tendrás que ser muy cuidadoso con todo lo que emprendas. Cuídate de incendios, accidentes, pérdidas, calumnias, escándalos, extravagancias y arrebatos temperamentales. Proteje tu salud y no corras riesgos de ningún tipo. Te enterarás de cosas desagradables, pero no pierdas la calma. Evita disputas, intranquilidades y disgustos con tus amigos.

6. Cualquier mes que corresponda a este número dependerá por completo de tu propia iniciativa: podrá ser un mes provechoso o estéril. Quizá tengas algunos problemas familiares y sufras retrasos menores en la realización de tus planes, pero si mantienes tu aplomo podrás arreglártelas satisfactoriamente. Cuida tu salud y controla tu temperamento.

7. Cualquier mes que corresponda a este número traerá consigo excelentes resultados. Sigue tus corazonadas e impresiones. Es buena temporada para leer, estudiar e investigar, así como para hacer visitas, proyectos, viajar, iniciar nuevas empresas, buscar otro trabajo, comprar, vender e invertir. Tu vida se verá enriquecida con nuevos amigos y agradables experiencias.

8. Cualquier mes que corresponda a este número será de cambios radicales, ambiciones nuevas y grandes avances. La influencia de este mes te hará sentir entusiasmo y valentía. Trata a personas importantes, desarrolla nuevas propuestas, promuévete, viaja, ocúpate de asuntos financieros importantes e impulsa todos tus intereses materiales. Evita la prisa y el esfuerzo excesivo. Cuídate de accidentes, incendios y daños menores.

9. Cualquier mes que corresponda a este número será sumamente importante. Tendrás oportunidad de concluir deberes que han estado pendientes por mucho tiempo, aunque se trata de cosas que inicies ahora. Renovarás ambiciones y esperanzas y te impondrás nuevos ideales. Lleva a efecto tus ideas con todo cuidado. Desarrolla tu personalidad y acrecienta tu energía.

11. Cualquier mes que corresponda a este número será de intensa actividad. Estarás tan ocupado que te faltará tiempo para realizar todos tus planes. Sin embargo, los progresos que consigas serán permanentes. Descubrirás que posees una fuerza de voluntad más poderosa de lo que pensabas y que en esta época te resulta más fácil superar toda clase de obstáculos. Se trata de un mes de adquisición de poder, de nuevas aventuras y cumplimento, parcial o total, de tus ambiciones.

22. Cualquier mes que corresponda a este número demandará de ti la mayor precaución. Corres el riesgo de dejarte influir por otras personas, en perjuicio tuyo. Evita extravagancias, imprudencias, tentaciones, tropiezos y discusiones en materia legal. Controla tus emociones y tu temperamento. Cuida tu salud y no corras riesgos. Tenderás a ser impulsivo y arrebatado.

Definiciones

Número de nombre: Número obtenido mediante la conversión a números de las letras del nombre completo de una persona. Indica las características generales que ésta ha desarrollado por usar ese nombre durante toda su vida.

Número de senda de nacimiento: Número obtenido mediante la reducción a una sola cifra del día, mes y año de nacimiento de una persona. Señala los acontecimientos más importantes que le esperan en el futuro.

Número del destino: Número obtenido mediante la suma del número de nombre y el número de la senda de nacimiento. De él se desprende si el nombre contribuye o atenta contra las indicaciones de la senda de nacimiento. En caso de que atente, sería aconsejable que la persona cambiara de nombre.

Números mensuales: Número obtenido mediante la suma del número de destino y el número de un mes y año en particular. Ofrece indicaciones generales para tal mes y año. Estos números se modifican de un año a otro. El del nombre será siempre el mismo, a menos que se decida un cambio parcial o total de nombre. El número de senda de nacimiento no cambia nunca. El número de destino sufre modificaciones sólo si se efectúa algún cambio de nombre.

INTERPRETACIÓN NUMEROLÓGICA DE LOS SUEÑOS

A

9 **Abadía**. Todo lo relacionado con una iglesia es muestra de tranquilidad mental y ausencia de angustia. Cuanto más imponente sea el lugar, tanto mejor es la predicción. 675

2 **Abalorios**. Falsas amistades o insatisfacción. 371

3 **Abandono**. Sueño desfavorable que indica la pérdida de amigos o el incumplimiento de expectativas alentadoras. Lo mismo da que abandones a otra persona o seas abandonado por ella: habrá problemas. Abandonar a la persona amada: señal de que se te culpará de acciones imprudentes. 561

9 **Abanico**. Ten cuidado. Aunque no es una mala señal, representa una advertencia de que debes evitar riesgos. Una dama sola abanicándose: pronto iniciará relaciones benéficas para ti. Una mujer que pierde su abanico: un amigo se irá lejos. Una mujer que compra un abanico: la mujer soñada se interesa en otro hombre. 873

1 **Abejas**. Buen augurio, a menos que sueñes que te pican. Aluden a asuntos de negocios, no amorosos ni amistosos. Enjambre de abejas: habrá un incendio en tu casa. Abejas entrando a tu casa: tus enemigos te harán daño. Abejas volando en torno a su colmena: harás excelentes negocios. Matar abejas: sufrirás una gran pérdida con amenazas de ruina. 173

5 **Abismo**. Soñar cualquier espacio vacío es signo de dificultades por venir; se trata de un sueño anunciador de obstáculos. Si no caes al abismo, resolverás tus problemas; pero si caes, tendrás que ser muy cuidadoso en tus negocios. No prestes dinero, pues no te lo pagarán. 293

9 **Abogado**. Te esperan malos ratos en tus negocios. Sé preca-

vido con tus planes y evita especular con valores y acciones. Hallarte en un tribunal con un abogado: no debes especular con acciones. Tratos con un abogado contrario a tu causa: gran catástrofe. Conferenciar con varios abogados: problemas. 864

8 **Aborto**. Advertencia acerca de la salud o felicidad de tu cónyuge; estate alerta en ambos aspectos. 674

9 **Abrazo**. Sueño de significado contrario, pues no se considera venturoso que alguien te abrace en sueños. En cambio, ver a tu cónyuge, novio(a) o amigo(a) abrazando a otra persona es buen augurio. 126

7 **Abrigo**. Cuanto más ropa vistas en tu sueño, tanto mayores problemas tendrás. Quitarte un abrigo: desgracia. Comprar uno: mejorará tu reputación. 295

1 **Absceso**. Todo sueño de padecimientos físicos tiene significado contrario y anuncia buena salud o rápida recuperación si estás enfermo. Operar un absceso: aclaración de un misterio. 352

7 **Abstinencia**. Soñar que te niegas a beber es aviso de buena fortuna, aunque de efectos quizá no duraderos. 205

2 **Abuelo, a**. Soñar que eres abuelo o abuela o que tus nietos están presentes es un signo muy favorable. 371

7 **Abundancia**. Soñar abundancia es siempre buena señal e indica éxito en tus planes. Parientes que gozan de abundancia de todo: cercanía de dinero. 583

4 **Abuso**. Soñar que alguien abusa de ti es mal indicio, pero se aplica sólo a tus negocios. Soñar que abusas de otros augura éxito tras arduos esfuerzos. 103

1 **Academia**. Soñar que eres maestro o maestra de una academia indica limitación de tus circunstancias; si eres soltero, que el matrimonio que piensas formalizar se caracterizará por la adversidad. 532

8 **Accesorios**. Soñar que te regalan un accesorio para tu atuendo personal, como una capa o un sombrero, significa lo opuesto: en poco tiempo sufrirás una desgracia, y cuanto más elegante o costoso sea el regalo, tanto peor. Sin embargo, si rechazas el presente, vencerás todas tus dificultades. Si lo aceptas pero no lo usas, tendrás que ser muy paciente y cuidadoso para resolver tus problemas. 962

1 **Accidente**. El sentido de este sueño depende por completo

del escenario. Si el accidente ocurre en el mar, significa decepción amorosa, pero si ocurre en tierra se refiere a asuntos personales y de negocios. Presenciar un accidente: amenaza para tu vida. Un accidente en automóvil: proximidad de dinero. 604

8 **Acebo**. Planta espinosa también conocida como agrifolio o crébol, común en decoraciones navideñas. Cuídate de disgustos. 521

7 **Aceite**. Soñar que usas aceite para cualquier cosa es de mal augurio, excepto en el caso de las mujeres y de quienes lo utilizan con frecuencia, como los pintores y los mecánicos. Tomar aceite de ricino: dicha. Pintores manejando aceite: grandes ganancias. 934

7 **Aceite de ricino**. En los sueños las medicinas son presagios de significado contrario. Cuanto más repulsivas, tanto mayor fortuna para el soñador. Ser obligado por un médico a tomar aceite de ricino: breve enfermedad. Darles aceite de ricino a niños: aviso de un viaje próximo. 205

3 **Aceitunas**. Símbolo de paz y concordia en la vida familiar. 165

6 **Aceptación**. Soñar que uno es aceptado por su amada o amado, que un amigo le declara su amor y uno lo acepta, se interpreta por lo general como un sueño de significado contrario. Es una advertencia de que la relación amorosa no prosperará o tardará mucho en lograrse. Sin embargo, hay quienes lo consideran una premonición positiva. 438

9 **Acertijo**. Sueño que anuncia obstáculos. Si no puedes resolver el acertijo, es de esperar que tengas problemas y sufras grandes pérdidas en los negocios. 738

5 **Ácido**. Soñar que se manipulan ácidos presagia riesgos en el cumplimiento de una promesa. Cumple todo lo que prometes y no creas a ciegas en las promesas ajenas. Que otras personas manejan ácidos: muerte de un enemigo. 104

7 **Acróbata**. Ver a alguien ejecutando hábiles rutinas gimnásticas es un sueño de significado contrario; cuídate de un posible accidente. No hagas viajes largos en los siete días posteriores a este sueño. Si en el sueño el acróbata tiene un accidente o no puede realizar su acto, te salvarás de algunas de las consecuencias del peligro que te amenaza. 826

3 **Actor o actriz.** Soñar que conoces a un actor o actriz es síntoma de problemas domésticos. Conserva la calma y no te molestes si algo marcha mal en tu hogar. Actor o actriz cómico: éxito en los negocios actuales. Actor o actriz trágico: infortunio. 291

6 **Actuación.** Soñarte actuando o participando en un espectáculo es advertencia de que leves dificultades retrasarán la consumación de tus planes. Sin embargo, si perseveras los cumplirás. Otras personas actuando: anuncio de un corto viaje. 483

4 **Acuerdo.** Este sueño advierte siempre de algún defecto en tus planes, un olvido que trastornará tus cálculos y esperanzas. Si sólo lo lees y no lo firmas, todo saldrá bien. Cancelar un acuerdo: ganancias inciertas. 526

5 **Acusación.** No existe mucha diferencia entre este sueño y el del abuso, salvo que en este caso el tipo de problema implicado es más preciso. Es indicio de proximidad de complicaciones en los negocios, aunque si demuestras tu inocencia, superarás cualquier dificultad. Si la acusación es vaga, tus problemas o preocupaciones serán leves, pero se agravarán si es muy específica. 734

2 **Adán.** Siempre se ha dicho que es de buen augurio soñar a Adán y Eva o ver a cualesquiera de nuestros primeros padres. Si hablas con ellos o ellos contigo, se aplazará la realización de tus deseos, pero deberás ser paciente. Verlos juntos es uno de los sueños más afortunados que pueda haber. 146

3 **Adiós.** Por lo general si sueñas que tú te despides de alguien es señal de desgracia debida a mala salud. Cuídate de un enfriamiento. Si otros se despiden de ti: viaje tedioso. 479

2 **Adivino.** Es anuncio de muy mala fortuna soñar que te adivinan el futuro, pero es buena suerte que tú lo adivines a otra persona. Ser adivino: arribo de buenas épocas. Enterarse del propio porvenir: desastre grave. Escuchar que se adivina el futuro de otros: existencia de un amigo fiel. 371

6 **Admiración.** Si sueñas que alguien te admira, quiere decir que la amistad con las personas que aprecias será cada vez más fructífera. En este sentido, se trata de un sueño que no tiene significado contrario. Si eres quien admira a otro, una persona

te manifestará su afecto, no necesariamente aquélla con la que soñaste. Es importante que comprendas esta explicación, porque se presta a confusiones. 501

5 **Adopción**. Sueño de significado contrario. Si sueñas que eres adoptado por alguien o que adoptas a un niño, un pariente o amigo cercano recurrirá a ti para resolver una crisis. 284

8 **Adulación.** Este sueño es similar al de las mentiras, pues toda adulación es poco sincera y digna de desconfianza. Sueño de significado contrario. Si alguien te adula, espera problemas o desilusiones. Adular al novio o la novia: urgencia de controlar las pasiones. Adular a los amigos: inestabilidad prolongada. 467

6 **Adulterio.** Soñar con la tentación de cometer este acto es símbolo de vida virtuosa y triunfo en los planes; soñarse culpable anticipa fracaso. Cometer adulterio: excelente moral. 249

6 **Adversidad.** De significado opuesto: sueño favorable que indica prosperidad. Luchar contra una adversidad: predestinación al desengaño. Adversidad en los negocios: cumplimiento de una gran ambición. Adversidad en el amor: aviso de que debes protegerte de chismes malévolos. 735

9 **Aeronave.** Señal de que ganarás dinero, pero también de que deberás ser cauto en tus especulaciones si no quieres ser sorprendido y salir perdiendo. Hallarte en una nave aérea con seres queridos: cometerás tonterías. Ser víctima de un desastre aéreo pero salvar la vida: beneficios económicos. 387

5 **Afecto.** Soñar que entre tú y otra persona existe gran afecto tiene significado contrario. Demuestra que algunos de tus planes no son correctos. Afecto entre dos seres queridos: herencia. Afecto de niños: recibir dinero inesperado. 167

9 **Aflicción.** Sueño de significado contrario. Cuanto más grandes sean los problemas y dificultades soñados, tanto más seguro es tu éxito. 405

2 **Afrenta.** Soñar que te sientes ofendido por la conducta de alguien tiene significado contrario excepto si hay una discusión violenta y muestras enojo. Soñar que haces una afrenta a alguien es señal de problemas muy próximos. 416

2 **África**. Tu suerte mejorará pronto en forma inesperada. Ir solo de viaje a África: harás nuevos amigos. 173

7 **Agitación**. Soñarte desagradablemente inquieto denota una excelente conclusión de tus planes. 349

2 **Agonía**. Las autoridades en la materia difieren en cuanto al significado de este sueño, pero lo más sensato es considerarlo como un sueño anunciador de obstáculos. Hay quienes aseguran que sentir en sueños dolores extremos es muy buena señal para los negocios, pero otros lo interpretan como pronóstico de dificultades familiares. Quizá ambas versiones sean ciertas, como ocurriría en el caso de un profesionista con éxito que por atender su trabajo relegara a su familia. 146

5 **Agosto**. Soñar que es verano cuando se está en invierno anuncia noticias inesperadas. Soñar que se nace en agosto: aviso de que todo marchará bien. Que un niño o niños nacen en agosto: excelente suerte. 239.

3 **Agua**. Sacar agua de un pozo: la esposa causará grandes molestias. Bañarse en agua limpia: buena salud; en agua sucia: enfermedad. Tomar agua de un vaso: matrimonio próximo. Beber agua helada: prosperidad y triunfo sobre los enemigos. Romper un vaso con hielos: muerte de la madre y salud de los hijos. Caer al agua y despertar de inmediato: la mujer con la que te cases te arruinará la vida. Inundación de tu casa y destrucción del mobiliario: peleas con los enemigos. Desbordamiento de un río: buenas noticias sobre asuntos legales pendientes. Caer en aguas agitadas desde una lancha: pérdida de riquezas. Lanzar agua contra el fuego: derrota en un juicio. Sentir agua en la cabeza: ganancias. Agua en una alberca: buena suerte. 120

8 **Aguacero**. Presagio de mala fortuna en asuntos amorosos. Evita peleas. 539

5 **Aguamarina**. Soñar con esta joya es una garantía de afecto de un pariente o amigo muy joven. Comprar una aguamarina: felicidad asegurada. Perder una: decepción amorosa. 473

6 **Águila**. Si esta noble ave está volando, tendrás buena suerte. Si está muerta o herida, perderás dinero. Si vuela pero te amenaza, espera dificultades. 924

5 **Agujas**. Desilusiones en el amor. Muy graves si te picas con una aguja. Ensartar una aguja: cargas familiares. Perder una aguja: decepción amorosa. Picarte con una aguja: evidencia de que estás siendo demasiado cariñoso. 437

2 **Ahogarse**. Sueño muy desafortunado para hombres de negocios. Si alguien te salva, recibirás ayuda de un amigo. Soñar que un hombre de negocios se ahoga: aviso de fracaso económico. Rescatar a personas que se ahogan: un amigo tuyo alcanzará una elevada posición. 731

3 **Ahorro**. Soñar que ahorras anticipa pobreza. 165

6 **Aire**. El significado de un sueño al aire libre depende totalmente de las circunstancias. Si el aire es limpio y el cielo luce azul, tendrás éxito, pero si es brumoso o nebuloso o hay muchas nubes, surgirán problemas, ante lo que deberías posponer o reconsiderar los cambios que has pensado hacer. 987

8 **Ajenjo**. Soñar que bebes licores o cocteles predice dificultades cercanas; cuanto más bebas, tanto mayor será el desastre que enfrentarás. 496

8 **Ajo**. Se le considera comúnmente una premonición afortunada, pero las personas que detestan el olor de este condimento deben interpretarlo en sus sueños como previsión de dificultades para alcanzar el éxito. Cocinar con ajo: tus empleados te rechazan. 206

6 **Alarido**. Soñar ruidos y alaridos terribles significa calma tras la tempestad. Si eres tú quien emite los alaridos, habrá peleas familiares. Escuchar alaridos de otros: surgirán graves problemas, pero después vendrá la paz. 348

5 **Alcachofa**. Conflictos molestos, pero que superarás. Comer alcachofas: desacuerdos en la familia. 689

8 **Alegría**. Soñarse alegre es señal de buena salud. 467

5 **Alfombra**. Soñar que te encuentras en una habitación alfombrada es buena fortuna. Comprar una alfombra o tapete: resolución de un enigma. Soñar que se quema una alfombra: prevención contra chismes malintencionados. Instalar una alfombra: gran catástrofe. 428

3 **Alguacil**. Soñar que tienes problemas con un miembro de un tribunal es un augurio de significado contrario. Recibirás una herencia inesperada antes de lo que imaginas. 876

3 **Alimentar**. Soñar que alimentas animales es excelente presagio; tus asuntos prosperarán. Sin embargo, soñarte comiendo no es buen indicio. Que otras personas alimentan a niños: alguien te engaña. 246

9 **Alimentos**. Generalmente es buen signo soñar que comes algún alimento, siempre y cuando en el sueño te sientas satisfecho. No obstante, comer en exceso no es buen augurio. No contar con alimentos suficientes: muerte de un enemigo. Personas que venden comida: recibirás cierta suma de dinero. Probar un platillo: pérdida de amistades. 108

4 **Almanaque**. Soñar que lees: leve disgusto con una persona a la que estimas. 625

6 **Almendras**. Premonición dudosa, puesto que en Oriente se le considera favorable, pero los especialistas occidentales difieren. Si sueñas que comes una almendra y la disfrutas, el augurio es positivo, pero si el sabor es amargo, debes tener cuidado, pues tus negocios están en riesgo. Si sueñas el árbol mas no el fruto, tus asuntos familiares y profesionales marcharán adecuadamente. 789

3 **Almirante**. Soñar con un oficial naval de alto rango presagia un suceso importante en tu vida. Soñarse como almirante: peligro en cuestiones amorosas. Como la esposa de un almirante: proximidad de obstáculos insuperables. 624

1 **Almohada**. Una almohada limpia es buena señal; pero si está sucia y desarreglada, significa que tú mismo te causarás problemas. 568

3 **Alondras**. Escuchar en sueños cantar felizmente a un ave es una de las mejores predicciones, pues la Naturaleza brinda de este modo su faz más amable. Pero si el ave canora está en una jaula, tu codicia implícita será la causa de que tus planes fracasen. 129

7 **Altar**. Soñarse dentro de una iglesia no se considera afortunado, carece del significado positivo que tiene una vista exterior del recinto sagrado. 538

5 **Alumbrar**. Sueño favorable, a pesar de lo cual se te presentarán incomodidades, al igual que la Naturaleza tiene que vencer oscuras nubes para derramar su repentina luz. Si perseveras, tu éxito está asegurado. 608

6 **Amanecer**. Símbolo de que tus ambiciones se cumplirán pronto; soñar que presencias el atardecer significa lógicamente lo contrario. 123

8 **Ámbar**. Ver ámbar es una advertencia contra el orgullo, que puede convertirse en una barrera entre tú y el ser amado. 269

5 **Ambulancia.** Pronta realización de tus deseos. 761

5 **América**. Tus esfuerzos te rendirán excelentes frutos. 104

1 **Amigos**. Buen presagio, pues recibirás buenas e inesperadas noticias, salvo que sueñes que tus amigos tienen problemas. Despedirse de un amigo: cercanía de experiencias dolorosas. Separarte de un amigo: tus amigos traman destruirte. Amigos en problemas: recibes noticias buenas inesperadas. Un amigo al que desnudas: proximidad de conflicto grave. Conversar con un amigo en una habitación: alegría y consuelo. 685

8 **Amoniaco**. Peligro por enfermedad o accidentes; no corras riesgos innecesarios por un tiempo. Usar amoniaco: discusión con una amistad. 629

2 **Amor**. Sueño de significado contrario para los enamorados. Soñar que no tienes suerte en el amor indica que te casarás pronto y serás feliz. Que tus amigos te estiman: predicción de prosperidad. Soñarte en compañía de la persona amada también es buen augurio. 695

6 **Amoroso, a**. Si te sueñas en disposición amorosa, es probable que seas víctima de un escándalo. Que otros son amorosos contigo: aviso de precaución en asuntos de amor. Jóvenes amorosas contigo: tu matrimonio fracasará. 357

6 **Amuleto**. Soñar que portas uno significa que pronto tendrás que tomar una decisión importante; piensa bien antes de dar un paso. Recibir como regalo un amuleto: pérdida de un amor. 240

4 **Ancla**. Si la ves claramente, es un sueño afortunado, pero debe ser visible en su totalidad. Bajo el agua indica decepción. Sacar un ancla del agua: jugosas ganancias. 1 5 7

9 **Ángeles**. Sueño que anuncia buena suerte en el amor, la amistad y las relaciones en general. Varios ángeles: recepción de una herencia. Un ángel cerca de ti: paz y bienestar. Un ángel entrando a tu casa: prosperidad. 864

3 **Anguilas**. Dificultades que serán superadas con constancia. Sujetar una anguila: buena fortuna. Tomar una anguila muerta: anticipación de sufrimientos. Muchas en el agua: trabaja usted en exceso. 147

2 **Angustia**. Sueño de significado contrario que revela pronta liberación de preocupaciones. Sentir angustia por los demás o por tus hijos: buena salud. Por tu pareja: habrá problemas. 731

1 **Anhelo**. Soñar que tienes un anhelo intenso de algo significa que queriendo mostrarte amable, resultarás indiferente. 235

9 **Anillo de bodas**. Separación. Si te sueñas quitándotelo, la separación será definitiva. 504

9 **Anillo de compromiso**. Ver o portar uno quiere decir que muy pronto te verás atraído por alguien; comprometerse, que pronto habrá boda. Devolver un anillo de compromiso: cambio de vida próximo. 126

1 **Anillos**. Perder un anillo, advertencia de problemas con un amigo u otra persona. Soñar que alguien te regala un anillo es señal de buena suerte. Tener un anillo de piedras preciosas: riqueza. Que una persona soltera sueñe con un anillo de piedras preciosas: matrimonio; una persona casada: nacimiento de un hijo. Perder un anillo: excelente fortuna. Que una joven soltera sueñe que pierde un anillo: separación del novio. Dar un anillo como regalo: pérdida económica. Recibir un anillo de bodas: el ser amado se consagrará a ti. Un anillo en una cadena: buena salud. 478

2 **Animales**. Ver animales salvajes en un sueño suele tener significado contrario, aunque el león, el leopardo y el tigre poseen su propia significación. Animales poco comunes, como los cocodrilos, son de mal agüero. Los animales domésticos tienen también significado particular; gato y perro representan predicciones desafortunadas. La interpretación que se da de toros y vacas depende de la actitud que muestren: es buen presagio que estén calmos, pero en disposición de atacar anticipan dificultades en los negocios. 641

9 **Anochecer**. La oscuridad no tiene en los sueños la misma connotación que en la vida real, ya que es el medio natural del durmiente. Aun así, representa dificultades menores, quizá de carácter amoroso. 576

9 **Anteojos**. Buenas noticias de un amigo, o tal vez un negocio afortunado. 432

7 **Antepasados**. Soñar con parientes anteriores a los padres se considera advertencia de enfermedad. Con los abuelos: pronta recuperación de un padecimiento. 286

2 **Antílope**. Soñar que ves uno significa que un ser querido ha depositado en ti su confianza y amor. 857

1 **Antipatía**. El sentido de este sueño depende de las circunstancias. Si sueñas que le eres antipático a alguien y eso te preocupa, el augurio es malo; pero si tal cosa no parece inquietarte, tus problemas se resolverán. 370

8 **Antorcha**. Si elevas sobre tus problemas la luz de la razón, muy pronto los superarás. Una mujer sosteniendo antorchas: enamoramiento. Sostener una antorcha llameante: se te revelará un secreto. 926

3 **Año bisiesto**. Frivolidad en asuntos que deberían ser tomados en serio. Casarse en año bisiesto: tu matrimonio no durará. Nacer en año bisiesto: larga vida. 156

3 **Año Nuevo**. Inminente mejoramiento de tus circunstancias. Tendrás un rival dispuesto a todo; sé precavido con tus confidencias. Soñar que te embriagas en la fiesta de Año Nuevo: mejorarán tus asuntos amorosos. Proponer matrimonio en la noche de Año Nuevo: tu relación perdurará. Casarte en la noche de Año Nuevo: tu matrimonio será efímero. Que nace un niño en esa fecha: tu reputación se elevará; una niña: te casarás con una persona muy rica. Cometer adulterio en la noche de Año Nuevo: separación próxima. 489

5 **Aparición**. Soñar con fantasmas o aparecidos no augura daño alguno, a menos que su presencia o surgimiento súbito te espante o indisponga. En este caso, anuncia dificultades financieras y quizá mala salud. 824

5 **Apetito**. No es buen síntoma verse hambriento en los sueños; la Naturaleza está adviertiéndote deficiencias en la salud. Comer en demasía también es mal signo, sólo que en este caso se refiere a asuntos de dinero. 617

5 **Apio**. Tal como ocurre con los demás vegetales comestibles, la presencia del apio en los sueños es indicio de buena salud y tranquilidad familiar. 896

4 **Aplauso**. Soñar que eres objeto de aprobación total por parte de amigos y vecinos es una predicción de significado contrario. Cuídate de disputas familiares o del distanciamiento de un amigo que pueda llegar a sentirse herido en sus sentimientos. Aplaudir a alguien: estás siendo egoísta y envidias a los demás. 652

9 **Aprender**. Soñar que aprendes algo con facilidad es buen presagio, pero si te resulta difícil es un indicio de que te has echado a cuestas una carga mayor de la que puedes soportar. Aprender un idioma: penas de amor. 153

2 **Apuesta**. Soñar que participas en una apuesta te previene de la intromisión de terceras personas en tus asuntos personales. Ganar una apuesta: cambio positivo. Perderla: un enemigo busca su ruina. 713

8 **Apuro**. Sueño de significado contrario: es buena señal que en sueños sufras un apuro o te veas en problemas de cualquier clase. Niños en apuros: advertencia de conflictos. El cónyuge en apuros: pesar. 476

9 **Árabe**. Soñar a personas extranjeras tiene que ver con tus asuntos amorosos o con alguna transacción importante con alguien ajeno a tus círculos familiar y de negocios. Muchos árabes: aventura amorosa. Caminar al lado de un árabe: importante y generosa transacción. 657

8 **Araña**. Buena suerte muy próxima, sobre todo en los negocios. Ver una araña al amanecer: enfrentarás una demanda legal. Una araña tejiendo su tela: alegría familiar. Ser picado por una araña: infidelidad matrimonial. 971

5 **Araños**. Soñarse arañado presagia males. Arañarse la espalda: dinero. Araño con sangre: recepción de malas noticias. Que una mujer te araña con las uñas: amor seguro. Araños de gato: enfermedad; de perro: tus amigos te engañarán. 167

9 **Árboles**. Soñar con árboles llenos de follaje es un presagio excelente, pues indica el favor de la Naturaleza. Si ves un árbol talado, tus negocios se resentirán. Soñar que te subes a los árboles es indicio seguro de trabajo arduo y mala suerte, aunque en tu sueño ocurran también otras cosas. Caer de un árbol: pérdida de empleo. Árbol seco: alguien te engaña. Árboles cargados de frutos: riqueza y fortuna en los negocios. Arboles en flor: alegrías y dulces satisfacciones. Árbol de Navidad: plenitud. Escapar de un incendio forestal: accidente extraño. 207

7 **Arbustos**. Aviso de un cambio. Si pasas entre ellos, el cambio será para bien. Ocultarte detrás de arbustos: oposición y peligro inminente. Podar arbustos: riesgo a causa de un secreto. 628

1 **Arco**. No es buen signo soñar que pasas bajo un arco, pues ello predice intromisiones en tus asuntos amorosos. Se trata realmente de un sueño anunciador de obstáculos leves en tus asuntos personales, no financieros. 397

1 **Arco y flechas**. Si en tu sueño te ves armado de estos instrumentos y das en el blanco, puedes confiar en tu buena suerte según la claridad de tus propósitos. Si no atinas, realizarás acciones torpes o producto de malos consejos que te causarán dificultades. Ser alcanzado por una flecha: prevención contra tus enemigos. Tener muchas flechas: pérdidas económicas. 532

2 **Arcoiris**. Sueño de buena fortuna que anuncia indudable e inminente cambio en tus asuntos. Si una joven sueña un arcoiris: tendrá un novio agradable. Novios viendo juntos un arcoiris: feliz matrimonio y riquezas. Un arcoiris sobre tu cabeza: herencia familiar. 614

4 **Archivo**. Soñar que usas un archivo presagia cambio de trabajo. Un archivo con separadores: resolución de un enigma. Introducir documentos en un archivo: te verás frente a obstáculos insuperables. Sacar documentos de un archivo: un enemigo pretende arruinarte. 967

4 **Ardillas**. Alégrate: te esperan tareas pesadas, pero si perseveras y conservas buen ánimo, obtendrás excelentes resultados. Si una mujer sueña una ardilla: se le sorprenderá en una mala acción; una joven: será deshonesta con su novio. Matar una ardilla: nuevas amistades. Ser mordido por una ardilla: te casarás por dinero. 310

3 **Arena**. Abundancia de pequeñas molestias. Trabajar con arena: te aguardan años de mucho trabajo. Mezclar arena y cemento: éxito. Una duna: apoyo de tus amigos. 768

3 **Arena movediza**. Este sueño indica que te acosan numerosas tentaciones. No seas imprudente. 174

9 **Arenque**. Los peces presagian siempre cosas positivas. Tendrás éxito en los negocios, pero deberás trabajar con ahínco para asegurarlo. 387

6 **Arma**. Escuchar el disparo de un arma anticipa enfermedad leve de un ser querido. Si son varios los disparos, el malestar se prolongará. Si eres tú quien dispara el arma, enfermarás. Dispararle a una persona con un arma de fuego: deshonra. Ver

un rifle o bayoneta: alejamiento de tus socios. Viajar con un arma: matrimonio en puerta. 528

3 **Armario**. Cuídate de ser traicionado por aquéllos en quienes confías. Comprar un armario: abundantes ganancias económicas. Abrir un armario: recepción de una carta largamente esperada. 264

7 **Armiño**. Recibirás una carta o un ofrecimiento de asociación de un persona de condición alta, pero si te encuentras enfermo, este sueño significa que tu recuperación será lenta. Poseer un abrigo de armiño: invertirás en bienes raíces. Comprarlo: debes ahorrar. 943

9 **Arneses**. Una velada agradable y la presentación de cierta persona desembocarán en una buena amistad. Comprar arneses para un caballo: tentadora oportunidad de un nuevo amor. 207

7 **Aro**. Soñar con un aro o cualquier otro objeto circular es señal de buena fortuna. 196

3 **Aroma**. Es de buen agüero soñar con un perfume aromático, aunque las consecuencias son de poca importancia. Disfrutarás de algunos triunfos menores. 642

9 **Arpa**. Toda melodía hermosa escuchada en sueños es un signo favorable. Tocar un arpa: no confíes demasiado en tus amigos. Ejecución de un arpa en una sala de conciertos: uno de tus amigos te es leal. 387

1 **Arpón**. Éxito y renombre social. Usar un arpón para atrapar peces: abundancia. Traspasar un pez con arpón: inmediato cumplimiento de tus esperanzas. 865

5 **Arquero**. Para los solteros, este sueño significa compromiso inminente; para los casados, peligro. 428

3 **Arrastrarse**. Presagio de dificultades: tus asuntos amorosos no prosperarán. 624

6 **Arresto**. Se acerca un éxito súbito e inesperado para ti, pero deberás ser muy cuidadoso al elegir tus amistades. Ser arrestado: pasarás malos momentos, pero después vendrá la felicidad. Arresto de otros: recibirás un regalo inesperado. 132

4 **Arriba**. Este sueño implica ver que algo cuelga y está a punto de caer, y presagia riesgos, que quizá no sean graves si el objeto no se rompe. 193

6 **Arrodillarse**. Soñar que rezas de rodillas es indicio de ale-

grías por venir. Arrodillarse en una iglesia o adoratorio: tus deseos se cumplirán. 735

2 **Arroyo**. Amigos leales si el agua es clara; de no ser así, sé cauteloso. Un arroyo cerca de tu casa: recibirás un nombramiento honroso. Arroyo a punto de secarse: encontrarás objetos de valor que creías perdidos. 614

6 **Arroz**. Revisa tus planes, pues es posible que hayas prestado oídos a consejos errados. Comer arroz con muchas personas: felicidad matrimonial. Dar arroz a niños: terminarán tus problemas. Comer arroz con leche: ganarás dinero con facilidad. 258

4 **Arrugas**. Elogios y satisfacciones sociales. Arrugas en tu rostro: larga vida tras una enfermedad. Una persona mayor sin arrugas: satisfacciones sociales. Arrugas prematuras: eres una persona demasiado crédula. 715

7 **Artista**. Soñar que modelas para tu retrato es advertencia de traición de un conocido. Si, en cambio, eres tú quien pinta un retrato, deberás reconsiderar cuidadosamente tus planes, pues corres el riesgo de fracasar por pretender ventajas indebidas. 241

3 **Asaltante**. Es de buen augurio verse asaltado en sueños, siempre y cuando no sufras daño alguno. Librarse de un asaltante: buena época. Sorprender a un asaltante: triunfo sobre tus enemigos. Matarlo: larga vida. Que un asaltante es arrestado: éxito en los negocios; que huye: desilusión amorosa. 642

5 **Asalto**. Te transmitirán información falsa. Ponte alerta y confirma la veracidad de todo lo que se te dice. Asaltar a otros: ganancias económicas. 716

9 **Ascensión**. Toda modalidad de avance ascendente es signo de éxito; si llegas a la cima de una montaña, tu éxito será enorme. 315

4 **Asesinato**. La advertencia que este sueño supone es mucho más seria que la de soñar un homicidio no premeditado, porque es señal de que las dificultades que enfrentas te han sacado de quicio. Te esperan momentos amargos; reduce al mínimo toda posibilidad de riesgos. 967

6 **Asfixia**. Por extraño que parezca, es de buena suerte soñar que te asfixias. Que otros tratan de asfixiarte: anuncio de que

te abandonará tu pareja. Niños que se asfixian: recuperación de una enfermedad. 807

2 **Asilo**. La correcta interpretación de este sugestivo presagio depende del examen de las circunstancias del sueño. Si te encuentras fuera de este recinto, no debes dejar pasar la oportunidad de ayudar a alguien en problemas; no te será difícil puesto que te esperan condiciones óptimas. Si, por el contrario, te hallas dentro, prepárate a enfrentar problemas delicados. Soñar que te resistes a ser internado en un asilo: aviso de que debes cuidar tu salud. Si una joven sueña un asilo: matrimonio muy próximo. 146

7 **Asma**. Uno de tus proyectos preferidos no rendirá los frutos deseados. Revisa tus planes y elimina riesgos y especulaciones. Tener asma: pronto recuperación si te mudas a otro estado de tu país. 241

9 **Áster**. Soñar que cortas estas flores parecidas a las margaritas, conocidas también como «sunchos», anuncia la recepción de una carta con buenas noticias. Recibir como regalo un ramo de ásteres: abundancia. 135

3 **Astillas**. Exito en los negocios o triunfo en una apuesta. 165

3 **Astillero**. Símbolo de buena suerte. 462

5 **Atado, a**. Verse atado con cuerdas es un sueño que anuncia obstáculos. Toma precauciones, de lo contrario, tus problemas te rebasarán. Soñar con personas atadas: amenaza de exceso de dificultades. Si tú las atas: molestias y pérdida de dinero. 186

2 **Ataque**. Excelente augurio de épocas muy agradables. Ataque policiaco: cambio de circunstancias físicas. Ataque aéreo: inminente cambio de vida. Ataque contra tu casa: pesar. Personas atacadas: felicidad garantizada. 317

3 **Atardecer**. Aviso de prosperidad a muy largo plazo. Sin embargo, algunas de tus preocupacione actuales se resolverán satisfactoriamente. 498

2 **Ataúd**. Símbolo de enfermedad grave de un amigo muy querido, que puede desembocar en muerte si el sueño transcurre en la oscuridad. Ataúd elegante: muerte de un socio. Un amigo dentro de un ataúd: padecimiento serio de un amigo cercano. Ataúd de la cabeza de la familia: molestias muy desagradables. 137

8 **Atlas**. Soñar que consultas un mapa o un atlas es indicio de

buenos negocios a futuro; el atlas anuncia un probable viaje al extranjero. 341

5 **Atleta**. Sueño positivo únicamente para personas de sólida constitución física; si éste no es tu caso, no te permitas demasidas tensiones. Hallarte en compañía de un atleta: evita hacerte de rivales. 671

9 **Atrio**. Aunque aparentemente desagradable, dado que los atrios de las iglesias suelen servir de cementerios, este sueño es de buena fortuna, como todos los que transcurren fuera de un recinto religioso. 126

4 **Audiencia**. Soñar que te recibe en audiencia alguna persona importante: grandes ganancias. Por un sacerdote: problemas. Audiencia general: reconocimientos y amenidades sociales. 931

1 **Aureola**. Tus complicaciones presentes derivarán en satisfacciones futuras. Mantente firme. Ver una aureola solar: rápido cumplimiento de tus esperanzas; lunar: cambio de condiciones físicas. 964

1 **Ausencia**. Por lo general, sueño de significado contrario. Soñar que un amigo ausente muere presagia boda. Que un ser querido se ausenta: riesgo en el amor. 469

3 **Autor**. Soñar con un gran escritor brinda a los solteros beneficios inesperados; a las personas casadas, fortuna familiar. Tratar a un autor: futuro prometedor. 426

9 **Avalancha**. Tu buena suerte te ofrecerá muy pronto una sorpresa extraordinaria. Ser arrollado por un alud de nieve: excelentes ganancias. Que otras personas sean arrolladas: cambio de circunstancias físicas. 648

1 **Avance**. Signo muy favorable que indica éxito en proyectos de importancia. Tal vez seas ascendido de puesto; tu éxito está asegurado. Es común que este sueño ocurra cuando enfrentes asuntos legales, pero si en él tiene lugar un juicio, perderás. 174

1 **Avaricia**. Sueño desafortunado, pues cuanto más atesores en éste, tanto más negativas las consecuencias en tus negocios. También anuncia riesgos para los enamorados. 640

7 **Avena**. El soñar con productos de cultivo augura éxito comercial. Si la siembra aún está verde y su maduración no ha concluido, debes mantenerte a la expectativa un par de meses para evitar un negocio fallido. 286

4 **Aventuras**. Correr aventuras emocionantes en un sueño hace prever un cambio sorpresivo de suerte. Participar en una aventura al lado de un varón: nuevos intereses y entorno físico; de una mujer: estás siendo vigilado. 652

2 **Aves**. Sueño considerado generalmente como de sentido incierto. Si sufres escasez a pesar de tus esfuerzos, soñar con aves significa una mejoría de tus condiciones, pero si vives en la abundancia, padecerás un revés. Si las aves son de hermoso plumaje, su signo es alentador, y lo es aún más si las oyes cantar. 731

2 **Aves de corral**. Soñar con estas comunes aves domésticas es evidencia de una vida tranquila, estable y normal, pero puede ser también presagio de excelente fortuna. Comprar aves de corral: consuelo. Limpiarlas: anuncio de dinero. 146

6 **Avestruz**. Te aquejará un leve malestar físico; vigila tu dieta. 258

7 **Avión**. Señal de que recibirás dinero, aunque por medios quizá un tanto sospechosos. Revisa detenidamente tus planes. 142

6 **Avispas**. Algunas personas en las que confías son en realidad tus enemigos. 582

3 **Avispones**. Un malicioso rival pretenderá hacerte daño; protégete. 246

4 **Ayuno**. Se abre ante ti una temporada regocijante. Soñar que algunos miembros de la familia ayunan contigo: riqueza considerable. 832

5 **Azotea**. Pronto lo visitará la prosperidad; ropa nueva y elegante. 986

6 **Azotehuela**. Soñarte en la azotehuela no es buen augurio. Quizá salga avante, pero a costa de constantes esfuerzos. 285

7 **Azúcar**. Dulces palabras y futuro dichoso. Cocinar con azúcar: tus amigos te engañarán. Espolvorear azúcar sobre fruta: felicidad futura. 961

8 **Azucena**. Te aguardan dicha y prosperidad, pero como resultado únicamente de tus empeños. No esperes ayuda de los demás; dependerá sólo de tus propios medios. Si las flores se marchitan o las desechas, fracasarás a causa de tus imprudencias. 251

6 **Azul**. Si este color es dominante en tu sueño, prosperarás

gracias a otras personas; quizá la empresa en la que trabajas se consolide en beneficio de tu situación económica. Probablemente tu vida amorosa o matrimonial te dé mayores satisfacciones. 526

B

8 **Backgammon.** Soñar que participas en este juego: tu carácter será puesto a prueba muy pronto. 359

2 **Baile.** Si te sueñas bailando, obtendrás dinero en poco tiempo o verás realizado uno de tus planes más ambiciosos. Si ves bailar a otros, recibirás noticias de la buena suerte de un amigo, o bien no se te cumplirá. Asistir a un baile de máscaras: cuídate de una trampa. 650

2 **Balcón.** Soñar un balcón augura obstáculos, aunque de dificultad menor. Si tú te retiras del balcón, todo saldrá bien. Si estás sentado y no de pie, tardarás más en resolver tus problemas. 308

7 **Balido.** Escuchar en sueños el sonido que emiten las ovejas indica prosperidad en los negocios y dicha en el hogar, pero si sueñas borregos jóvenes, éstos deben aparecer junto con su madre, pues de lo contrario sufrirás una desilusión de último momento, justo cuando estás esperando la consumación de tu éxito. 241

8 **Balsa.** Soñarte en una balsa anuncia un viaje obligado. Ver una balsa: cambio temporal. Salvar tu vida gracias a una balsa: total dominio de tus asuntos. Una balsa notoriamente grande y alargada: viaje prolongado. 215

2 **Ballena.** Confusiones que se aclararán mucho tiempo después. Indica también rompimiento de un compromiso matrimonial. 695

7 **Ballet.** Soñar la escenificación de un ballet o cualquier otro tipo de danza profesional constituye una advertencia sobre tu salud. Toma tus precacuciones si el clima es lluvioso. 142

3 **Banca.** Sueño desafortunado. Pon especial cuidado en tu trabajo, pues corres el riesgo de perderlo. Sentarte en una banca: tu vida se volverá muy agradable. Niños sentados en la banca de un parque: predicción de buenas épocas. 804

9 **Bancarrota.** Soñar que perdiste dinero y te hallas en bancarrota debe interpretarse como una advertencia. Alguno de tus

proyectos no es del todo razonable y más vale abandonarlo ahora, antes de que te cree problemas. Se prudente en tus transacciones y busca el consejo de amigos de edad mayor. 648

8 Banco. Soñar que realizas operaciones bancarias es mal presagio: perderás dinero sin darte cuenta. Ser dueño de un banco: tus amigos se ríen de ti. Recibir dinero en un banco: quiebra próxima. 359

1 Banderas. Augurio que recibe diferentes interpretaciones según el país de que se trate, de manera que es mejor analizar otros elementos del sueño. Hay quienes opinan que el despliegue abundante de banderas coloridas es símbolo de buena fortuna, pero en vista de que no todos los colores son propicios, esta explicación carece de solidez. El rojo, por ejemplo (véase Colores), suele considerarse como un aviso de diferencias con amigos, mientras que el negro es fatal. Para que las banderas sean en efecto señal de buena suerte, deben predominar en ellas colores como anaranjado, verde, azul y blanco. 892

4 Banquete. Premonición afortunada si el soñador es joven, pero infeliz si es viejo. Asistir a un banquete: costosas satisfacciones. A uno de carácter político: decepciones. 823

5 Baño. El significado de este sueño depende del ambiente en el que ocurra. Si es al aire libre y con agua limpia, indica éxito en los negocios, pero si el agua es sucia o lodosa o corre sobre algas y plantas, enfrentarás problemas de trabajo o profesionales. Soñar que te bañas bajo techo tampoco es buen signo. Si el agua es fría, simboliza penas; si es caliente, alejamiento de un amigo o un ser querido, tal vez a causa de una pelea si en el sueño aparece vapor. Verte desnudo es buena señal, siempre y cuando no estés en el agua. 248

3 Bar. Tus amigos te aprecian más de lo que imaginas. Beber solo en un bar: cercanía de un amigo falso; en compañía de otra persona: necesidad de controlar tus pasiones. Una mujer bebiendo sola en un bar: ganancias financieras. 219

6 Barba. Si ves en un sueño a una persona con la barba crecida, te espera un éxito imprevisto; cuanto más crecida esté la barba, tanto mejores consecuencias para ti. Que una mujer casada sueñe a un hombre barbado: pronto abandonará a su esposo; una mujer embarazada: dará a luz a un varón. Una barba blanca: prosperidad espléndida. 321

3 **Barco.** Soñar que viajas en un barco prefigura buena fortuna si llegas sano a tu destino. Que un hombre sueñe la llegada de un barco a puerto: buenas noticias inesperadas; una mujer: malas noticias; una persona enamorada: no habrá matrimonio. Un barco hundiéndose: dinero en abundancia. Hallarse en el puente de un barco: viaje corto en puerta. Una embarcación pequeña con velas: recepción de buenas noticias insospechadas. 246

6 **Barril.** Un barril lleno y en posición vertical: prosperidad; vacío y rodante: proximidad de malos tiempos; lleno de vino y vertical: buenos tiempos. Poseer un barril: arribo de un regalo imprevisto. 213

8 **Bastón.** Soñar que te golpean con un bastón es pésima señal. Se muy cuidadoso en tus transacciones comerciales, al menos por un par de días. Apoyarte en un bastón: enfermedad en el futuro próximo. Una mujer con bastón: aventuras amorosas. 395

8 **Basura.** Estás a punto de hacer un importante descubrimiento. Aprovéchalo, pero cuídate de no herir a un amigo. 314

4 *Batalla*. Hecho inusual que anticipa problemas, una dificultad seria con vecinos o con la pareja. Si tú formas parte del bando vencedor, solo o con otras personas, el asunto se arreglará al final. Batalla naval: triunfarás. Batalla terrestre: vivirás muchos años. Batalla con fuego: traición amorosa. 517

4 **Batalla naval.** Ascenso de un gran amigo o un pariente. 328

6 **Batido.** Soñarte batiendo algo es signo de prosperidad y plenitud. Para los solteros, de matrimonio afortunado. 231

9 **Baúl.** Soñar un baúl o caja grande tiene que ver con tus asuntos amorosos. Si el baúl está vacío, prepárate a sufrir una desilusión. Un baúl pequeño de tu propiedad: el amor marchará bien. Un baúl lleno: discusiones familiares. 243

1 **Bautismo.** Decepción a causa de circunstancias imprevistas. 352

2 **Bayoneta.** Proximidad de la resolución de un conflicto. Cargar una bayoneta: éxito en un proyecto propio. Que otros la cargan: estarás en poder de tus enemigos. Un soldado con una bayoneta: sus preocupaciones se desvanecerán. 173

3 **Bazar.** Soñarte en un bazar o en un acto de beneficencia es buena señal para tus asuntos amorosos. Comprar cosas en un

bazar: se realizarán tus más caras ambiciones. Personas vendiendo en un bazar: te harán una proposición matrimonial. 219

5 **Bebé**. Es curioso que el ver en sueños niños lo suficientemente crecidos como para ser independientes, sea considerado buen augurio, mientras que un bebé indefenso se considera mal signo. Por lo general augura decepciones amorosas, o incluso enfermedad y muerte en la familia si éste está enfermo. Que una esposa embarazada sueñe un bebé: éxito en el amor. Que una mujer soltera sueñe que tiene un bebé: aflicción. Un bebé tomando leche del pecho de su madre: bienestar general. Un bebé dando sus primeros pasos: dificultades en los negocios. Enfermo: grave enfermedad en la familia. 230

5 **Bebida**. Si te sueñas sediento y sin agua, tu futuro es ominoso. Si el agua está sucia o lodosa, mal signo, lo mismo que si está tibia o caliente. Beber agua limpia o leche en cambio, es excelente señal. 401

3 **Becerro**. Buen augurio para novios y esposos. Tener un becerro: muy buena suerte. Que otras personas sean dueñas de un becerro: buena fortuna a través de los padres. 786

9 **Belleza**. Sueño de significado contrario. Si te ves como una persona bella, enfermarás; a otra persona, ésta será la que sufra un padecimiento. 765

4 **Bellota**. Por regla general, todo acto de generosidad de la Naturaleza visto en sueños es un signo favorable. Para los enamorados es señal de felicidad; para quienes están en dificultades, de pronta recuperación. Si recolectas las bellotas, recibirás una herencia o una sorpresa maravillosa de origen ajeno a tu vida. 769

5 **Beso**. Afortunado presagio si tienes derecho a recibir el beso; de no ser así, cometerás acciones insensatas que serán causa de tu ruina. Besar de noche al ser amado: peligro. Besar al cónyuge: felicidad; a un amigo: problemas. 860

3 **Bestias**. La mayoría de los animales representan problemas y dificultades, a menos de que en tus sueños consigas alejarlos de ti. Incluso mascotas como los gatos y los perros son de mal agüero, aunque las aves simbolizan por lo general acontecimientos positivos. Bestias peleando entre sí: enfermedad. Ser perseguido por una bestia salvaje: disgustos causados por tus enemigos. 714

2 **Betabel**. Intromisión en tus asuntos amorosos; si comes el betabel, todo se arreglará. Comprar betabeles: recibirás un regalo costoso. 758

8 **Biblia**. Leer la Biblia: cercanía de problemas familiares. Llevar una Biblia a una iglesia: dicha. Creer en la Biblia: triunfo sobre tus enemigos gracias a tu perseverancia. Niños leyendo la Biblia: alegría casual. 251

1 **Bicicleta**. Soñar que andas en bicicleta significa que pronto tendrás que tomar una decisión. Piensa bien lo que harás y procede en consecuencia. También puede significar que deberás hacer una visita en un lugar alejado. Ver a otras personas en bicicleta: te visitarán amigos venidos de lejos. Vender una bicicleta: buena suerte. Comprar una bicicleta para niños: progreso en tus asuntos. 253

3 **Bien**. Soñar que hace el bien significa alegría y satisfacción. Soñar que otros te lo hacen anuncia ganancias. Decir cosas buenas de los demás: pasarás molestias. Que los demás hablan bien de ti: engaño de parte de tus amigos. 246

6 **Bigamia**. Por asombroso que parezca, soñar que se incurre en bigamia se considera como buen presagio: es garantía de una vida matrimonial próspera y feliz. 951

9 **Billar**. Sueño poco frecuente, salvo que practiques este juego, en cuyo caso carece de significado. De no ser así, indica dificultades; si estás enamorado o comprometido, la familia de la persona amada se opondrá a la relación. Personas casadas jugando billar: prueba de que el amor de tu pareja es sincero; personas solteras: cercanía de matrimonio. 234

2 **Blanco**. Atinar al blanco en tu sueño es favorable, mientras que fallar es mala señal. Si junto contigo dispara otra persona, no le confíes tus secretos. Si otras personas dan en el blanco: no son de confiar. 569

5 **Blasfemia**. Indica que deberás hacer grandes esfuerzos para realizar un plan. Ser injuriado por quienes blasfeman: tus ambiciones se cumplirán. 761

3 **Boca**. Soñar tu boca es una amonestación al uso de tu lengua. Ver una boca pequeña es señal de que recibirás dinero; una grande, te visitará una persona muy valiosa. 264

4 **Boda**. Sueño de significado contrario: habrá problemas familiares. Asistir a la boda de una hermana: grave riesgo; de

un hermano: harán dinero; de un hijo: beneficios económicos; de una hija: riqueza; de una viuda: harán dinero en abundancia. 850

7 **Bodega**. Sueño que anuncia obstáculos, a menos que la bodega está llena de carbón, en cuyo caso harás buenos negocios con socios distantes, quizá extranjeros. Entrar a una bodega: será muy afortunado. Muchas cosas almacenadas en una bodega: buenas noticias. 268

6 **Boleto**. Recibirás por fin buenas noticias largamente esperadas. 834

9 **Boliche**. Sueño benigno, sobre todo si participas en el juego, pues denota gran prosperidad. 234

5 **Bolígrafos**. Noticias sobre amigos ausentes. 824

4 **Bolso**. Signo de tiempos mejores, especialmente si es pesada. Portar un bolso: numerosas deudas; varias: traición de un amigo. Bolsos en un auto: recibirás dinero inesperado. 265

6 **Bomba**. Bombear agua limpia es buen signo; tus negocios prosperarán. Si el agua está sucia, surgirán preocupaciones y habladurías. 321

8 **Bomberos**. Es augurio de peligro ver en sueños un carro de bomberos, aunque la gravedad del caso depende de si éstos se dirigen o vuelven del incendio, lo que se deduce por su prisa y el toque de la campana. Soñarse como bombero en un carro contra incendios: cumplimiento de ambiciones mayores. 215

8 **Borrego**. Sueño de importancia similar al de jugar con un gatito: tendrás buena suerte, salvo que la estropees con sus acciones. Este animal se relaciona particularmente con la vida en el hogar. Borregos en un campo: gran tranquilidad. Matar borregos: experiencias tormentosas. Hallar una oveja perdida: triunfo en un juicio. 107

7 **Bosque**. Variante de sueño anunciador de obstáculos. Su significado depende de los hechos ocurridos en él y de si sales o no del bosque. Estar solo en un bosque: agradables actividades sociales; acompañado: engaño de amigos. Incendio forestal: noticias alentadoras. Un bosque con árboles muy altos: buenos negocios. 268

3 **Bostezo**. Sueño que anuncia obstáculos, pero de escasa importancia. 876

3 **Botas**. Si sueñas con zapatos o botas nuevas y cómodas,

confía en la lealtad de tus sirvientes o empleados, pero si son viejas o te lastiman, se toparás con dificultades creadas por ti mismo. 264

6 **Bote**. Soñarse en una lancha sobre aguas tranquilas indica suerte en los negocios o dicha matrimonial. Sobre aguas agitadas, complicaciones extremas. Si caes al agua, tus problemas te abrumarán. Un bote hundiéndose: fin de la relación amorosa. Un bote de lento desplazamiento: paciencia. 825

6 **Bote salvavidas**. Este extraordinario recurso tiene en lo sueños significado contrario. Si lo ves en una playa, tendrás dificultades. Si lo ves en el mar cumpliendo sus funciones, tus negocios transcurrirán en paz y tranquilidad. 510

8 **Botecito**. Si se sueñas guardando algo en un bote pequeño, te verás obligado muy pronto a ocultar un secreto. Si abres un botecillo, descubrirás un secreto de un amigo. 152

4 **Botella**. Sueño cuyo significado depende de las circunstancias. Si la botella está llena, augura prosperidad; vacía, desgracias. Si su contenido te desagrada, aparecerán preocupaciones familiares. Una botella de vino: mal humor. Llena de licor: divorcio. Llena de perfume: gran felicidad. 823

9 **Botones**. Para un hombre, este sueño augura retrasos o dificultades en el amor; para una mujer, fortuna. 162

1 **Brandy**. Buenas noticias en camino. Tener una botella de brandy: precaución contra amigos falsos. Comprarla: buenas noticias imprevistas. Ofrecer una copa de brandy: urgencia de controlar las pasiones. 397

8 **Brazo**. Soñar que te lastimas un brazo anticipa enfermedad en la familia. Que pierde un brazo, muerte o indisposición grave y prolongada. Soñar un brazo inmóvil suele simbolizar pérdida de dinero por enfermedad. Tener los brazos cubiertos de vello: enorme riqueza. Amputación de un brazo: pérdida de un pariente. Un accidente en los brazos: enfermedad familiar. 215

7 **Brinco**. Sueño que anuncia obstáculos, aunque su significado definitivo depende de las circunstancias. Si brincas para vencer algo que se te opone y lo logras, tendrás éxito en tus planes. Para los enamorados este sueño presagia desacuerdos leves, o posibles rivales si el obstáculo es grande. Brincar en tierra: pérdida de tu posición actual; en agua: persecución. 259

4 **Brisa**. Soñar viento fuerte presagia éxito en la especulación financiera. Disfrutar de una agradable brisa nocturna: recibirás un regalo de un extraño. 310

6 **Broche**. La importancia de soñarse portando joyas depende del ambiente. Si estás en casa, la predicción es afortunada, pero en una casa extraña representan problemas. Comprar un broche: engaño. Vender un broche: pérdida de dinero. 294

7 **Bruja**. Mal augurio en todos sentidos. Ser espantado por una bruja: abuso de confianza. Ponerse nervioso a causa de una bruja: daños a tu salud. 241

5 **Bueyes**. Soñar que ves una manada de bueyes es de buena fortuna; tus negocios prosperarán. Si pastan tranquilamente, deberás atender tus especulaciones o inversiones, pues la suerte está de tu lado. Vende y compra acciones con precaución. 176

7 **Buhardilla**. Ocurrirá pronto un avance favorable. Hallarse en la buhardilla de tu casa: felicidad garantizada. 592

3 **Buitre**. Peligrosos enemigos. Matar a un buitre significa vencer sobre la adversidad; verlo devorando su presa, que tus problemas terminarán y la suerte habrá de sonreírte. 750

7 **Bulldog**. Buenas noticias de un amigo ausente. Tener un bulldog: progreso en los asuntos. Comprar uno: felicidad asegurada. Vender los cachorros: un enemigo busca tu ruina. 214

3 **Bulla**. Bulla excesivamente ruidosa: frivolidad. Otros haciendo bulla: advertencia de problemas. 561

4 **Burbujas**. Anuncio de diversiones. Evita la disipación, o perderás al ser amado. Burbujas en una tina: hallarás un protector. Burbujas de agua hirviente: honor y distinción. 562

1 **Burlas**. Soñar que tus conocidos se burlan de ti es una predicción de que vencerás a tus enemigos. 235

C

1 **Caballería**. Ver en sueños una tropa de caballería es signo de buena suerte en el amor. 739

7 **Caballete**. Es un feliz augurio soñar que eres pintor y trabajas sobre un caballete. 493

1 **Caballo**. Este animal es generalmente un símbolo positivo, pero su color es determinante. Si te sueñas a caballo y caes,

mala señal. Si te visita alguien a caballo, recibirás noticias provenientes de muy lejos. Es de muy buena suerte soñar que un caballo es herrado. 649

1 **Caballo de carreras**. Ver un caballo de carreras significa que debes economizar ahora que aún es tiempo. Montarlo: olvídate de especulaciones; no estás de suerte. Que tu caballo gana una carrera: tienes muchos enemigos; que pierdes: tendrás muchos competidores. 739

4 **Cabaña**. Soñarse en una cabaña en la playa anuncia aventuras amorosas. En una cabaña con tu pareja: muerte de un enemigo; con amigos: peligro en cuestiones de amor. 751

2 **Cabeza**. Soñar que te duele la cabeza o que te la lastimas es una advertencia de que enfrentarás trastornos. Persevera, pero se prudente y no corras riesgos. Lavarse la cabeza: tremenda desgracia. Una cabeza calva: amor. Con cabello largo y suelto: gran honor. Verse rapado: pasarás vergüenzas. Sin cabeza: honor y satisfacción. 479

3 **Cabina**. Soñar que te encuentras en la cabina de un barco presagia problemas familiares. 651

8 **Cabras**. Enfrentarás muchos problemas legales, pero lo harás con valentía. Si los ejemplares son negros, blancos o moteados, toma en cuenta el color. 431

1 **Cacareo**. Sueño de significado impreciso. Conviene interpretarlo como advertencia de necesarios cuidados. 856

9 **Cachorro**. Te invitarán a una fiesta divertida. Pásala bien, pero no intimes con nadie. 756

9 **Cadáver**. Anuncio de distanciamiento o ruputura con amigos por tu culpa; desagradable aventura amorosa. Un cadáver en el agua: discusiones con tu pareja. Enterramiento de un cadáver: alejamiento de un ser querido. Cadáver en una morgue: matrimonio u otros felices acontecimientos. 351

2 **Cadenas**. Sueño de significado contrario, según el cual te librarás de una dificultad que ahora te preocupa. Una cadena de oro en el cuello de una mujer indica que tu pareja o un amigo te traerán buena suerte. Romper una cadena: inquietud durante breve lapso. Una persona encadenada dentro de una cárcel: los negocios marcharán mal. Liberarse de cadenas: ausencia de compromisos sociales. Personas encadenadas: mala fortuna para ellas. 857

8 **Cadi**. Utilizar los servicios de un cadi: desgracia próxima. 314

6 **Café**. Color: cuídate de la traición de una persona en la que confías. Grano: sueño favorable que significa extraordinaria felicidad familiar. Comprar café: excelente reputación en los negocios. Derramar café: seguridad. Estar en una cafetería con personas agradables: gran estimación de parte de sus amigos. 375

9 **Caída**. Soñar que caes desde gran altura es signo de desgracia; a mayor altura, mayor perjuicio. Salir lastimado de una caída: pasarás malos momentos y perderás amigos. Caída sin consecuencias: vencerás en tu lucha. Caída en el suelo: amenaza de peligro. Caída y levantamiento inmediato: honor. 450

6 **Caja**. Sueño cuyo significado depende de las circunstancias. Si abres una caja y encuentras algo dentro, tendrás buena suerte, pero si está vacía, tus planes saldrán mal. Amarrar una caja: pérdidas económicas. Robar una caja fuerte: pérdida total de tu fortuna. 312

7 **Cajero, a**. Soñarse a cargo del dinero de otras personas es un mal presagio; tendrás problemas o pérdidas económicas. Vigilar a un cajero: te verás libre de necesidades. 412

8 **Cajita**. Recibirás un regalo que debió llegar antes. 521

4 **Cajones**. Soñar un cajón abierto es buen augurio, pero si está cerrado y no puedes abrirlo, toma precauciones, porque enfrentarás problemas. Es mal signo que una mujer sueñe sus cajones o su ropa interior; no le será fiel al hombre que la ama. Si es soltera, se casará pronto. 562

3 **Calabozo**. Sueño que anuncia obstáculos. Si no puedes escapar del calabozo, sufrirás pérdidas en los negocios. Si escapas, todo saldrá bien, no sin antes padecer problemas. 462

9 **Calavera**. Compromiso en el futuro próximo. 702

8 **Caldo**. Soñar que tomas caldo es buen signo; tus asuntos prosperarán. Caldo hirviente: próxima boda. Darle caldo a un enfermo: dinero en abundancia. 314

1 **Calendario**. Soñarte preocupado por una fecha es signo de matrimonio afortunado, salvo que ignores el motivo. Comprar un calendario: recepción de buenas noticias. Cortar hojas de un calendario: regalo inesperado. 856

1 **Calvicie**. Sueño relacionado con tu salud. Cuanto menos cabello tengas, tanto más grave será tu enfermedad. En el caso

de una mujer, indica problemas de dinero o difícil aventura amorosa. 478

8 **Callos**. Soñarse con callos es aviso de buenos negocios. 467

9 **Cama**. Soñarse en una cama desconocida es indicación de un giro en los negocios positivo e inesperado. Si estás en tu propia cama, se trata de asuntos amorosos. Soñarse tendiendo una cama presagia mudanza. Sentarse en una cama, matrimonio prematuro. Cama con sábanas blancas limpias: motivos de preocupación. Una cama vacía: muerte de un amigo. Un extraño en tu cama: infidelidad matrimonial. 315

1 **Cámara**. Mirar a través de una cámara fotográfica: engaño. Tener una cámara: recepción de noticias desagradables. Comprar una: alegría casual. Recibir como regalo una cámara: abundancia de problemas amorosos. 820

7 **Camello**. Al igual que los demás animales exóticos, éste augura dificultades y preocupaciones. Muchos camellos: jugosas ganancias financieras. Un camello cargado: herencia. 358

5 **Caminar**. Pequeñas molestias que desaparecerán si las enfrenta con valor. Caminar hacia adelante: cambio de suerte que supondrá ganancias. Caminar hacia atrás: pérdida de dinero. Caminar de noche: disgusto. Caminar por calles lodosas: te importunarán. Caminar con muletas: pérdidas en el juego. Caminar en el agua: éxito y triunfo. 491

1 **Camino**. Ver un camino ancho y bien definido es uno de los sueños más afortunados, pero los senderos o los caminos sinuosos y angostos deben interpretarse como obstáculos. Viajar por un camino recto: felicidad duradera; tortuoso: descubrimiento de un secreto; en malas condiciones: los nuevos proyectos representarán molestias y pérdidas. 856

1 **Camión**. No es buen augurio soñar que conduces un camión; si no tienes cuidado, te verás en dificultades. 460

1 **Camisa**. Buen presagio, siempre; tus esfuerzos se verán recompensados. Una camisa de uso diario: futuro próspero. Camisón: triunfo sobre tus enemigos. Ponerte una camisa: abandono. Quitarte una camisa: desilusión amorosa. Lavar una camisa: amor. Una camisa sucia: contraerás una enfermedad contagiosa. 406

2 **Campamento**. Soñar con soldados en un campamento tiene significado contrario, indica tranquilidad en los asuntos perso-

nales y fortuna en el amor. Soñarse de campamento: los próximos días serán estupendos. 470

1 **Campanario**. Sueño de mala suerte excepto que subas al campanario, en cuyo caso verás cumplidos tus más caros deseos. 730

5 **Campanas**. Soñar que escuchas el tañido de las campanas significa que recibirás noticias, quizá no favorables. Escuchar campanas de una iglesia: cuídate de sus enemigos. 428

4 **Campeón**. Soñarte vencedor en un juego o deporte anuncia escasos logros en los negocios. Esfuérzate y se cauteloso. 265

3 **Campo**. Afortunados sucesos de carácter personal, amigos agradables y complacientes, hospitalidad y fiestas. Campo cultivado: satisfacciones en la amistad. Un campo de avena: prosperidad; de maíz: excelentes ganancias. 426

4 **Canal**. Este sueño sigue las reglas de todos los relacionados con el agua. Si el agua está limpia, el significado es positivo, pero si es lodosa y está cubierta de hierbas, se acercan problemas. 319

7 **Canario**. Símbolo seguro de tranquilidad y alegría en el hogar. Tener un canario: engaño de un amigo. Comprarlo: viaje en puerta. Un canario muerto: muerte de un amigo muy querido. 916

2 **Canas**. Signo de avanzada edad de muy buen agüero, sobre todo si apareces en compañía de la persona canosa soñada. Si las canas son tuyas, tendrás que soportar experiencias desagradables antes de conquistar el éxito. 317

5 **Canasta**. Sueño que anuncia obstáculos, en vista de la facilidad con que es posible volcar el contenido de una canasta. Si no atiendes tus negocios, perderás dinero. 374

5 **Canción**. Escuchar una: prevéngase de juicios equivocados. Entonarla: una persona a la que aprecias tiene mala opinión de ti. 932

6 **Candado**. Sueño anunciador de obstáculos. El matiz de interpretación estriba en la diferencia entre usarlo para cerrar una puerta o que alguien lo use para encerrarte. 492

1 **Cangrejo**. Tal como ocurre con todos los demás animales exóticos, el cangrejo simboliza la proximidad de dificultades. Muchos de ellos en un mercado: peligro. Comer cangrejo o jaiba: evita a tus enemigos. 937

7 **Canguro**. La hostilidad de una persona influyente te provocará grandes angustias. 439

3 **Caníbales**. Alguien pretenderá lastimarte y humillarte divulgando información escandalosa, pero descuida: no tienes nada que temer. 471

7 **Canoa**. Dado que las canoas están destinadas al uso de una sola persona, este sueño indica carencia de amigos. Volcamiento de una canoa: un enemigo busca tu ruina. Hallarse en una canoa con la persona amada: evita a tus enemigos. 403

7 **Cansancio**. Sueño de significado contrario que indica éxito en cierto negocio. 286

8 **Canto**. Sueño de significado contrario, ya que predice conflictos, aunque de corta duración, de modo que no desesperes. Si en tu sueño oyes cantar a un grupo de personas, tus dificultades serán producto de tu trato con la gente. Escuchar cantar a una soprano: buenas noticias. Cantar melodías operísticas: llanto. Asistir a la presentación de un o una cantante: enfermedad leve en la familia. Escuchar canciones tristes: enfermedad. Escuchar el canto de las aves: amor y alegría. Una canción de amor: cercanía de un motivo de felicidad. 476

2 **Cañón**. Escuchar en sueños el disparo de armas de fuego es símbolo inequívoco de disgustos y decepciones. Un soldado disparando un cañón: matrimonio con una mujer hermosa. Que un hombre escuche en sueños el disparo de un cañón: riesgo en los negocios; una mujer: se casará con un soldado. 317

9 **Capilla**. Como en el caso de todos los recintos religiosos, el sueño es afortunado si te encuentras en el exterior de la capilla, no en el interior. 234

1 **Capitán**. Progreso, prosperidad y esperanzas cumplidas tras grandes dificultades. Casarse con un capitán: terrible escándalo. Ser novia de un capitán: seguridad. 496

6 **Caqui**. Te persigue la angustia, pero se disipará pronto. Vestir uniforme de color caqui: tendencia a la frivolidad. Comprarlo: arribo de buenas épocas. 312

5 **Caramelo**. Paz y alegría en tu hogar. Hacer caramelos: ganancias en los negocios. Comer caramelos: diversiones sociales. Obsequiar una caja o bolsa de caramelos: paz doméstica. Recibir caramelos como regalo: signo de que te admiran mucho. 986

8 **Carbón**. Advertencia de peligro. Si te sueñas en una mina de carbón, perderás mucho dinero en los negocios o sufrirás una profunda decepción amorosa. 620

6 **Cárcel**. Sueño habitualmente considerado como de mal augurio, salvo que salgas libre en el plazo establecido. Estar mucho tiempo en la cárcel: negro futuro; de por vida: recibirás un gran favor. Amigos tuyos en la cárcel: dicha familiar. Que una mujer se sueñe presa: abundantes sufrimientos. 483

3 **Carga**. Soportar una carga en un sueño prefigura dependencia de otras personas. 471

8 **Caricia**. Sueño de significado contrario cuando una madre aparece acariciando a sus hijos, pues pasará días de angustia a causa de una enfermedad. Una mujer acariciando a su esposo: sucesos agradables. Un hombre acariciando a su esposa: excelentes ganancias. Novios acariciándose: pésimas noticias. 314

4 **Caridad**. Sueño de significado contrario: cuanto más caritativo seas, tanto peor será tu suerte en los negocios. Ser objeto de la caridad de otras personas: aflicciones familiares. Regalar ropa como acto de caridad: los demás se burlan de ti; alimentos: trabajo arduo. 805

6 **Carnada**. No confíes ciegamente en quienes se aprestan a complacerte. Colocar la carnada en un anzuelo: alegrías. 915

5 **Carne**. No se considera propicio soñar que se come carne, aunque sí que se prepara para el consumo de otras personas. Carne asada: inicio de una buena época. Carne cruda: te enterarás de la muerte de un amigo. Comer carne cruda: riqueza. 401

5 **Carne de res**. Soñar que se come carne de res o de becerro predice bienestar, mas nunca abundancia. Si apareces en el sueño con mucha comida que sin embargo no puedes consumir, tendrás que dedicar mucho tiempo a conseguir la ayuda de los demás. Comprar carne de res para cocinarla: ganancias en el juego. Comerla cruda: felicidad duradera. 320

5 **Carnicero**. Encontrarás a alguien a quien no has visto en mucho tiempo. Sin embargo, se cauteloso, pues éste no es un sueño de buena fortuna. Un carnicero matando a un animal: muerte de un amigo cercano. Un carnicero despachando tu pedido: larga vida. Discusiones con un carnicero: indicio de que estás rodeado de malas influencias. 932

3 **Carpa**. Problemas de negocios. Carpa muerta: desilusiones. Carpa en una pecera doméstica: ganancias. Comprar carpas: matrimonio en la familia. 471

2 **Carpintero**. Ver trabajadores embebidos en su labor significa que superarás tus dificultades. Soñarte como carpintero en funciones: éxito financiero. Contratar a un carpintero: buenas noticias inesperadas. 173

1 **Carrera de caballos**. Sueño benigno; ganarás dinero. Asistir a una carrera con los seres queridos: proximidad de buenas épocas. 325

2 **Carreras**. Se trata de uno de los sueños más frecuentes entre los que anuncian obstáculos, y es advertencia de éxito sólo a costa de perseverancia. Participar en una y ganar: honor y distinción. Perder: tendrás muchos competidores en los negocios. Un jockey en una carrera de caballos: inminente cambio de vida. Carreras de perros: someterás a tus enemigos. 740

1 **Carro alegórico**. Amonestación contra el juicio basado en apariencias o la excesiva consideración de lo externo. 396

1 **Carroza fúnebre**. Cuídate de fuego y trampas. Ahorra y desconfía de la generalidad de la gente. Estás a punto de enfrentar un cambio importante. 469

5 **Carruaje o carreta**. Soñarse conduciendo una carreta indica pérdida de dinero o posición. Hacer un largo recorrido en un carruaje: buena suerte tardía. Carruaje volcado: desdicha. 437

7 **Carrusel**. Aléjate de rumores peligrosos. 853

7 **Carta de amor**. Te verás precisado a dar explicaciones desagradables, aunque la decisión de hacerlo estará en gran medida en tus manos. No olvides que la franqueza es una cualidad admirable. Leer una carta de amor: buenas noticias. Recibir muchas cartas de amor: necesidad de franqueza. Romper cartas de amor: desgracia. Guardar cartas de amor: descubrimiento de una verdad. 421

8 **Cartas**. Soñar que recibes una carta es aviso de noticias inesperadas; enviarla significa en cambio dificultades imprevistas que trastornarán tus planes pero no te representarán una pérdida real. Recibir una carta del ser amado: compromiso cercano; de niños: recursos abundantes; de negocios: debes tener cuidado con todos tus asuntos; con dinero: esperanzas cumplidas. 206

3 **Cartera**. Importantes noticias de fuente inesperada. Una cartera vacía: fortuna; llena: descubrimiento de un secreto. 471

8 **Cartero**. Sorpresivo suceso. Soñar que eres cartero: pérdida de un bien. Entregar una carta a un cartero: conveniencia de escuchar el consejo de los amigos. Recibir del cartero una carta especial: gran amor. 314

6 **Casa**. Es de los mejores augurios ver en sueños una casa en construcción; en demolición: mala señal; toma tus precauciones. 312

7 **Cascabeles**. Escuchar el tintinear de cascabeles o cencerros anticipa inocentes coqueteos y diversiones. 916

5 **Cascada**. Recibirás una invitación a asistir a un lugar de esparcimiento. Serás observado y correrán habladurías sobre ti. 491

5 **Casco**. Visitas agradables. Evita extravagancias; precisarás de todos tus ahorros. 347

8 **Casita**. Es signo de buena suerte verte en sueños viviendo en una hermosa casita, a menos que no te sientas a gusto en ella y pretendas abandonarla. 521

6 **Castañas**. Afecto familiar. Comer castañas: si estás alerta, obtendrás ventajas. Comprar castañas: desilusión amorosa. 438

2 **Castigo**. Soñar que te castigan predice placeres imprevistos. 317

1 **Castillo**. Presagio de significados diversos, el más común es que tu mal carácter provocará peleas. Se dice que también anuncia matrimonio que se inicia bien pero deriva en dificultades. Vivir en un castillo: buenos negocios. Un castillo en llamas: disputas a causa de tu mal humor. 523

7 **Catecismo**. Recibir instrucción religiosa oral: júbilo. Leer un catecismo: buenos negocios. Predicar un catecismo: dignidad y distinción. 385

1 **Catedral**. La importancia de este recinto ha dado lugar a interpretaciones contradictorias. Lo más sensato es entender el exterior de una catedral como anticipación de fortuna, y el interior como aviso de precauciones ante problemas por venir. 478

6 **Cautiverio**. Verse en sueños cautivo o preso es signo de matrimonio infeliz. Soñar cautivas a otras personas: tensión

excesiva. Enemigos en cautiverio: pérdidas en los negocios. Animales en cautiverio: honor y distinción. 438

4 **Caza**. Si cazas animales de tamaño reducido, como liebres, sufrirás una decepción, pero cazar un ciervo indica prosperidad. Cazar un zorro anuncia feroz competencia, aunque si presencias su muerte, superarás todas las dificultades. 391

7 **Cebada**. Buen augurio, como casi todo lo relacionado con la Naturaleza. 835

6 **Cebollas**. Sueño de significados contradictorios. Tendrás de repente buena suerte, pero al final te resultará contraproducente. Sacar cebollas de la tierra: revelación de un secreto. Comer cebolla: peleas con empleados. Cocinar con cebolla: visita de un amigo. 195

2 **Cebra**. Desacuerdo con amigos. Una cebra atacada por animales salvajes: honor en peligro. Una cebra alimentándose en un zoológico: ingratitud. 830

6 **Ceguera**. Soñar con ciegos o que pierdes la vista es signo de un amor desventurado. Se afirma que el amor es ciego; este sueño confirma la creencia en que para alcanzar la felicidad en el amor se debe ser ciego a los defectos del ser amado. 357

9 **Celos**. Soñar que tienes celos de alguien es mal signo; tú mismo te causarás dificultades. Soñar que alguien te tiene celos indica que las intenciones ajenas de provocarte daño obrarán en tu favor. 351

8 **Cementerio**. Saldrás avante en todo. Hallarse en un cementerio: prosperidad inmediata. Una novia que pasa junto a un cementerio de camino a su boda: la persona soñada perderá a su cónyuge. Ancianos depositando flores en un cementerio: ausencia de penas. 476

3 **Cemento**. Recibirás pronto un regalo, lo que desencadenará importantes acontecimientos. Trabajar con cemento: recibir dinero con el que no contabas. 894

5 **Cena**. Todas las comidas tienen significado contrario. Cuanto más sabrosa y abundante sea la cena, tanto mayores serán tus dificultades. Tener parientes a cenar: controla tus nervios. Que otros son los anfitriones: tienes un amigo leal. 410

5 **Cenizas**. Perderás algo a causa de una distracción. Cenizas en la chimenea propia: pérdida de dinero. Cenizas producto de una cremación: larga vida. 842

9 **Cepillo**. Si tocas o usas un cepillo en sueños, tu más grande deseo se cumplirá pronto. Tener un cepillo viejo: decepciones. Comprar uno nuevo: anuncio de buenas épocas. 351

3 **Cerca**. Al igual que todos los sueños relacionados con obstáculos, éste anticipa dificultades. El resultado depende del desenlace del sueño. 408

1 **Cerdos**. Sueño de efectos combinados, pues tu suerte será buena y mala al mismo tiempo. Fracasarán muchos de los planes que más te interesan, pero tendrás éxito en otros menos importantes, lo que te permitirá guardar un equilibrio. No pierdas de vista a los miembros de tu familia, pues uno de ellos puede causar problemas. 397

5 **Cerezas**. Ver en sueños cerezas en proceso de maduración augura desgracias; se cauteloso en tus negocios. Un cerezo sin fruto: buena salud. Cerezas en casa: buena salud. Cerezas podridas: decepción amorosa. Que un hombre se sueñe recolectando cerezas: será engañado por una mujer. 482

3 **Cerillos**. Ganancias económicas en puerta. 561

8 **Cerradura**. No es de buen agüero soñar que tú u otra persona espía por el ojo de una cerradura; enfrentarás riñas y pérdidas. 431

4 **Cerrojos**. Sueño que anuncia obstáculos; padecerás dificultades en el futuro próximo. También es mal signo que en tu sueño no encuentres la llave para abrir un cajón o armario. Cuida tu dinero y evita riesgos y especulaciones. Si más tarde encuentras la llave, sortearás tus problemas, pero aun así debes atender esta advertencia. 517

3 **Certificado**. Tiendes a no ver las cosas desde el punto de vista de los demás. Procura ser compasivo en lo pequeño y ganarás en lo grande. 165

8 **Cerveza**. Si te sueñas tomando cerveza, perderás dinero debido a la especulación. Si sólo ves la cerveza pero no la tomas, o la bebe otra persona, la pérdida será leve. De cualquier forma, no apuestes ni especules. 359

3 **Chabacano**. Soñar esta conocida fruta es signo de prosperidad por venir, tanto en los negocios como en el amor. 246

6 **Chal**. Una persona a la que amas siente por ti un afecto profundo. Comprar un chal: recibirás la visita de un doctor. Parientes con chales: asistirás a una funeraria. Jóvenes con

chales: te rodean personas que gustan del chisme. Un chal blanco grande: pureza y virtud. Un chal negro: quebranto; rojo: eres demasiado irresponsable con tu afecto. Regalar un chal: recibirás mucho cariño de un ser querido. 384

9 **Chamarra**. Trabajo arduo con escasas recompensas. Se paciente, pero aprovecha la primera oportunidad de cambio. Vestir una chamarra de color oscuro: debilidad; sport: ganancias económicas; elegante: engaño. 342

3 **Champaña**. Mal presagio para asuntos de amor. 120

9 **Champiñones**. Si te ve en sueños recolectando champiñones, tendrás suerte en los negocios, pero si los comes deberás ser cauto en ellos. 378

4 **Chicle**. Alguien recurrirá a usted en una emergencia. Pospón todos tus compromisos económicos.

3 **Chícharos (guisantes)**. Sueño benigno, pero deberás ejercitar tu paciencia, sobre todo si los chícharos aparecen crudos o no completamente cocidos. De significado todavía más favorable si maduran aún en un huerto. Los chícharos deshidratados representan adquisición de dinero por medios poco adecuados. 291

1 **Chillidos**. Se considera buena señal que te sueñes emitiendo chillidos. Si éstos proceden de otras personas: un enemigo busca tu ruina. 235

4 **Chimenea**. Ver en sueños una chimenea de gran altura presagia acontecimientos positivos. La chimenea de tu casa: buenas noticias. Que una chimenea se viene abajo: alegría. 256

6 **Chinches**. Advertencia de que debes ser precavido, pues lo rodean malas influencias. Matar chinches: dinero. Chinches en la ropa de cama: prosperidad más allá de lo imaginable. 735

2 **Chirimoya**. Soñar que comes chirimoyas indica suceso favorable. 317

2 **Chocolates**. Comer dulces en un sueño es signo de que recibirás un regalo. Comprar chocolates: tras un breve periodo de problemas llegará la prosperidad. Beber chocolate: recibirás una proposición matrimonial. 506

6 **Choque**. Signo de conflictos internos. Deberás hacer alarde de autocontrol para superar el efecto de malas noticias. Amenaza de problemas en la salud y los negocios. Choque automovilístico: deshonra. Morir en un choque: pena doméstica; de tu

familia: requerirás ayuda del gobierno; de amigos: humillación. Resultar herido en un choque: ganancias y bienestar. 825

9 Chubasco. Revés en tus planes a causa de un enemigo tramposo. 234

3 Ciego. Ya sea que el ciego seas tú o cualquier otra persona, este sueño significa traición de alguien cercano. Joven ciego: amigos falsos. Un bebé que nace ciego: celos y penas. Guiar a un ciego: extrañas aventuras. Que una mujer se queda ciega: una persona te pedirá ayuda; un hombre: precaución en los negocios. 876

8 Cielo. Signo de prosperidad y plenitud, a menos que haya muchas nubes; pocas, indican tropiezos fáciles de enmendar, aunque es importante distinguir si se reúnen o separan. Cielo rojo: aumento de riqueza. Cielo oscuro: recuperación de dinero. Cielo sin estrellas: recepción de malas noticias. Estrellas cayendo del cielo: no podrás tener hijos. Arcoiris en el cielo: peligro cercano. Ascender al cielo: honores merecidos; descender: caída. Estar en el cielo: matrimonio inmediato. Ir al cielo: prosperidad. 206

2 Cifras. Sueño de interpretación difícil, ya que su importancia depende de la magnitud de las cifras, y ésta a su vez de las circunstancias. Por regla general, ver en sueños cifras bajas anuncia fortuna; elevadas, peligro, y medianas o intermedias, dificultades que podrán remontarse si se hace un esfuerzo. Obviamente, lo que para una joven o un obrero pueden ser cifras elevadas, serán bajas para un millonario u hombre de negocios y carecerán por lo tanto de significado. 371

8 Cigarro. Soñar que enciendes un cigarro significa nuevos planes. Sostener en la mano un cigarro a medio fumar indica posposición. Fumarlo hasta consumirlo por completo señala cumplimiento afortunado de tus esperanzas. 386

6 Cigüeña. Malas noticias. Dos cigüeñas juntas: matrimonio y buenos hijos. Una cigüeña en invierno: gran desastre. Cigüeña volando: ladrones. 132

4 Cine. Invitaciones frívolas. No creas en mujeres bellas. Ir solo al cine: precaución en el amor; con la persona amada: gran satisfacción. 391

6 Cinturón. Soñar que te pones un cinturón presagia buen futuro. Un cinturón viejo: trabajo arduo; nuevo: honor. De color azul: felicidad; negro: muerte; café: enfermedad; verde: buena suerte; dorado: grandes ganancias; plateado: ingresos; amarillo: traición. 852

3 **Circo**. Desdicha futura a causa de malos hábitos. Asistir a una función de circo: pérdida de dinero. Llevar niños al circo: importantes y benéficos acontecimientos. 129

1 **Cirujano**. Una leve enfermedad de un amigo afianzará tu relación con él. Ser cirujano: ganancias y satisfacciones. 352

5 **Cisne**. Buen presagio, aunque referido únicamente a los negocios. Un cisne blanco: riqueza y buena posición en la vida; negro: problemas y penalidades familiares. Matar a un cisne: atención en tus negocios. 410

6 **Cita**. Una persona del sexo opuesto se enamorará perdidadmente de ti. 321

6 **Ciudad**. Una ciudad grande denota ambición si se ve a la distancia. Para que tu ambición se cumpla es necesario que en el sueño tú te introduzcas en la ciudad. Una ciudad en llamas: pobreza. Hallarse en una gran ciudad: esperanzas cumplidas. Una ciudad en ruinas: enfermedad en la familia. Recorrer una ciudad: malas noticias a través de un amigo. 375

3 **Clarín**. Si escuchas en sueños el sonido de un clarín, tus esfuerzos serán coronados por el éxito. Niños tocando un clarín: alegría casual; soldados: peligro en el amor. 615

5 **Clases**. Buena suerte en todo. 716

5 **Clavados**. Soñar que te echas un clavado o caes al agua es signo de pérdida de dinero. Que otros te lanzan al agua: problemas; niños: dignidad y distinción; miembros de tu familia: riesgo en los negocios. 608

2 **Club**. Te encontrarás con numerosas personas a las que no has visto en mucho tiempo; no te dejes influir por ellas. No ser admitido en un club: atiende tus negocios. 506

6 **Cobertor**. Sueño de buena fortuna si el cobertor aparece adecuadamente colocado sobre la cama. 258

9 **Cocina**. Noticias desde un punto apartado. Buena señal, salvo que la cocina está desprovista y desordenada. Una cocina muy limpia: llegada de un amigo. Cocina con fuego encendido: cambio a tu favor. Cocina con estufa de carbón: revés en los negocios. Preparación de una comida en una cocina: divorcio próximo. 351

9 **Cocinar**. Soñar que tú u otra persona cocina es buen síntoma, aunque en relación únicamente con tu vida material. Ser cocinero: pobreza. Que una joven se sueñe como cocinera: compromiso cercano. 810

4 **Cocodrilo**. Advertencia de problemas. Un solo cocodrilo: te hallas en las garras de una persona traicionera. Muchos: catástrofe. 697

2 **Cohete**. Éxito de corta duración. Para la próxima vez deberás basar tus proyectos en fundamentos sólidos. 947

3 **Cojines**. No es buen augurio ver en sueños signos de comodidad; cuanto más holgura, tanto más dificultades y penalidades en los negocios. 156

7 **Cojo**. Verse cojo o ver a otra persona en esta condición anticipa problemas en los negocios. Las consecuencias dependerán de lo ocurrido en el sueño, uno más de los sueños anunciadores de obstáculos. 916

7 **Colchón**. Advertencia de pobreza; ten cuidado. Comprar un colchón: vida regalada. 682

2 **Colgar**. Soñar que te cuelgan denota hechos positivos para ti; a una persona colgada, beneficios, riqueza y honor para ella. Colgar a un criminal: harás dinero por medios vergonzosos; a un inocente: tiendes a ser avaro. Ser exculpado antes de la ejecución en la horca: cumplimiento de tus ambiciones. 371

9 **Coliflor**. Como la mayoría de las verduras, ésta también es signo de buena salud y grata vida familiar. Comer coliflor: honra y satisfacción. Comprar una coliflor: buena salud. 306

9 **Colmena**. Proyectos difíciles que llevarás a feliz término. 351

6 **Colores**. Si sueñas pendones o motivos de decoración de colores brillantes, tu prosperidad perdurará y tendrás éxito en todos tus proyectos. El blanco siempre es favorable, especialmente en lo que toca a las relaciones con los demás, en asuntos de negocios por ejemplo. El azul y el morado representan prosperidad gracias a otras personas y suerte en el amor. El rojo presagia enfrentamientos y pérdida de amigos, pero en su tonalidad carmesí denota noticias agradables de inesperado origen. El amarillo y el anaranjado son colores de la mente, y su mensaje es que no debes esperar por un tiempo cambios importantes en tus asuntos. El verde indica un viaje o un trato de negocios con personas llegadas de lejos. 915

7 Collar. Soñarte con joyas al cuello es un augurio feliz. Tus asuntos amorosos se verán beneficiados, en mayor medida aun que tus negocios. Si el collar se rompe o cae de su cuello, te esperan riñas y desilusiones en el matrimonio. 340

5 Combate. No es buen signo participar en sueños en una lucha; si vences, todo saldrá bien, pero tras abundantes esfuerzos y preocupaciones. Ayudar a otros en combate: reconciliación con enemigos. 617

9 Comer. Por regla general, mal presagio, señal de pugnas familiares, aunque si no eres tú quien come, sino otras personas, ganarás una valiosa amistad. Comer queso es signo propicio. Comer en exceso: descubrimiento dc objetos de valor. Comer con las manos: peligro. Comer carne asada: buena fortuna. Comer ensalada: progresos en tu situación. Comer fruta: felicidad garantizada. 315

1 Comezón. Tus angustias y temores no tienen razón de ser. Tener una irritación o roncha: visita de amistades imprevista. Hacerte una herida de tanto rascarte: problemas causados por varias mujeres. 865

9 Compañía. Soñarte en agradable compañía es buen síntoma: éxito inmediato. 486

6 Compasión. Nada en tu vida es motivo de inquietud; simplemente evita enojos. 870

3 Compra. Soñar que compras muchas cosas es advertencia de problemas; cuida tu dinero. Sin embargo, si sueñas que gastas cada moneda con prudencia, tendrás suerte. 471

1 Compromiso. Soñar cualquier tipo de compromiso —ya sea social, de negocios o matrimonial— es mal signo. Ruptura de un compromiso propio: probables desengaños; ajeno: tristeza. 847

4 Conciencia. Sueño de significado contrario. La intranquilidad de tu conciencia en los sueños equivale a éxito en la vida real. Por lo tanto, cuanto más complaciente seas contigo mismo en un sueño, tanto menores serán tus oportunidades de prosperar. 508

3 Concierto. Si te ves en sueños en un concierto, recibirás noticias inesperadas. Cantar en un concierto: herencia. Que un enfermo sueñe un concierto: pronta recuperación. 876

8 Concha. Soñar una concha con su ocupante vivo es predicción de prosperidad; muerto, de la defunción de un amigo; vacía, de infortunio y quiebra económica. Una concha suave: cambios en tu vida. Recolectar conchas: alegrías fugaces. 539

2 **Condena**. Si en tus sueños un tribunal te declara culpable de algo, alégrate: tu prosperidad está cerca. 605

2 **Conducción**. Ser conducido por alguien en sueños es un augurio variable, afortunado únicamente si quien te conduce es una mujer o un mendigo. 578

1 **Confesión**. Se cuidadoso con las confidencias que se te hacen, pues muy pronto te verás tentado a revelarlas. Ir a confesarse: transmisión de un secreto. 235

9 **Confeti**. Insignificantes disgustos sociales. Lanzar confeti: carta con buenas noticias. Que otros te lanzan confeti: amor y felicidad. 567

8 **Confusión**. Presagio de soledad y conflictos. 512

2 **Congoja**. Te enterarás de que un amigo se casará próximamente. Sufrir congoja: alguien se beneficiará de las acciones que tú emprendas. 371

9 **Consejo**. Ya sea que des o recibas consejos, tu amistad con algunas personas rendirá frutos. Si los das, rara vez la persona soñada será la que corresponda benéficamente a tu amistad en la realidad; tendrás que identificarla. 657

4 **Consentimiento**. Si sueña que consientes a una petición, encontrarás objetos de valor que creías perdidos. Que otros consienten a una petición tuya: buena salud. Consentimiento negado: mente despierta. 238

8 **Contrabando**. Plan con éxito, aunque no por completo.035

9 **Convento**. Compromiso seguido inmediatamente de una boda feliz, aunque modesta. 126

6 **Convulsiones**. Soñar que ves a alguien bajo su efecto significa que te invitarán a un concierto. Tener convulsiones: vida matrimonial próspera. 312

2 **Coqueteo**. Augurio de prosperidad, mas no si en tu sueño llegas a extremos crueles o causas lágrimas. Coquetearle a una mujer casada: traición; a un hombre casado: tiempo de cortejar; a una joven soltera: evita a tus rivales; a un hombre soltero: engaño; a una persona divorciada: realización de tus ambiciones. 857

2 **Corazón**. Quien menos imaginas siente por ti afecto cálido.

Dolor de corazón: enfermedad prolongada. Falta de aliento a causa de problemas cardiacos: aventajarás a tus amigos. 308

8 **Corcho**. Si te sueñas extrayendo un corcho, recibirás buenas noticias de un amigo. Si empujas el corcho hacia el interior de la botella: visita inesperada. 530

6 **Cordón**. Anudar un cordón representa la consolidación de una amistad; deshacer sus amarres, la cancelación de un compromiso. 312

4 **Corneta**. Tendrás problemas familiares si escucha en sueños el sonido de una corneta. Si tú la tocas, encontrarás objetos valiosos que creías perdidos. 571

6 **Coro**. Dado que en su acepción arquitectónica el coro forma parte del interior de un recinto sagrado, no es un signo afortunado. Si escuchas cantar a los niños de un coro, recibirás noticias de un viejo amigo. 357

3 **Corona**. Soñarte con una corona en la cabeza es señal de que obtendrás beneficios de personas en mejor posición que tú. Si en la corona hay una cruz, el beneficio provendrá de una muerte. Coronar a alguien: merecido avance. Tener una corona de flores: grandioso éxito. 651

4 **Corral**. Trabajar en un corral: un admirador o admiradora tuya se casará pronto. 913

2 **Correo**. Enviar un paquete por correo: recepción de un regalo; una carta con un cheque: buenas noticias; documentos: engaño actual de un falso amigo; objetos de valor: celos. 308

5 **Correr**. Sueño generalmente anunciador de obstáculos. Si llegas a la meta, todo saldrá bien; pero si te cansas o dejas de correr, tendrás problemas en los negocios. Una mujer corriendo: perderá su virginidad. Correr a causa de un susto: seguridad; por temor: exilio. Correr desnudo: robo cometido por parientes. Correr para atrapar a alguien: buena suerte. Una mujer corriendo desnuda: locura. Desear correr pero no poder hacerlo: enfermedad grave. 230

9 **Cortejar**. Sueño de significado contrario. Cuanto más afortunado sea el galanteo, tanto peores consecuencias padecerás en asuntos amorosos. 261

8 **Cortina**. Sueño que anuncia obstáculos, y en particular la mala fe de una persona en la que confías. Si corres la cortina,

dáte por advertido. Otras personas corriendo cortinas: problemas. Poner cortinas nuevas: recepción de un invitado importante. 395

9 **Cosecha**. Soñar a campesinos en plena cosecha es un augurio muy favorable, dado que la Naturaleza se muestra generosa contigo. Sueño especialmente propicio para las personas enamoradas. 153

2 **Cosquillas**. Se aclarará una confusión. Si sientes cosquilleo en la nariz o la garganta y estornudas, seguramente te pedirán dinero en préstamo. 641

7 **Costura**. Sueño que anuncia obstáculos. Si la costura está bien hecha y ha sido concluida, nada pasará, pero si queda inconclusa, habrá problemas. Costura para un miembro de la familia: buenos resultados en los negocios. Coser ropa propia: deshonra. Un sastre cosiendo: noticias del extranjero. 124

5 **Criado**. Inicio de trámites legales, quizá para tu bien. 608

1 **Criatura**. Los niños son buenos augurios en los sueños, pero las criaturas de brazos suelen ser consideradas como advertencia de problemas. Criatura hermosa: paz y alegría. Recién nacido en pañales: sucesos positivos. Criatura ajena: desdicha amorosa. 640

4 **Crímenes**. Tus proyectos serán coronados con el éxito. 761

4 **Cripta**. Soñarte en una cripta es aviso de que encontrarás dificultades en su camino. Si logras salir de ella, la situación mejorará, a pesar de lo cual debes ser cauto en los negocios. 391

1 **Cristal**. Cercanía de un cambio largamente esperado. Comprar un cristal: bellos regalos. Poseerlo: cambio favorable. 307

3 **Cristo**. El nacimiento de Cristo: paz, tranquilidad y alegría. Cristo en el huerto: mucha riqueza. Cristo en el templo: esfuerzos recompensados. Ser crucificado: derrota de los enemigos. Resurrección de Cristo: buenas esperanzas. Hablar con él: consuelo. 426

9 **Crochet**. Cambio de circunstancias hacia mejores tiempos. El ser amado haciendo crochet: evidencia de que eres una persona muy ambiciosa. 387

4 **Crucifijo**. Signo asociado con el interior de una iglesia y por lo tanto desfavorable. 670

5 **Crueldad**. Alguien cercano a ti necesita ayuda. 239

5 **Cruz**. Presagio de pesar en tus efectos. Una cruz sobre una tumba: necesitas ayuda. Portar una cruz: protección de parte de amigos. Una cruz en una iglesia: gran gozo. Rezar a una cruz: deseos cumplidos. 203

8 **Cuartel**. Tus dificultades se harán más leves. Muchos soldados viviendo en un cuartel: problemas. 953

7 **Cubeta**. Llena de algún líquido: mal signo para los negocios. Con peces: prosperidad. Vacía: cambio de circunstancias. 691

2 **Cuchillo**. Diferencias con amigos que desembocarán en desgracia. Cuchillo filoso: muchas preocupaciones. Un cuchillo roto: fracaso en el amor. Tener muchos cuchillos: peleas. Cortarse con un cuchillo: contén tus emociones. 803

2 **Cuentas**. Soñarte haciendo cuentas o revisando cifras de negocios es aviso de que deberás ser cuidadoso en el otorgamiento de crédito para evitar pérdidas. 641

7 **Cuerda**. Tu poder de atracción es muy fuerte, de manera que debes usarlo con prudencia. Viaje próximo. 385

5 **Cuernos**. Soñarse con cuernos significa dignidad, dominio y grandeza. Hacer sonar un cuerno: agradables actividades sociales. Animales con grandes cuernos: aflicción; con cuernos pequeños: bienestar y alegría. 617

8 **Cuero**. Mal presagio en todas sus formas, ya sea como correa, bolsa, arnés, etc. Comprar cuero: tranquilidad familiar. Dar un regalo de cuero: riñas en la familia. 620

3 **Cuervo**. En realidad, sueño del color negro; anuncia problemas, aun injustificados. Su siniestro color hace de esta ave un símbolo de penas e infortunios. Si en el sueño aparece más de una, el asunto es más grave. Un cuervo en vuelo: tu vida está en peligro. Un cuervo batiendo las alas: muerte de un amigo. Escuchar ruido de cuervos: desgracia. Que una mujer sueñe con un cuervo: muerte de su esposo; un hombre: muerte de su esposa. 651

7 **Cueva**. Sueño que anuncia obstáculos. Si escapas de la cueva, no sufrirás consecuencia alguna, aunque en un principio enfrentarás problemas; pero si caes en ella o no puedes salir, tendrás dificultades en los negocios. 385

2 **Cumpleaños**. Soñar que es tu cumpleaños será positivo para los negocios o asuntos de dinero. Soñar que es cumpleaños de un amigo o familiar indica beneficios inminentes para esa

persona, y quizá también para ti. Cumpleaños del ser amado: abundancia de dinero próxima; de la esposa: buenas épocas; del esposo: recursos abundantes; de los hijos: cercanía de dinero. 317

3 **Cuna**. No es buena señal soñar una cuna vacía; ocurrirá una desgracia, producto quizá de deficiencias en la salud. Una cuna ocupada por un bebé: evita a tus enemigos. Mecer a tu bebé en una cuna: enfermedad en la familia. Que una joven sueñe una cuna: necesidad de reconsiderar su conducta. 516

1 **Cuneta**. Soñarse en una cuneta anuncia tiempos difíciles. Buscar en una cuneta un objeto de valor: recompensas económicas tras enorme esfuerzo. 352

9 **Curandero**. Soñarse al cuidado de un curandero previene de tales sujetos. 612

D

7 **Dados**. Soñar que juegas con dados es signo inequívoco de cambio de fortuna, aunque el nuevo curso de los acontecimientos dependerá de las circunstancias del sueño. 412

1 **Dama de honor de una novia**. Soñar que eres dama de una novia: gran decepción. Varias damas: dicha y larga vida. No ser dama de una novia: riesgos a causa de un secreto. Amigas como damas: vuelcos en el amor. 460

1 **Danza**. Soñar que bailas una danza popular anuncia amor; ten cuidado de no provocar celos. 604

7 **Daño**. Soñar que alguien te hace daño confirma que tienes un rival en el amor o en los negocios que representa un gran peligro para ti. Sufrir daños de alguien más: riesgo. Niños que padecen daños: alegría casual. 241

5 **Debilidad**. Soñarse cansado o exhausto es buen augurio. Que otros se sienten fatigados: evidencia de que necesitas dinero. Niños débiles: ganancias económicas. 239

6 **Decoración**. Soñar que embelleces tu recámara o casa tiene significado contrario; perderás dinero en tus negocios. Decorar una tumba: escasez de satisfacciones. 132

8 **Dedal**. Se considera muy buen signo que una mujer sueñe que pierde su dedal. 953

2 **Dedos**. Cortarte un dedo o lastimártelo augura peleas con tus amigos o familiares. Un dedo sangrante: ten cuidado con tu

dinero. Cortatse las uñas: pérdida de amigos. Quemarte los dedos: te envidian muchas personas. Fracturarte los dedos: feliz matrimonio. 497

9 **Defensa**. Soñar que proteges o defiendes a alguien indica que puedes contar con cuando menos un amigo leal. Ser incapaz de defenderse: larga vida. Defender a niños: suerte y prosperidad. 612

7 **Deformidad**. Soñarte deforme significa vergüenza y pesar. Que otros están deformes: cuídate de las falsas apariencias de la gente. Que una joven se sueñe deforme: cancelará su compromiso. 349

6 **Delantal**. Soñar algún percance con tu ropa tiene significado contrario, de manera que si en el sueño apareces con un delantal que protege tu atuendo, y éste se daña, para aquél le significará un beneficio mínimo. 312

6 **Deleite**. Demasiada felicidad en tus sueños nunca es buena; tendrás problemas en casa y en los negocios. 357

9 **Delirio**. Soñarse delirante representa peligro a causa de un secreto. Ver a alguien en tal condición, la oculta ayuda de algún amigo en tu favor. 486

9 **Demencia**. Soñarte demente o en compañía de un loco es buen signo; tus asuntos prosperarán. El augurio es positivo para cualquier persona: enfermos, enamorados y hombres de negocios. 531

3 **Demonio**. Es pésimo presagio soñar a Satanás, aunque el resultado dependerá de las circunstancias. Sin embargo, pase lo que pase en el sueño, te espera una larga lucha. Que una joven sueñe al demonio: feliz matrimonio inminente; un anciano enfermo: problemas; niños: enfermedad. Hablar con el diablo: engaño de amigos. Luchar con él: grave peligro. 462

2 **Dentista**. Sueño de enfermedad. Hallarte en el sillón de un dentista: dudarás de la sinceridad de tus amigos. Niños en el sillón: rumores falsos sobre tus amigos; una amistad: desgracia en el amor. 713

5 **Deriva**. Soñarse en una lancha a la deriva es advertencia de dificultades, pues se trata de un sueño anunciador de obstáculos. Si llegas a tierra sano y salvo, resolverás tus problemas, pero si caes de la lancha o ésta se vuelca a causa del intenso oleaje, tus dificultades serán muy graves, aunque logres llegar

a la costa a nado o te rescatan, lo que indicaría sin embargo triunfo final. 941

2 **Desamparo**. Garantía del afecto de aquéllos a los que sueñas desamparados. 146

2 **Desastres**. Sueño de significado contrario, favorable para hombres de negocios. 371

5 **Desayuno**. Predicción de mala suerte; si no tienes cuidado, cometerás errores y te verás en problemas. Preparar el desayuno: pobreza y enfermedad. Desayunar en una cafetería: nuevo amor; en casa ajena: viaje próximo. 932

4 **Descalzo**. Es buena señal soñarse desnudo, pero estar descalzo significa dificultades, superables con esfuerzo y constancia. Niños descalzos: vergüenza y aflicción. Estar descalzo y con las piernas descubiertas hasta la rodilla: deshonra social. 760

8 **Descanso**. Sueño de significado contrario que anuncia trabajos y buena suerte en materia deportiva. 413

9 **Desconfianza**. Soñar que dudas de alguien es mal presagio. Una persona te causará molestias. 153

8 **Desdicha**. Sueño de significado contrario. Si sueñas que a ti o a un ser querido le ocurre algo malo, tendrás excelente suerte en los negocios y éxitos superiores a tus expectativas. 143

7 **Desesperación**. De significado contrario; holgura familiar. 250

5 **Desfiguración**. Soñar un desarreglo físico presagia inesperada felicidad. 716

6 **Desfile**. Ver en sueños un desfile militar anticipa riñas con alguien. Desfile obrero: mejoría de las condiciones familiares. Desfile de protesta: gran satisfacción en puerta. 195

4 **Desgracia**. Sueño de significado contrario; hallarse en desgracia o en problemas es buena señal. Que otros están en desgracia: te encuentras rodeado de enemigos. Parientes que se encuentran en desgracia: trabajo arduo. 508

1 **Deshonestidad**. Extravío de un documento importante. Si en tu sueño el deshonesto eres tú, se tratará de un documento relacionado con tus asuntos; si lo son otros, quiere decir que estás en poder de traidores; si lo son miembros de tu familia, te verás acosado por tentaciones. 253

5 **Desierto**. Soñar que recorres un desierto o un amplio valle augura dificultades en un plan importante, con consecuencias

particularmente graves si además el clima es malo o sufre otras calamidades. Si hay sol, triunfarás. 176

1 **Desilusión**. Soñarte desilusionado asegura el éxito en el motivo de tu desilusión. Novios desilusionados: riesgos a causa de un secreto. 865

1 **Desmayo**. Ver en sueños a una persona desmayada es de mal agüero para los solteros, mientras que para los casados significa prosperidad y riqueza. 946

8 **Desnudez**. Es muy buen signo soñarse desnudo o semivestido. Todos tus problemas te los crearás tú mismo y deberás enfrentarlos solo, lo que te dará fortaleza. Sueño especialmente afortunado para los enamorados, pues evidencia que son de confiar. A las personas casadas les augura enorme dicha. 152

5 **Desobediencia**. Soñarte desobediente denota que enfrentarás una decisión difícil, matrimonial quizá. Niños desobedientes: compromiso cercano. 914

4 **Despedida**. Soñar que te despides de alguien simboliza penurias a causa de mala salud; protéjete del frío. Personas despidiéndose de ti: viaje tedioso. 175

2 **Despensa**. Se acerca una época de dicha. 137

7 **Despertar**. Es una buena premonición que en el curso del sueño despiertes a alguien, pues este solo hecho neutralizará cualquier mal augurio también presente. Si aquella persona aparece en tu cama, aún mejor, ya que el color blanco es de buena fortuna y confirma que los sucesos próximos serán positivos. Ser despertado: problemas. 853

9 **Despido**. Soñar que te despiden de un empleo anticipa ascenso. Despedir a un empleado: decepción ineludible. Que otros son despedidos: resolución de un enigma. 749

2 **Destello**. Soñar un destello o luz, ya sea de un reflector o antorcha, es aviso de que importantes noticias harán fructificar tus planes. 389

5 **Destierro**. Si te ves obligado a abandonar tu tierra natal, tendrás suerte; cuanto mayor sea tu apuro, tanto más prometedora será la prosperidad que te aguarda. Que otras personas son desterradas: dinero en abundancia. 176

5 **Destrucción**. Es un pésimo augurio que en tus sueños destruyas algo de valor, pues tendrás problemas. Que alguien destruye cosas tuyas: victoria sobre tus enemigos. 932

2 **Desván**. Premonición de compromiso matrimonial para los solteros; para los casados, advertencia de que deben prescindir de coqueteos. Desván de una casa ajena: obstáculos insuperables. 146

1 **Desvestirse**. Si te sueñas semivestido en público, cuida tus palabras y actos; serás objeto de chismes. Desvestirte en privado: descubrimiento de un secreto. Desvestirte frente a otras personas: la gente habla mal de ti a tus espaldas. Desvestirte en un cuarto de hotel: vida amorosa satisfactoria. Marido y mujer desvistiéndose en la misma habitación: tus negocios marcharán mal. Desvestirte en público: desastre y pesar. 235

3 **Detective**. Una confesión te hará modificar tus juicios equivocados sobre alguien. Ser interrogado por un detective: tienes un amigo leal. Ser acusado por un detective: ganancias. 759

9 **Deudas**. Pagar tus deudas en un sueño es buen presagio; que te paguen lo que te deben indica en cambio pérdidas económicas. 342

6 **Devoción**. Al igual que la mayoría de los sueños relativos a la religión, éste es de buen agüero. Devoción mutua entre esposos: felicidad garantizada. Hijos devotos de sus padres: importantes y benéficos acontecimientos. 492

5 **Diamantes**. Sueño de interpretación incierta: algunos especialistas lo consideran símbolo de desdichas, mientras que otros ven en él un augurio de excelentes negocios. Quizá todo dependa de la situación económica del soñador, a pesar de lo cual puede afirmarse que se trata de un sueño de significado contrario. 761

1 **Diccionario**. Discusiones y pérdida de un amigo. Consultar un diccionario: triunfo sobre los enemigos. Comprarlo: cambio de condiciones físicas. 946

4 **Dientes**. Siempre es signo de mala fortuna soñar los propios dientes; cuida tu salud. Un diente de oro: corrupción y penurias. Dientes cariados: tendrás que dar explicaciones a otras personas. Tener sucios los dientes: prosperidad. Dientes sin cepillar: amigos leales. Extracción de un diente: pérdidas económicas. Que se te caen los dientes: muerte. Perder dientes en una pelea: pérdida de un familiar. Dientes inútiles: desgracia repentina. Lavarse los dientes: infelicidad. 571

3 **Difamación**. Sueño de significado contrario. Entre más te difamen en el sueño, más éxito tendrás en la vida. 156

8 **Dificultad**. Sueño de obstáculos. Si sales bien librado de tus dificultades, no te ocurrirá nada grave. Tener dificultades personales: buena época; económicas: recibirás dinero. Que tu pareja tiene dificultades: te comportarás en forma agradable; que otros las tienen: estado de cosas satisfactorio. 467

2 **Dinero**. Soñar que pagas lo que debes o que le das dinero a otra persona es una buena premonición: te aguardan riquezas. Soñar que recibes dinero también predice éxito, aunque tras intensos esfuerzos. No obstante, encontrar dinero no es un signo tan favorable; quizá experimentes progresos, pero serán efímeros. Cambiar dinero es señal de dificultades provocadas por ti mismo, ya sea que cambies pagarés por plata o plata por cobre. Es pésimo augurio soñar que pides prestado, lo mismo a un amigo que a un prestamista. 416

2 **Dios**. Escuchar la voz de Dios o soñar que él te habla: felicidad y contento. Orar: prosperidad. Ver su rostro: inmensa dicha. 740

7 **Diploma**. Soñar que recibes un diploma: tú mismo menosprecias tu talento, que, bien dirigido, lo conducirías al éxito. 412

2 **Dique**. Tus esperanzas no se cumplirán, pero una persona a la que conociste hace mucho volverá a hacerse presente en tu vida. 803

8 **Dirección**. Si te sueñas escribiendo una dirección, cuida tu dinero y evita especulaciones. Que otros anotan una dirección: mal tiempo para los negocios. 962

3 **Dirigible**. Ambición fuera de tu alcance. Hallarte en un dirigible: te fastidiarán. Descender en un dirigible: buenas noticias. Ver un dirigible en lento desplazamiento: intromisión en tus asuntos. 471

4 **Disculpa**. Cambio en tu entorno; quizá recuperes una antigua amistad. Recibir una disculpa: dicha en el amor. Disculpar a amigos: retorno de un viejo camarada. 517

5 **Discusión**. Es buena señal que tengas una discusión amigable en sueños, pero si pierdes los estribos enfrentarás problemas. 482

2 **Disfraz**. Los atuendos de fantasía no son signos favorables;

anticipan problemas, si bien menores. Disfrazarse: largo viaje y mudanza. Que otros se disfrazan: victoria sobre tus enemigos. 569

3 **Disparate**. De significado contrario; un nuevo proyecto rendirá excelentes resultados. 462

2 **Disparos**. Es fatal presagio que en sueños disparen a un ser vivo o lo maten; disparar y fallar anuncia relativo éxito sobre tus problemas. Disparar con arma de fuego: alguien te engaña. Tiro al blanco: viaje prolongado. Disparar contra enemigos: problemas familiares. Dispararle a alguien y matarlo: pena y decepción. 587

1 **Disputas**. Sueño de significado contrario que indica éxito, no sin obstáculos previos. Disputa de negocios: descubrimiento de objetos de valor que creías perdidos. Disputa entre terceros: buena época. 352

8 **Distancia**. Soñarte lejos de su familia o amigos es mal signo; si una persona se aleja de ti, recibirás buenas noticias. 107

9 **Disturbio**. Advertencia de problemas económicos, especialmente si hay enfrentamiento. Participar en un disturbio: vuelco en los negocios. Amigos en un disturbio: serás perseguido por un enemigo; familiares: muerte de un amigo. Fin de un disturbio: altos honores. 468

7 **Diversión**. La alegría en exceso es mal signo; habrá dificultades en los negocios. A mayor placer, peores consecuencias. La pacífica alegría familiar es otra cosa. Divertirse con niños: segura decepción; con amigos: cambio positivo; con personas importantes: dicha y honor. 862

5 **Divorcio**. Sueño de significado contrario. Soñarse en proceso de divorcio anuncia bienestar familiar. Parientes que se divorcian: habladurías de amigos. Niños en divorcio: felicidad; amigos: riesgos a causa de un secreto. 419

3 **Doctor**. Buen sueño para las finanzas. Ir al doctor: dominio de muchas cosas. Consulta médica: larga vida; para los niños: nuevos intereses y condiciones. Ser doctor: ganancias y satisfacción; estudiante de medicina: beneficios económicos. 426

1 **Dolor**. Sueño cuya interpretación depende por completo de las circunstancias, aunque generalmente considerado de significado contrario. Si el dolor es leve, quizá la causa es física y denota simplemente mala salud, pero si es intenso, aunque

obviamente imaginario, presagia un acontecimiento benéfico. A los hombres de negocios les anticipa ganancias; a los enamorados, temporada favorable; a los agricultores, excelente cosecha, y a los marineros un buen viaje. De estómago: agradables actividades sociales; de piernas: buenas noticias. 496

1 **Dolor de muelas**. Recibirás una bella carta de un amigo que se encuentra lejos. Niños con dolor de muelas: carta de un viejo amigo. Dolor persistente: suerte futura. Calma del dolor: disputas amorosas. 307

3 **Donación**. Soñar que haces una donación en dinero o propiedades tiene el significado opuesto: recibirás dinero de origen imprevisto. Cancelar una donación: peleas en la familia. 156

5 **Dormir**. Soñar que duermes presagia males. Un hombre durmiendo con una mujer: diversión. Dormir con un niño: recuperación del amor y paz familiar; con una persona del sexo opuesto: buena marcha de tus asuntos; con un joven apuesto: gozo que culminará en disgusto; con una hermosa joven: preocupaciones y molestias. Novios durmiendo juntos: sucesos agradables. Dormir solo: tentaciones. Un hombre durmiendo desnudo con una mujer bonita: felicidad. Una mujer durmiendo desnuda con un hombre apuesto: traición. 140

8 **Dote**. Recibir en sueños un dinero que no se ha ganado es siempre mala señal. Un hombre entregándole sus propiedades a su esposa: grandes incomodidades. Dote a las hijas: dinero en abundancia. Dote de una viuda: cambio afortunado. 467

5 **Dragón**. Ver uno en sueños: enorme riqueza; muchos: gran desilusión amorosa. Que una joven sueñe con un dragón: alegría inmensa. 482

1 **Drogas**. Interesante especulación en puerta, acompañada de habladurías alrededor de ti. Tener drogas: debilidad. Consumirlas: aflicción. 469

3 **Duelo**. Problemas con amigos y parientes. Traición de enemigos. 786

2 **Dueto**. Cantar a dueto en sueños es buen signo para enamorados y desposados; presagia felicidad hogareña. 758

9 **Durazno**. Sueño que augura satisfacción personal, no de negocios. Duraznos en un árbol: cumplimiento de grandes esperanzas. Muchos árboles cargados de duraznos: ganancias. Comer duraznos con otras personas: inquietud en el amor. 486

E

1 **Ébano**. Viaje al extranjero. Poseerlo: conocerás a un extranjero. Comprar un mueble de ébano: éxito en los negocios. Recibir como regalo objetos de ébano: abundantes ganancias. 532

6 **Eclipse**. Sueño poco frecuente; indica enfermedad de una persona muy allegada. 834

5 **Eco**. Este curioso sueño es signo de que sabrás de la buena suerte de una persona, cuyo éxito quizá te haga sufrir. 680

5 **Edad**. Soñar que tu edad te preocupa es mala señal, pues anuncia enfermedad, tanto más grave cuanto mayor sea tu zozobra. Sin embargo, la causa de este sueño suele ser más física que onírica. 914

6 **Edificio**. Cambio importante, cuyo efecto depende de la apariencia general del edificio. Si es pequeño, el éxito será limitado; si es muy alto, atronador. 519

4 **Ejecución**. Dudosa culminación de tus proyectos. Ejecución del ser amado: no te hagas de rivales; de un inocente: chasco en el amor. 265

5 **Ejercicio**. Sueño que anuncia obstáculos. Todo saldrá bien si disfrutas del ejercicio vigoroso, pero si te fatiga perderás dinero. 302

4 **Ejército**. Sueño anunciador de obstáculos, seguidos, sin embargo —cosa que podría ocurrir tras un viaje inesperado— de buena suerte en tus proyectos. Si ves soldados en combate, las consecuencias pueden ser más graves. Ejércitos de diferentes países: alegría y fortuna. 652

9 **Elecciones**. Soñar que participas en unas elecciones significa que tus esperanzas se cumplirán muy pronto. 432

3 **Electricidad**. Algo te causará gran sorpresa. Incurrirás en pérdidas menores. 840

5 **Elefante**. La nobleza de este animal anuncia ayuda de parte de tus amigos u otras personas. Alimentar a un elefante: una persona destacada se relacionará contigo. Montar un elefante: buena suerte. Dar de beber a un elefante: le serás útil a una persona influyente. Un elefante en un circo: peligro de muerte de un familiar; que escapas del circo: peleas domésticas. Un elefante en libertad: serás muy independiente en tu vida. 437

1 **Elevador**. Descender dentro de un elevador: grave desdicha;

ascender: riqueza y avance de su situación. Hallarte en un elevador con otras personas: evita a tus enemigos; con familiares: ganancias. Un elevador fuera de servicio: advertencia de problemas. Quedar atrapado en un elevador: pesar. 496

9 **Embarazo**. Soñar que te embarazas supone una mejoría en tu salud. Que una mujer casada se embaraza: infortunio matrimonial. Que una mujer soltera sueñe que se embaraza: problemas y perjuicios a causa de un escándalo; una viuda: pronta boda; una joven: boda muy lejana. 567

8 **Embriaguez**. Soñarte embriagado te advierte de problemas financieros; si el intoxicado es otro, una persona te hará perder dinero. Una mujer embriagada: cometerás malas acciones. Pasarte de copas con un buen vino: te relacionarás con una persona importante. Embriagado y triste: traición de parientes. Enfermo por esta causa: derroche de recursos familiares. Un esposo que se emborracha a menudo: mal porvenir. 134

3 **Empleo**. Sueño de significado contrario. Signo de prosperidad en los negocios si te sueñas desempleado. Que empleas a otros: conflcto de intereses. Presentarse en una agencia de empleos: cambio positivo. 912

3 **Empujar**. Soñar que empujas una puerta o cualquier otro objeto pesado significa que tu camino quedará libre de un obstáculo considerable. 741

5 **Enamorado**, **a.** Soñar que la persona amada es bella y complaciente representa una buena señal; mala, si la sueña voluble e inconstante. 671

4 **Enano**. Si ves en sueños a un enano, tendrás dificultades familiares. Enanos feos: enfermedad y desgracia. 526

9 **Encargo**. Sueño anunciador de obstáculos. Si se te hace un encargo y lo cumples, nada ocurrirá, pero si no puedes realizarlo o no procuras el artículo que se necesita, tendrás problemas de negocios. 576

9 **Encontrar**. Sueño de significado contrario; entre más valioso sea el objeto encontrado, mayor será la pérdida que sufras en los negocios. Encontrar desnuda a una persona: nuevo trabajo. Encontrar a un niño: complicado proceso legal. Encontrar oro y plata: muchas preocupaciones. 468

7 **Encuesta**. Soñar que participas en una encuesta o investigación presagia prosperidad. 142

5 **Enemigo**. Soñarte en compañía de alguien que no es de tu agrado es una premonición de significado contrario que anuncia buena suerte. Luchar contra enemigos: engaño de amigos. Odiar a un enemigo: pérdida de tu fortuna. Matar a un enemigo: placer y alegría. Vencer a un enemigo: triunfo en un asunto legal. 194

3 **Enfermedad**. Advertencia de una poderosa tentación desfavorable para ti, por más atractiva que parezca en principio. Estar enfermo: desgracia amorosa. Niños enfermos: alegría. 714

4 **Enfermera**. Buen signo; tus negocios prosperarán. 391

6 **Enfrentamiento**. Sueño que anuncia obstáculos; sus efectos dependen de las circunstancias. Si te enfrentas a alguien y recibes un golpe, padecerás una desdicha o un revés amoroso; si sales avante, superarás las dificultades. Otras personas enfrentándose: recuperación tras una enfermedad. 789

5 **Enojo**. Sueño de significado contrario. Si te sueñas enojado con una persona conocida, ésta te reportará un beneficio. Si es desconocida, recibirás inesperadas buenas noticias. Enojarte con niños: recibirás una invitación de una persona importante. 167

5 **Entierro**. Sueño de significado contrario, ya que denota boda, quizá no la tuya. Asistir al entierro de un amigo: herencia; de un pariente: te casarás pronto. 302

1 **Envidia**. Soñar que te tienen envidia es buen síntoma. Que envidias a otros: triunfo sobre tus enemigos. Que éstos te envidian: te vigila alguien con malas intenciones. 532

3 **Equipaje**. Sueño que anticipa dificultades en proporción a la magnitud del equipaje y a tu habilidad para manejarlo. A los enamorados les anuncia peleas, de gravedad acorde con las circunstancias. 786

2 **Error**. No seas presuntuoso y verifica tu información antes de actuar. Escucha el consejo de quienes te quieren bien. 560

2 **Erupción**. Te espera tanta buena suerte que la envidia te rodeará. 875

5 **Escalar**. Es signo de prosperidad en los negocios soñarte en plena escalada, salvo que el esfuerzo te sobrepase, en cuyo caso tendrás que soportar dificultades antes de triunfar. Escalar una montaña pero no llegar a la cumbre: fracaso en planes

importantes. Llegar a la cima: éxito en los negocios. Despren-dimientos de tierra al ascender: dificultades imprevistas. Subir a un árbol: ascenso laboral o de otro tipo. 914

1 **Escalera**. Subir por una escalera es buen signo, pero bajar indica problemas, aunque en ocasiones también cumplimien-to de un deseo. El alcance del presagio depende del número de escalones; conviene registrarlo. Sentirte mareado al subir una escalera es siempre de mal agüero. Caer por una escalera: esperanzas perdidas. Escaleras muy altas: chasco amoroso. 649

4 **Escalofrío**. Pronto tendrás nueva ropa, completamente de tu agrado. 913

3 **Escalones**. Te enterarás de algo que te impulsará a mayores esfuerzos y más sonoros éxitos. 156

4 **Escarabajos**. Soñar estos repugnantes animalitos es señal de que pelearás con tus amigos o enfrentarás problemas en tus asuntos a causa de una trampa. Si los matas, todo se arreglará pronto. 715

4 **Escarcha**. Te aguardan innumerables problemas; se suma-mente cauteloso. Dañarte los pies a causa de la escarcha: más problemas aún. 139

9 **Escoba**. Cuídate de amigos falsos. Tener una escoba nueva: harás mucho dinero. Desechar una escoba vieja: buena suerte para una persona a la que estimas. Golpear a alguien con una escoba: cambio fructífero. 531

8 **Esconderse**. Malas noticias. 296

6 **Escorpión**. Tus enemigos te harán daño. Varios escorpiones: tus enemigos hablan de ti a tus espaldas. Nido de escorpiones: victoria sobre tus enemigos. Escorpiones devorando lagarti-jas: evidencia de que eres un idealista. Un escorpión en una jaula: te rodean personas escandalosas. Ser picado por un escorpión: éxito en los negocios. Matar a un escorpión: pérdida infligida por supuestos amigos. 915

2 **Escribir**. Todo tipo de escritos e impresos son siempre desfavorables en los sueños. Si te sueñas escribiendo quiere decir que con tus acciones te estás creando dificultades. 506

5 **Escritorio**. El significado de este sueño depende de que el escritorio esté abierto o cerrado. Abierto: sin consecuencias para ti; cerrado: malas noticias. 986

6 **Escritura**. No es buen signo ver en sueños documentos escritos a mano. No te arriesgues en nuevos proyectos, o cuya eficacia no ha sido comprobada. 519

7 **Escrituras**. Si te sueñas firmando títulos de propiedad, evita tanto especulaciones como disputas con tus seres queridos, pues corres el riesgo de sufrir pérdidas, ya sea monetarias o afectivas. 241

6 **Escuchar a trasmano**. Soñar que escuchas a trasmano la conversación de otras personas es signo de que te tocará la buena suerte. Que otros lo hacen: dinero. 321

4 **Escudo de armas**. Soñar un escudo de armas es señal de que un poderoso amigo te protegerá. 931

3 **Escuela**. Soñar que inicias nuevamente estudios escolares y no sabes las lecciones indica que estás por poner en marcha un nuevo proyecto que no comprendes. Ir a la escuela: buen momento para tus negocios. Llevar a niños a la escuela: serás buen ejemplo para tus hijos. Ir a una escuela de natación: angustia; de baile: tu ética te impide aceptar un puesto. 651

5 **Escultor**. Cambio en tus circunstancias actuales. Ser amigo de un escultor: amor pero poco dinero. Posar para un escultor: agradables actividades sociales. Una mujer casada posando para un escultor: tu esposo te abandonará; una virgen: se casará con un hombre rico; una viuda: buena época para cumplir tus deseos. 167

9 **Esgrima**. Soñar una partida de esgrima anuncia una aventura en la que tu única arma será la inteligencia. 675

6 **Esmeralda**. Piedra preciosa a la que están sujetos varios significados. En Oriente se le considera el mayor símbolo de buena fortuna, mientras que en Occidente indica negocios extranjeros o alejamiento de un ser querido. Una esmeralda: dificultades a causa de una herencia. Vender las propias esmeraldas: separación de un ser querido. Comprar una esmeralda: buenos negocios con una persona venida de lejos. 519

2 **Espadas**. Todas las armas y herramientas con filo auguran malas noticias. Ser herido con una espada: grave peligro. Una espada rota: profundo desaliento. Herir a alguien con una espada: buenos resultados de negocios. Ser herido por persona conocida: te harán un favor. Ver sangre que mana de la herida causada por una espada: favor muy especial. 596

4 **Espalda**. Si sueñas que alguien te da la espalda, enfrentarás contrariedades y problemas, aunque quizá leves y efímeros. Si la persona se vuelve y te da la cara, las cosas se arreglarán pronto. Soñar tu propia espalda es buen indicio, aunque es más común soñar los brazos, las piernas o el cuerpo entero. 625

1 **Espárrago**. Signo favorable, ya que simboliza los dones de la Madre Naturaleza. Sigue adelante con tus planes, culminarán en éxito. Espárragos crudos: triunfo en tus proyectos. Cocinar espárragos: aliento a tus planes. 586

3 **Espectáculo**. Sueño cuyo sentido depende de las circunstancias. Por lo general es de buen agüero, salvo que por alguna razón te sientas incómodo. Si abandonas el lugar antes de concluido el espectáculo, tu imprudencia te hará perder una oportunidad. 426

3 **Espejismo**. Pérdida de un amigo en quien confiabas. 156

7 **Espejo**. Decepciones. Verte en un espejo: enfermedad. Ver a tu esposo en un espejo: te tratarán injustamente; a otras personas: matrimonio desafortunado; a un ser querido: riqueza. Un espejo roto: muerte inesperada de un familiar. Una mujer viéndose en un espejo: engaño de amigos; un hombre: precaución en los negocios; una joven: conveniencia de cambiar de amigos; un ejecutivo: deslealtad de tus empleados; una viuda: se descubrirán tus verdaderos motivos; un enamorado: infidelidad de la persona amada. Ver un espejo: traición. 583

5 **Espía**. Anuncio de aventuras, de las que saldrás ileso gracias a la protectora influencia de alguien sobre ti. 671

3 **Esposa**. Soñar a la propia esposa: urgencia de controlar sus pasiones. Tomar esposa: cumplimiento de tus deseos. Discutir con tu esposa: conflicto que durará varios días. Esposa vestida hermosamente: problemas. Tu esposa desvistiéndose: debes enmendar tu vida; desnuda: ella le es infiel. Esposa en la tina: desdicha amorosa. Que una esposa sueñe que se casa con un hombre que no es su esposo: súbita separación o muerte de éste. 642

4 **Esposas**. Sueño de significado contrario; buena suerte. Un reo peligroso siendo esposado: recibirás una carta con dinero. 571

8 **Esposo**. Sueño de significado contrario para los enamorados, si te sueñas casado sin estarlo, pelearás con un ser querido.

Perder al esposo por causa de muerte: importantes y benéficos acontecimientos. Casarse con un segundo esposo: suerte y prosperidad. Que un esposo se divorcia de su mujer: pelea con un ser querido. Que otras le coquetean a tu esposo: vivirán juntos para siempre. 674

3 **Espuma**. Sucesos agradables. 615

2 **Esqueleto**. Problemas familiares. 587

2 **Establo**. Alguien a quien aprecias estará a tu lado siempre. Cuadras de caballos de carreras: harás mucho dinero. 659

1 **Estadio**. Advertencia de peligro; aléjate de las multitudes. Si en tu sueño no estás solo, el riesgo será menor. Soñar que peleas en un estadio o arena: realización de tus más altas ambiciones. 586

4 **Estalactitas**. Buena suerte, felicidad y éxito en el amor. 679

1 **Estampillas**. Te relacionarás con una persona que ocupa un puesto importante; obtendrás grandes ganancias, aunque también ciertas preocupaciones. Comprar estampillas: pobreza. Coleccionarlas: inmensa dicha. Regalarlas: reconciliación con un enemigo. 235

8 **Estandarte**. Buen presagio para tu situación personal, no profesional. Un estandarte rojo: amigos extranjeros te ayudarán. Un estandarte en una casa: fracaso de sus enemigos. Recibir un estandarte: no recibirás un regalo que se te prometió. 917

7 **Estatuas**. Soñar estatuas en movimiento significa riquezas. 538

7 **Estiércol**. Soñar que se utiliza estiércol como abono es buen signo para quienes se hallan en situación de subordinación, mas no para las personas acaudaladas. 853

5 **Estrangulamiento**. Soñar que te estrangulan: la persona soñada te causará problemas. Que estrangulas a alguien: tus deseos se harán realidad. 869

2 **Estrella**. Estrellas fugaces: excelente suerte. Ver estrellas de noche: importante y benéfico acontecimiento. Una estrella inusualmente brillante: pérdidas de negocios. Una estrella alumbrando una habitación: peligro de muerte para la cabeza de la familia. Estrellas cayendo del cielo: desastre. 857

8 **Etiqueta**. Fijar una etiqueta en una caja indica que recibirás una sorpresa. 512

9 **Evidencia**. Soñar que ofreces evidencias contra un criminal en un juzgado anuncia que tendrás ocasión de salvar la reputación de un amigo. 531

8 **Examen**. Sueño que anuncia obstáculos. Si el examen es muy difícil, tendrás preocupaciones de negocios, pero si contestas la mayoría de las preguntas y crees hacerlo bien, tendrás buena suerte en forma inesperada. 251

7 **Excavación**. Sueño que indica dinero, no buena suerte en los asuntos personales. Su significado depende de cualquier modo del tipo de suelo; si éste es bueno y dócil, tendrás éxito en tus planes. 592

6 **Exculpación**. Soñar que se te acusa ante un tribunal pero que finalmente se te exculpa predice prosperidad para ti y fracaso para tus enemigos. Si otros son exculpados, tales personas tendrán suerte en los negocios. 582

1 **Excusa**. Es mala señal que des excusas en tus sueños; tu torpeza te causará pérdidas. Que otros te den excusas: larga vida; un socio: felicidad garantizada; niños: ganancias. 532

2 **Exilio**. Soñar que te envían lejos significa que tu suerte depende en gran medida de factores extranjeros. Que una mujer sueñe que se le exilia: tendrá que sacrificarse para hacer un viaje. Ser exiliado con justificación: padecerás por mucho tiempo una enfermedad de la piel. 596

5 **Expedición**. Sueño de buen augurio sólo si llegas a tu destino. Si fallas en tu propósito de llegar a cierto sitio o realizar algo, perderás dinero y tendrás problemas de negocios. Planear mas no llevar a cabo una expedición: gran catástrofe. 239

3 **Explosión**. Un pariente está en peligro. Presenciar una explosión: tus amigos desaprobarán tus acciones. Resultar herido en una explosión: disgustos; en el rostro: se te acusará injustamente. Salir en llamas de una explosión: tus amigos pasarán sobre tus derechos. Ser culpado de haber provocado una explosión: tus amigos dejarán de confiar en ti. 912

3 **Expreso**. Si viajas en un tren expreso, cuídate de ofender a tus superiores. Enviar una carta por correo expreso: riesgo a causa de un secreto; recibirla: engaño de amigos. 597

4 **Extranjero**. Probable cambio de empleo. Este sueño evidencia tu desorden mental. Que otras personas van al extranjero: triunfo sobre tus enemigos. 238

5 **Extranjeros**. Buena suerte en el amor. 437

8 **Extraños**. Sueño de significado contrario. Cuantas más personas extrañas veas en sueños, tanto mejor; siempre contarás con buenos amigos dispuestos a ayudarte. 467

9 **Extravagancia**. Augurio de buenas condiciones familiares. Que tu esposa es extravagante: realización de tus mayores ambiciones. 261

F

4 **Fábrica**. Signo de acontecimientos inesperados. Si hay muestras de gran actividad, el cambio será importante; si hay pereza, saldrás perdiendo. Hallarte en una fábrica: gran riqueza futura. Construir una fábrica: muerte de un amigo. Vender una fábrica: enfermedad. 751

7 **Factura**. Soñar que pagas una factura denota ganancias inmediatas; que no la pagas, habladurías. Que se te pide pagarla: no le simpatizas a tu jefe. 691

6 **Falda**. Advertencia contra la vanidad y la disipación; modera tu forma de ser y la expresión de tus sentimientos. Tener faldas: proximidad de una aventura amorosa. Comprarlas: modera tu estilo de vida. Perder una: dificultades en el matrimonio. Una falda blanca: se te hará un hermoso regalo; de varios colores: boda en puerta. Una falda rota: desdicha prolongada. 735

8 **Falsificación**. Es de mal agüero soñarse culpable de falsificación, pero no que alguien falsifica tu firma. Utilizar monedas falsas: una persona que te pedirá ayuda se volverá buen amigo tuyo. 215

4 **Falta**. Sueño de significado contrario. Si cometes un error que tus amigos reprueban, tendrás suerte. Esposo cometiendo una falta: amigo falso; esposa: aclaración de un misterio; un socio: larga vida; otras personas: desilusión. 103

3 **Fama**. Sueño de significado contrario; advertencia de fracaso. 651

6 **Familia**. Soñar una familia numerosa indica el inicio de una próspera temporada. También es favorable soñar a parientes con los que existen buenas relaciones. 231

6 **Famoso**. Soñar que te vuelves famoso es mala señal; sufrirás

pérdidas y cambios desafortunados. Niños que se hacen famosos: pronto cumplimiento de tus esperanzas. 402

3 **Fantasma**. Mal presagio únicamente si la aparición del fantasma te causa miedo, en cuyo caso tendrás problemas. Si no hay temor, librarás tus dificultades, sobre todo si el fantasma desaparece. Un fantasma que te habla: cuídate de tus enemigos. 741

8 **Fardo**. Buena suerte según si el fardo es de algodón o de lana. Poseer fardos de lana: muchos problemas. Comprar fardos de algodón: triunfo sobre sus enemigos. 746

7 **Farmacia**. Mal tema para un sueño; atiende tus asuntos de negocios. Ser farmacéutico: malos negocios. 241

4 **Faro**. Sueño de buena fortuna poco frecuente. Evita malos entendidos, pero si te es inevitable pelear, procura ser el primero en buscar después una reconciliación, pues de otro modo lo lamentarás. Ver un faro sobre mar tranquilo: vida pacífica; en una tormenta: dicha cercana. 670

2 **Fastidio**. De significado contrario; buena suerte para tus planes. 146

8 **Fatiga**. Siempre es mal signo verse fatigado en sueños, aunque se ignore el motivo, excepto que tu recuperación sea completa. 791

8 **Favor**. Sueño de significado contrario. Si alguien te hace un favor, perderás dinero en una transacción de negocios. Recibir un favor de un buen amigo: cambio de circunstancias; de un pariente: advertencia de discusiones. 746

6 **Fealdad**. Toda persona fea vista en sueños representa un buen augurio. 249

8 **Felicidad**. Las alegrías y diversiones excesivas son de significado contrario; cuanto más placenteras, tanto mayores dificultades enfrentarás en los negocios. 539

4 **Felicitaciones**. Surgirán motivos de tristeza, pero después habrá paz. Enviar felicitaciones: alegría. Felicitar a otros: ganancias. 598

6 **Féretro**. Si te sueñas en un féretro, tus esperanzas culminarán felizmente. A parientes en un féretro: herencia; un amigo: avance en tu situación. 258

6 **Ferrocarril**. Arribo de buenas épocas. Hallarse solo en un ferrocarril: rápida mejoría de los negocios; con familiares:

recursos en abundancia; con amigos: tiempos difíciles. Caminar sobre los durmientes de una vía férrea: tensión e inquietud. Ser obligado a caminar sobre los rieles: tus asuntos te causarán inmensa alegría. 213

1 **Festín**. Sueño de significado contrario; te aguardan dificultades. Preparar un festín: otra persona goza lo que tú deseas. 325

4 **Festival**. De significado similar al festín; mal augurio. Preparar un festival: otra persona disfruta aquello que deseas. 238

9 **Fidelidad**. De significado contrario. Soñarte infiel a alguien o que alguien te es infiel es buen signo. Tener hijos leales: cuídate de tus rivales; amigos fieles: enfermedad. 153

9 **Fiebre**. Sueño de significado contrario. Si te sueñas con fiebre, ten la seguridad de que disfrutas de buena salud. Niños con fiebre: obtendrás lo que deseas; familiares: ganancias. 675

6 **Fiesta**. Asistir en sueños a una fiesta debe considerarse una premonición positiva, pero es desfavorable que el anfitrión seas tú, en tal caso, a mayor lucimiento, peores consecuencias. Fiesta bulliciosa: serás víctima de habladurías. Persona herida en una fiesta: larga vida. 231

2 **Firma**. Siempre tendrás amigos leales. Firmar un acta de matrimonio: buena salud; un diploma: alegría; acta de nacimiento: riqueza; un acta de defunción: cuídate de espías. 641

7 **Flauta**. Excelente augurio si te ves tocando una flauta, pero no si es otro el que lo hace. 421

8 **Flecha**. Soñar que te alcanza una flecha es signo de desdicha de origen imprevisto; personas supuestamente amigables trabajan en contra de tus intereses. Lanzar una flecha: desgracia. Tener muchas flechas: te hallas rodeado de enemigos. Una flecha rota: fracaso en los negocios. 539

3 **Flores**. Magnífico sueño de la Naturaleza que presagia gran felicidad, a menos que tires las flores, lo que supondría dolorosos sufrimientos a causa de tus propios descuidos. Que una joven sueñe que recibe flores: tendrá muchos pretendientes. Recolectar flores: pronto te casarás por segunda vez. Cortar flores: gran beneficio. Flores artificiales: mala suerte en los negocios. Recibir flores como regalo: inmensa dicha. 651

9 **Flota**. Ver en sueños barcos que se han hecho a la mar es siempre de mal agüero, independientemente del tipo de embarcaciones de que se trate, lo cual no se aplica a naufragios y

otros desastres marítimos. Flota mercante: carta de un amigo. Flota naval en una exhibición: alguien te engaña. Flota naval extranjera: recibirás una visita desagradable. 621

9 Flotar. Buen augurio si no ocurre nada grave, aunque en realidad es otra de las modalidades del sueño anunciador de obstáculos. Si te hundes o te cuesta trabajo mantenerte a flote, tendrás problemas. Un cadáver flotando: larga vida. Un pez muerto flotando cerca de la playa: peligros a causa de un secreto. Una lancha vacía flotando: cambio de circunstancias. Flotar en aguas tranquilas: destino prometedor; en aguas turbulentas: tú mismo te causarás problemas. Ver flotar a otra persona: dificultades provocadas por terceros. 306

8 Focas. Te impulsan poderosas ambiciones, mas nunca alcanzarás tus metas. Una foca en dirección a la playa: embarazo cercano. Un abrigo de piel de foca: dinero. Foca pequeña en un acuario: seguridad en el amor. 341

5 Fortaleza. Pérdidas y problemas a la vista. 230

5 Fortuna. Sueño de significado contrario; cuanto más afortunado seas en sueños, tantos más apuros habrá en la vida real. Soñar que te adivinan la fortuna: dificultades. Fortuna en los negocios: momentos agradables. Ser afortunado en el amor: pérdida en el juego de mucho dinero. 986

5 Fosa. Sueño que anuncia obstáculos. Si desciendes a una fosa, tus negocios se resentirán. Para los enamorados este sueño significa frialdad e indiferencia. Si caes a la fosa, enfrentarás problemas por mucho tiempo. 671

9 Fotografías. Siempre es favorable ver en sueños la fotografía de alguien, salvo la propia. Sin embargo, puede tratarse también de un mal augurio, pues cabe la posibilidad de que te traicione una persona de tu confianza, y cuanto más bellas las fotografías, mayor riesgo. Fotografías de mujeres desnudas: desgracia pública; de hombres desnudos: infelicidad en el amor. 162

9 Fracaso. Sueño de significado contrario; si fracasas en sueños, tendrás éxito en la vida real. 126

7 Fractura. Fracturarte un hueso: recibirás una herencia. 124

3 Francés. Escuchar en sueños lenguas extranjeras o verte hablándolas es señal de buena suerte, sobre todo en cuestiones de amor. 651

1 **Fraude**. Soñar que alguien te engaña es aviso de traición, pero si eres tú quien comete fraude, prosperidad. 739

4 **Frijoles**. Dificultades futuras; ten cuidado. 157

3 **Frío**. Sentir frío es signo de amistad y bienestar. Estar resfriado: seguridad. Que la pareja está resfriada: abundancia de recursos; los hijos: buenas épocas. 624

3 **Frontón**. En su acepción arquitectónica, ver en sueños un frontón es indicio de que recibirás un buen consejo que más te valdría seguir si deseas tener buena suerte. 642

4 **Frutas**. Lo mismo que en el caso de los colores, el significado de las frutas en los sueños varía según el tipo.

9 **Fuego**. Seria advertencia. Si no es abundante ni perjudicial, recibirás noticias, aunque de escasa importancia. Si te quemas, sufrirás una desgracia severa en asuntos personales. Abundancia de humo sin evidencia de llamas: desconcierto. Bombero combatiendo el fuego: buenas noticias. Presenciar el combate de un incendio: pobreza. Estar presente en un incendio: triunfo. Lanzar agua al fuego: perderás los estribos. 576

8 **Fuente**. Sueño favorable si el agua está limpia. 125

8 **Fuga**. Soñar que una persona, conocida o desconocida, se ha fugado con el dinero de su patrón o cometido alguna otra fechoría es advertencia de que serás traicionado por una de las personas que te rodean. Si eres la persona en cuestión, padecerás un daño leve y te recuperarás de tus pérdidas. 620

8 **Funcionario**. Cuida tus palabras y oculta tus cartas. Importantes acontecimientos reclamarán tu atención. 926

5 **Funeral**. Sueño asociado con el color negro; no obstante, es lógico que te sueñes vestido de negro en un funeral, de modo que esto no implica peligro alguno. Se trata de un sueño de significado contrario que indica éxito en el amor. Asistir a un funeral con tu familia: pérdida de amigos. Cargar un féretro: cometerás una tontería. Asistir al funeral de tu mejor amigo: larga vida. Una mujer de luto en un funeral: desgracia matrimonial. 689

3 **Funeraria**. Sueño de significado contrario que augura boda. Un empleado de una funeraria llevándose un cadáver de tu casa: felicidad. Acudir a una funeraria: larga vida. 651

1 **Furia**. Soñar a una persona furiosa anticipa reconciliación. Animal furioso: un amigo tuyo defenderá tu nombre. 694

4 **Futbol**. Acudir en sueños a un juego de futbol es mal signo; habrá preocupaciones, quizá relacionadas con un amigo. En cambio, es buena señal verte jugándolo, siempre y cuando pertenezcas al equipo vencedor o anotes un gol. 652

2 **Futuro**. Tal vez se te presente la oportunidad de hacer las paces con una persona con la que te peleaste hace tiempo o de enmendar un error. 956

G

3 **Gaitas**. Al igual que la mayoría de los objetos poco comunes que se ven en sueños, este instrumento musical no es un signo favorable, pues indica dificultades y preocupaciones matrimoniales. 741

8 **Galería**. Tu inquietud se desvanecerá pronto, a menos que hayas soñado que caes de una galería. Galería de arte: honor y fortuna a manos llenas. 746

6 **Galgo**. Ganarás algo más que una carrera, aunque la competencia sea dura. Un galgo propiedad de otras personas: ganarás la lotería. Carrera de galgos: carta con buenas noticias. 834

5 **Galletas**. Viaje espléndido; en ocasiones, advertencia de enfermedad. Regalar galletas: eres demasiado complaciente contigo mismo. 284

2 **Gallina**. Sueño relacionado con la vida cotidiana. Si la gallina pone huevos, tendrás buena suerte. No obstante, los pollos no son símbolos favorables. 821

2 **Gallo**. Augurio de buenas noticias únicamente si oyes su quiquiriquí. Pelea de gallos: enfrentamientos. Un gallo muerto: dicha familiar. 749

6 **Ganado**. Señal de prosperidad en los negocios. Si conduces al ganado, tendrás que trabajar con ahínco. Ganado robusto: año fructífero. Ganado enjuto: te verás necesitado de provisiones. Ser rico y poseer ganado: desgracia y pérdida en los negocios. Pobre pero con ganado: excelentes ingresos. 852

6 **Ganancias**. Sueño de significado contrario. Soñar que ganas mucho o que has cerrado un magnífico trato de negocios es mal signo, salvo que en tu sueño hayas cometido una trampa o tomado injusta ventaja para asegurar tu bien. 492

3 **Ganga**. Amonestación para que seas constante y confíes en tus propias opiniones. Ser engañado en una ganga: robo en tu

hogar. Sacar provecho de una ganga: avance en alguna situación. 741

9 **Gastos**. Ahorra por un tiempo; tu situación económica tardará en mejorar. Gastar en viajes: frivolidad. Gastar en tu familia: pérdida de amigos. Gastar en alimentos: días felices. Gastar sin sentido: debes ahorrar. Gastar en beneficio de una obra de caridad: retraso en la mejoría de tus asuntos. 261

9 **Gatito**. Sueño favorable excepto que le causes daño al animalito. Gato recién nacido: recuperación de una enfermedad. Gatitos con su madre: pesar. 126

7 **Gato**. Sueño desfavorable, lo mismo que aquel en el que aparecen perros. De significado contrario; imprevisto engaño de una persona en la que confías. Gato negro: enfermedad. Protegerte contra el ataque de un gato: robo. Gatos jugando: visita de enemigos en tu propia casa. Gato con sus gatitos: infelicidad en el matrimonio. 862

9 **Gemas**. Las joyas vistas en sueños no son símbolos propicios, como tampoco lo es la exhibición de lujos. Vender gemas: mala suerte en el amor. Recibir una piedra preciosa como regalo: riesgo a causa de un secreto. Parientes con gemas: enfermedad en la familia. 342

4 **Gemelos**. Los bebés no son considerados emisarios de fortuna, a diferencia de los niños ya más grandes. El augurio representado por los gemelos es entonces aún más amenazador. 751

9 **Gemidos**. No es una premonición afortunada escuchar gemidos en sueños, a menos que asistas a quien los emite. 342

6 **Gente**. Gente llegando a tu casa: lágrimas y penalidades; sin haber sido invitada: desdicha. Personas ciegas: infortunio. Gente vestida de blanco: pérdida de una amistad; de negro: sucesos desagradables. Personas importantes: honra y dignidad. 753

7 **Geranios**. Estas conocidas plantas son muy comunes en los sueños, en los que simbolizan variedad. Comprar un geranio: dinero en abundancia. Geranios rojos: enfermedad. 403

9 **Gigante**. Uno más de los sueños anunciadores de obstáculos. Significa complicaciones difíciles de superar, aunque el resultado depende de las circunstancias. Matar a un gigante: abundancia de recursos. Gigante monstruoso: rotundo éxito. 765

1 **Gimnasia**. Todo ejercicio disciplinado tiene en sueños significado contrario. Tus planes fracasarán por tu falta de energía en el trabajo. 793

6 **Ginebra**. Soñar que bebes ginebra indica corta vida y cambios en exceso. Comprar ginebra: cambios. Ofrecer ginebra: tienes amigos falsos. Recibir ginebra como regalo: disputas familiares. Regalar ginebra: falsos favores. Romper una botella de ginebra: visita de un amigo. 735

8 **Gis**. Soñar gises significa incumplimiento de una gran esperanza. Comprar gis: larga vida. Trabajar con gis: pronta boda. 791

4 **Gitanos**. Sueño de significados diversos. Si los gitanos te ofrecen algo y lo compras, tendrás buena suerte, pero quizá después de mucho tiempo o de un cambio. 157

6 **Globo**. Sueño poco frecuente, y por lo tanto de signo negativo. Ascender en globo: desgracia en un viaje; descender: operaciones monetarias desafortunadas. 798

4 **Gobierno**. Soñar que tienes un puesto en el gobierno significa vida con muchas limitaciones y gran pobreza. 652

4 **Golf**. Soñarte practicando este u otro juego indica que debes poner mayor atención en tus negocios. Jugar una partida de golf con otras personas: no eres apto para el cargo que ocupas. 706

2 **Golpes**. Que un hombre sueñe que golpeas a tu esposa u otra mujer es signo de felicidad matrimonial y comodidad doméstica, aunque en el caso de los enamorados se considera mala señal. Que un padre o madre sueñe que maltrata a uno de sus hijos, es buen indicio, no así si el niño es desconocido. 416

5 **Golpeteo**. Controla tu lengua si quieres ser feliz. 176

9 **Goma**. Soñar que usas una goma de borrar presagia inseguridad de acción; busca el consejo de personas experimentadas. 765

5 **Góndola**. Premonición de una vida feliz aunque poco romántica. Hallarte en góndola con el ser querido: amor fugaz. 941

7 **Gong**. Emocionante suceso en la familia. Toma en serio las cosas importantes. 430

5 **Gorra**. Si te sueñas poniéndote una gorra o sombrero, tendrás dificultades amorosas. Recibir una gorra como regalo: feliz matrimonio. 761

7 **Gota**. Evita excesos; tu estado actual no te los permite. Padecer gota en los pies: calamidad; en cualquier otra articulación: pérdidas económicas causadas por parientes. 691

8 **Goteo**. Deja de perder el tiempo y amplía tus actividades. 746

6 **Granero**. Si el granero está lleno o casi lleno, el sueño es favorable; pero si está vacío y con las puertas abiertas, prefigura algo malo. Hallarte en un granero: triunfo en un asunto legal; trabajando con granos: felicidad en la vida. 852

9 **Granizo**. Dificultades y decepciones. 765

6 **Granja**. Soñarse laborando en una granja indica éxito material, aunque no sin cierto esfuerzo. Visitar una granja: buena salud. Una granja en llamas: excelente suerte; abandonada: desgracia. 852

2 **Granos**. Te espera gran éxito, si bien como resultado de tu empeñoso trabajo; persevera y obtendrás cuantiosas retribuciones. Cosechar granos: abundantes ganancias. Un campo de granos: mucho dinero. Trasladar los granos al granero: buena fortuna y prosperidad. Granos en llamas: desastre grave. Sembrar granos: intensa dicha; venderlos: ingresos. 713

1 **Gratitud**. Si te sueñas muy agradecido con alguien, te llevarás grandes sorpresas; si alguien se muestra agradecido contigo, las sorpresas serán para uno de tus seres queridos. 739

4 **Grava**. Verte en un camino de grava es un sueño anunciador de obstáculos, aunque menores, más aún si concluyes su recorrido. 715

7 **Gritos**. Sueño de significado contrario. Si los gritos son alegres y jubilosos, recibirás malas noticias; si son angustiosos y desesperados, nada ocurrirá. 961

6 **Guantes**. Sueño de significado muy similar al de las ligas, aunque de efectos efímeros. Usar guantes: prosperidad y placer. Comprarlos: falso amigo. Perder los guantes de uso personal: se te abandonará a tus propios recursos. 258

7 **Guerra**. Soñar guerras o temas afines es señal de riesgos y problemas. Presenciar una guerra: mala suerte. Participar en una guerra: riesgo de enfermedad. 691

2 **Guía**. Si sueñas que guías a alguien, tus amigos estarán prestos a ayudarte en tus dificultades. 731

5 **Guitarra**. De augurio semejante al sueño de violines, el mensaje es positivo si la música te gusta, pues anuncia amor y

buen ánimo, aunque toda interrupción contrarresta este significado. Que una joven sueñe que escucha una guitarra: tentaciones provocadas por halagos. 203

6 **Gusanos**. Riesgo de contraer una enfermedad contagiosa. Combatir gusanos: dinero. Gusanos en plantas: inesperada recepción de dinero; en tu propio cuerpo: gran riqueza. 231

H

1 **Habitación**. Este sueño poco frecuente significa que tendrás éxito justo en el momento en que ya habías perdido todas las esperanzas. Una habitación: descubrirás secretos familiares. Tu propia habitación: preocupaciones económicas. Una habitación de hotel: muerte de un amigo. Habitación en penumbras: pérdida de dinero. Cuarto de baño: enfermedad. 235

6 **Hablar**. Hablar mucho: te verás expuesto a planes malintencionados; con amigos: saldrás ileso del peligro que te aqueja; con tus padres: obtendrás lo que pides; con la persona amada: amigos celosos; con tu jefe: serás víctima de un abuso y una humillación. 924

3 **Hacha**. Peligro. Enfrentarás angustiosos problemas. 849

8 **Halcón**. Las aves de rapiña anuncian pérdidas; sé cauto en los negocios, pues te hallas rodeado de envidiosos enemigos. Halcones en vuelo: engaño de amigos. 962

9 **Hamaca**. Signo de una pérdida seguida por una ganancia de mayor valor, quizá en cuestiones amorosas. Niños en una hamaca: contrariedades sentimentales. 864

2 **Hambre**. Sueño de significado contrario, pues sentirte hambriento es señal de prosperidad, aunque tras grandes esfuerzos. 947

6 **Hambruna**. Soñar que careces de lo necesario para sobrevivir tiene el significado opuesto: vivirás en la abundancia. 429

1 **Harén**. Se impondrá la verdad. Cosas que crees que los demás desconocen son objeto de chismes, pero al final vencerás. 865

6 **Harina**. Es de mal agüero que en el curso de uno de tus sueños te veas comprando o usando harina. Hacer pastelitos con harina: existencia dichosa. Comerciar con harina: arriesgadas especulaciones. 951

4 **Hebilla**. Si una mujer sueña que se le desabrocha la hebilla

del cinturón, enfrentará problemas y dificultades, pues todos los contratiempos causados por el atuendo personal son de mal signo. Una hebilla muy vistosa: cambio positivo; rota: un enemigo busca tu destrucción. Comprar una hebilla: evita a tus rivales. 823

6 **Hechicera**. Tus amigos serán objeto de chismes y escándalos. 852

3 **Helechos**. Soñar helechos exhuberantes es una premonición muy favorable; cuentas con la Madre Naturaleza para lograr lo que te propones. Si, en cambio, el follaje es escaso o tu sueño transcurre en otoño, tendrás problemas. Helechos en macetas: éxito tras penosos esfuerzos y dificultades. 516

5 **Hemorragia nasal**. Mal augurio; cuídate al máximo por un tiempo. 896

6 **Heno**. Sueño sumamente afortunado. La Naturaleza está de tu parte, así que triunfarás en el amor y los negocios. 852

9 **Herencia**. Siempre es buen indicio soñar una herencia o regalo, aunque el beneficio depende de lo que heredes. Recibir una herencia y enemistarte con parientes por esta causa: pérdida de dinero. Dejar una herencia a la familia: dificultades. 864

1 **Heridas**. Soñarte herido es una premonición favorable. 856

6 **Hermana**. Ver en sueños a tus hermanas y hermanos significa larga vida. Discutir con tus hermanas: desgracia familiar. Que una de ellas discute con una cuñada: mala suerte; con dos: penalidades y vergüenzas en la familia; con un cuñado: buena suerte. 258

2 **Hermano**. El significado de este sueño depende del sexo del durmiente. Si una mujer sueña a su hermano, habrá felicidad en su hogar; un hombre, peleas. Que muere un hermano: destrucción de los enemigos; que se casa: riñas familiares. 956

6 **Héroe**. Cambio de actitud de una persona hasta ahora indiferente contigo, sobre todo si soñó con un héroe histórico. 825

4 **Herradura**. Encontrar una, anticipa herencia; verla, viaje terrestre y marítimo. 571

9 **Hiedra**. Buena salud, salvo que la hiedra carezca de soporte. Hiedra en una casa: riqueza; en una maceta: dicha garantizada. 108

4 Hielo. Invariablemente mal augurio; habrá dificultades. Romper hielo: angustia sin motivo aparente. 859

8 Hierbas. Signos de buena suerte en casi todos los casos, debido a su relación con la Naturaleza, aunque debes verlas en abundancia. Si aparte se aprecian flores, el significado es aún más alentador. 431

1 Hierro. Si son dominantes en un sueño, la mayoría de los metales predicen dificultades, cuyo grado depende del color; el oro y la plata responden al amarillo y al blanco, y el hierro al negro. 856

4 Higos. Benéfico e inesperado acontecimiento. 310

1 Hija. Se considera que soñar a los hijos tiene efectos contrarios: lo que sueñes de tus hijas se refiere a tus hijos y viceversa. 109

4 Hilado. Recibirás un hermoso regalo de alguien de quien ni lo esperabas. Que un hombre sueñe con un hilado: éxito en los negocios; una mujer: dinero en abundancia. 256

8 Hilo. Enrollar hilo significa riqueza gracias al ahorro; trozarlo, tiempos difíciles. Desanudar un hilo: resolución de un misterio. 620

5 Himno. La música religiosa se relaciona directamente con el interior de una iglesia, y por tanto no es una señal favorable; la combinación de bellas melodías y mal augurio indica enfermedad en la familia. Entonar himnos: éxito en tus planes; escuchar los entonados por otras personas: recuperación de la salud. Cantar el himno nacional: tentaciones. Escuchar un himno en una ceremonia oficial: buenas noticias. 842

3 Hiperactividad. Soñarte hiperactivo significa que gozarás de un día de plácido descanso luego de una temporada muy agitada. 849

3 Hipo. Soñarse con hipo presagia viaje; un amigo con hipo, la partida de alguien. 876

5 Hipódromo. Agradable compañía pero peligro de pérdidas a causa de actividades riesgosas. Amigos en un hipódromo: muerte de un ser querido; personajes importantes: exceso de trabajo. 671

8 Histeria. Mantente firme y no permitas que los demás te dominen, pues de otro modo no alcanzarás el éxito. 926

4 Hogar. Soñar tu hogar o tu escuela indica prosperidad, especialmente para los enamorados. Construir una casa: honra sin satisfacción. Mudarte de hogar: mala suerte. Tu hogar en llamas: honor y dignidad. Casa nueva: prosperidad, sobre todo para los enamorados. 571

7 **Hoja**. Ver en sueños árboles cargados de hojas presagia fortuna en tus asuntos, ya que la Naturaleza te rinde sus favores; si además aparecen retoños, el augurio es mejor, específicamente para los enamorados, a quienes fruta adicional les anuncia un feliz matrimonio. Las hojas secas o en plena caída, como en otoño, indican en cambio pérdidas de negocios, decepciones hogareñas o enfrentamientos con amigos. 862

5 **Hojalata**. Tomarás como verdadera una falsa amistad; prueba a tus amigos antes de confiar en ellos. 743

7 **Hombre**. Es favorable soñar a un hombre desconocido, mas no a una mujer. Un hombre alto: buena suerte; armado: pesar; calvo: abundancia; gordo: malos negocios; desnudo: cuídate de las personas que te presenten; con barba: perderás los estribos; muerto: derrota en un asunto legal. 925

4 **Homicidio**. Desgracia y grave pérdida. 976

9 **Horca**. Este desagradable sueño es de significado contrario y buen agüero. Soñarte colgado en la horca: dinero y dignidad. Un conocido en la horca: evita a tus enemigos. 864

9 **Hormigas**. Estas industriosas creaturas presagian gran actividad en los negocios, siempre y cuando se les vea en ambientes frescos. Tener hormigas en casa: enfermedad en la familia; en los alimentos: felicidad asegurada. 531

7 **Hornear**. Soñar que alguien hornea es buena señal en todos sentidos; en poco tiempo las circunstancias te favorecerán. Si quien hornea eres tú o un ser querido —ya sea un miembro de tu familia o tu prometido o prometida— enfermarás gravemente. 826

7 **Horno**. Soñarte cocinando algo en un horno significa estancamiento en tus asuntos. Si la comida se te quema, los pasos que des en el futuro serán negativos, y positivos si el platillo sale bien. De cualquier forma, sé cauto y evita riesgos por un tiempo. 853

7 **Horóscopo**. Soñar un diagrama de tus influencias astrales indica que si no resistes con todas tus fuerzas, una mente más poderosa que la tuya te dominará. Comprar un manual de

horóscopos: dinero. Que alguien te dice tu horóscopo: tormento. 583

1 **Hospital**. Advertencia de que debes modificar malos hábitos físicos si no quieres verte en desgracia. 856

6 **Hotel**. Al igual que toda muestra de lujo, soñar que te hospedas en un hotel es mal presagio. Este sueño carece de significado para personas pudientes, pues el augurio de desastre en los propios planes se desprende de la sensación de suntuosidad. 573

9 **Hoyo**. Resbalar o caer en un hoyo: tendrás contacto con personas indeseables. 864

6 **Huellas**. Enfrentarás dificultades, pero saldrás de ellas si te esfuerzas. Huellas ajenas: un amigo desea ayudarte en secreto. 285

8 **Huérfanos**. Beneficios o riquezas procedentes de un desconocido. Adoptar a un huérfano: dicha garantizada. 467

6 **Huerto**. Soñarte en un huerto siempre es afortunado, aunque el grado de tu buena suerte dependerá del estado de los frutos. Si están maduros y son abundantes, tu éxito será enorme; si aún están verdes y son escasos, tu suerte será menor y deberás hacer alarde de paciencia. 258

6 **Huesos**. Soñar huesos de la carne de animales es símbolo de pobreza, pero los huesos humanos anuncian la recepción de una propiedad por medio de un testamento. Huesos de animales salvajes: malas transacciones de dinero. Huesos humanos dispersos: muchos problemas. Huesos de pescado: enfermedad. Animales royendo huesos: ruina total. 231

9 **Huevos**. Signo de dinero salvo que los huevos estén podridos o sean desagradables al gusto. Si el cascarón está roto, pérdida de dinero. Comer huevos: matrimonio prematuro. Huevos frescos: dinero. Huevos blancos: noticias benéficas; rojos: malas noticias. Huevos de pescado: época difícil. 261

7 **Huida**. Sueño de interpretación literal cuyo significado depende de lo ocurrido en él. Si huyes de alguna dificultad, tendrás suerte en tus asuntos personales. Si huyes del fuego o el agua, pasarás momentos angustiosos pero saldrás adelante. Si huyes de un animal salvaje, alguien pretenderá traicionarte. Si no huyes de ninguno de estos peligros, las consecuencias pueden ser desastrosas. 835

3 **Humo**. Tendrás éxito, pero no recibirás de él beneficio alguno; cuanto más densa sea la humareda, tanto mayor será tu desilusión. Humo que sale de un edificio: engaño actual de un amigo. Humo sofocante: gran decepción. Ser doblegado por el humo: prevención contra halagos. 246

3 **Huracán**. Sueño muy desafortunado para los negocios y la vida familiar. Vigila tus acciones. 615

I

4 **Iceberg**. Tu fortaleza será puesta duramente a prueba; si haces un gran esfuerzo, triunfarás. 157

4 **Idiota**. Te espera imprevista buena suerte. 310

2 **Ídolos**. Estás a punto de abrir los ojos; no exhibas abiertamente tus sentimientos. 497

8 **Iglesia**. El exterior del recinto es símbolo de buena suerte, pero si te sueñas dentro tendrás problemas. Hablar en una iglesia: tienes muchos amigos envidiosos. Rezar en una iglesia: consuelo y alegría. En misa: se cumplirán tus esperanzas. Asistir a una discusión en una iglesia: problemas familiares. Con un sacerdote en una iglesia: éxito y dicha matrimonial. 791

1 **Ignorancia**. Soñarte ignorante o incapaz de entender algo tiene el significado opuesto: tus esfuerzos serán coronados con el éxito. 361

3 **Iluminación**. Excelente fortuna, aún mayor para los enamorados. 192

4 **Imagen**. Sueño desfavorable; pospón decisiones importantes. Imagen de una persona muerta: fallecimiento de un pariente; de un santo: fracaso en los negocios y el amor; de los propios hijos: desgracia amorosa; de familiares muertos: pospón una decisión importante. 571

1 **Imán**. Éxito en los negocios. Sé desconfiado. 604

2 **Impuestos**. Pérdidas económicas, quizá a causa de la ayuda prestada a un amigo. Recibir un reembolso sobre impuestos: éxito en los proyectos personales. Hacer trampa en el pago de impuestos: grandes pérdidas. Pagar impuestos: ayuda de un amigo. 569

1 **Impuntualidad**. Te solicitan tu opinión sobre un asunto. Amigos impuntuales: engaño actual; empleados: advertencia de problemas. 487

1 Incendio. Símbolo de mejor suerte. Incendio de una casa: tu fortuna mejorará; de un edificio: pérdidas y preocupaciones; de la casa de un amigo: triunfo sobre tus enemigos; de una tienda: pérdida de dinero. Incendio intencional: accidente marítimo, en el que quizá tú estás presente. 856

7 Incienso. Tal como ocurre con los perfumes, el augurio de este sueño es positivo si el aroma es de tu agrado; pero como el incienso se relaciona estrechamente con el interior de una iglesia, conviene ser cautos en la interpretación y augurar grandes esfuerzos y angustias para lograr el éxito. 826

1 India. Extraños acontecimientos, aparición de una mujer agresiva. Ir a la India: pesadumbre. Estar en la India: gran catástrofe. Una persona natural de la India: aventura. 280

4 Infelicidad. Sueño de significado contrario. Cuanto más infeliz seas en tu sueño, tanto mejor para ti en la vida real. Una mujer infeliz con su esposo: recibirá una invitación de una persona importante. Novios infelices: duda y desconfianza sin motivo aparente. 283

5 Infidelidad. De significado contrario; tu porvenir marchará correctamente. Si sueñas que tu esposo, esposa o ser amado te es infiel, te aguarda la mejor de las suertes. 293

9 Infierno. Existen muchas interpretaciones de este sueño, pero antes que nada es signo de mala salud. 216

6 Ingresos. Soñar que recibes abundantes ingresos es de mal agüero. 591

3 Inmoderación. Soñarte autocomplaciente en el comer o beber es presagio de problemas, lo mismo que soñar que otra persona lo es. 615

5 Inocentada. Soñar que te hacen una indica que muy pronto te otorgarán poder sobre una persona; úsalo adecuadamente. Hacer inocentadas a otros el Día de los Inocentes: pérdida de un amigo; a niños: dicha familiar. Nacer el Día de los Inocentes: felicidad en el amor. 671

4 Insecto. El significado de este sueño depende de las circunstancias. Si los insectos se alejan de ti, ya sea volando o reptando, sufrirás una desilusión en tus negocios. Que hay insectos en tu casa: preocúpate por los demás. Matar insectos fuera de la casa: ganancias; con veneno: aclaración de un enigma. 598

1 Insignia. Estás en observación y pronto serás ascendido. Que otras personas portan una insignia: advertencia de problemas. Prenderle una insignia a un policía: reunión familiar. 586

2 **Insulto**. Sueño que anuncia dificultades, cuyas consecuencias dependen de lo ocurrido en él. Si alguien te insulta sin que reacciones, tendrás problemas; quizá debas mudarte de casa o cambiar de trabajo. Insultar a amigos: padecerás los efectos de tus propias torpezas. Ser insultado por enemigos: cambio de trabajo; por parientes: cambio de casa. 938

1 **Intercambio**. Si te sueñas intercambiando objetos con otras personas, sufrirás pérdidas y dificultades en los negocios. 685

5 **Inundación**. Buen signo para quienes viven en contacto con el agua o el mar; si no es el caso, sueño anunciador de obstáculos, especialmente en el amor. Ponerte a salvo de una inundación: tienes un amigo leal. Inundación devastadora: tus preocupaciones se desvanecerán. 842

3 **Invalidez**. Sueño que anuncia obstáculos. Si te recuperas del padecimiento, nada ocurrirá, pero en caso contrario se te interpondrán muchos problemas. Niños inválidos: dificultades. Invalidez propia de por vida: dinero. 948

7 **Invierno**. Soñar un paisaje nevado anuncia prosperidad; que es verano siendo invierno, desgracia. Estar enfermo en invierno: tus parientes te envidian. Pasar un invierno inclemente: regalo. 916

5 **Invitaciones**. Los documentos manuscritos o impresos nunca son buenos presagios en los sueños. Recibir una invitación de un ser querido: ganancias. Enviar una invitación a personas de negocios: ganancias. 392

5 **Isla**. Premonición de dificultades; si huyes de la isla, tus asuntos se compondrán. 104

J

8 **Jabalí**. Cazar a un jabalí: esfuerzos inútiles. Ser atrapado por uno: separación amorosa. Matar a un jabalí: avance en tu situación. 143

6 **Jabón**. Un encuentro inesperado te permitirá resolver asuntos a los que no les hallabas solución. Bañarte con jabón: amigos te pedirán ayuda. Lavar ropa con jabón: recibirás dinero de un pariente rico. 285

2 **Jade**. Soñar alhajas de jade es buen signo, aunque el color

verde presagia arduos trabajos para alcanzar el éxito. Portar una pieza de jade: prosperidad. Comprarla: ganancias. 164

8 Jamón. Sueño afortunado, aunque para cuestiones insignificantes. Comprar jamón: incurrirás en deudas. Cocer jamón: excelentes ganancias. Rebanar jamón: ingresos financieros. Comer jamón: satisfacciones y beneficios. 215

2 Jardín. Sueño muy favorable para asuntos de dinero; la Naturaleza se te ofrece en su mejor expresión, siempre y cuando no se trate de un jardín descuidado. Un jardín hermoso: aumento de tu riqueza. Pasear por un jardín: alegría. 506

4 Jarrón. A pesar de las apariencias, eres capaz de muchas cosas. Valora las cualidades de quienes te aman. 265

9 Jaula. Ver en sueños a pájaros en una jaula augura éxito en el amor; si, por el contrario, la jaula está vacía, quizá el compromiso se cancele. Animales salvajes en una jaula: riesgo de ir a la cárcel. 234

6 Jauría. Serás invitado a casa de un individuo al que conoces muy bien; no vayas solo y evita discutir. 231

4 Jitomates. Prefiguración de agradables circunstancias, conseguidas gracias a tus propios esfuerzos. 328

6 Jockey. Si una mujer ve en sueños a un jockey a toda carrera, recibirá una inesperada propuesta de matrimonio. Que un jockey gana una carrera: toda la vida te será fácil obtener dinero; que la pierdes: engaño de amigos. Una joven fascinada por un jockey: proposición matrimonial. 753

7 Joroba. Se acerca un periodo de muchas pruebas y cambios, seguido por una aventura amorosa satisfactoria. 169

7 Joyas. Sueño favorable en toda circunstancia, sobre todo para los enamorados, ya sea que reciban o regalen joyas. Robar joyas: riesgo de cometer un acto de graves consecuencias. Admirar joyas: extravagancia. Venderlas: pérdida de dinero. 781

4 Juanete. Presagio del retorno de alguien que se hallaba muy lejos. Desinflamación de un juanete: nuevo admirador. 517

4 Juego. Soñar que participas en un juego implica dos consideraciones: significado contrario y consecuencias que dependen del resultado. Si tú o tu equipo gana, tendrás mala suerte en los negocios; si pierdes, gozarás de prosperidad. Sin embargo, es mejor augurio presenciar un juego que tomar parte en él. 976

4 **Juego con apuestas**. No actúes según las ideas ajenas, pues sufrirás pérdidas. Ganar en el juego: agradables actividades sociales; perder: tus dolores cederán. Jugar con dados: herencia; con naipes: pérdida de prestigio; a la ruleta: vanas esperanzas; en una máquina: decepción inevitable. 139

8 **Juez**. Sueño que anuncia obstáculos en caso de que el juez no te favorezca; si apoya tu causa, saldrás adelante. Ser declarado culpable por un juez: alta posición social; ser exculpado: excelente suerte. 134

6 **Juglar**. Está en tus manos lograr un avance en tu situación; no vaciles. 132

9 **Juguetes**. Tu familia será muy astuta y tendrás éxito. 216

4 **Juicio**. Hay una persona que te admira y cuyos méritos tú no has valorado hasta ahora; sería conveniente que cultivaras esta amistad. Estar en un juicio: seguridad para toda la vida. Ser injustamente acusado en un juicio: pasión en exceso. Estar en juicio a causa de faltas cometidas contra una mujer: malas noticias; contra un hombre: días difíciles. 139

6 **Jurado**. Es desfavorable soñarse como miembro de un jurado; si no eres miembro y sólo lo ves, superarás tus dificultades. 312

9 **Juramento**. Se te ofrecerá un buen puesto con excelente sueldo. 576

9 **Juventud**. Soñarte joven es un símbolo favorable, aunque de efectos poco duraderos. 864

3 **Juzgado**. Soñar que te presentas en un juzgado significa que sufrirás pérdidas en tus negocios. Ser citado a un juzgado: los demás te tienen en alta estima. Ser castigado: viajes y prosperidad; exculpado: desastre de consideración. 426

L

4 **Labios**. Soñarte con labios hermosos es señal de que tus amigos gozan de buena salud. El significado es el opuesto si tus labios aparecen resecos o agrietados. 391

9 **Laboratorio**. Peligro y enfermedad. Personas trabajando en un laboratorio: precaución en los negocios. 675

1 **Ladrón**. Cuídate de traiciones entre las personas en las que confías. Un ladrón nocturno en tu casa: problemas. Sorprender a un ladrón con las manos en la masa: enorme fortuna.

Ladrones en pleno robo de objetos de valor: buenas inversiones. 352

7 **Lagartija**. Traición. Matar a una lagartija: recobrarás la fortuna que perdiste. Una lagartija enjaulada: buena reputación. 412

2 **Lagarto**. Soñar cualquier animal exótico delata la existencia de un enemigo; sé precavido en tus especulaciones y negocios. Poseer un cinturón de piel de lagarto: siempre dispondrás de dinero; unos zapatos: excelente salud. 398

8 **Lago**. Sueño cuyo significado depende por completo de las circunstancias. Si las aguas son tranquilas y se puede velear o remar en ellas, gozarás de quietud en tu hogar y éxito en tus negocios. Si, en cambio, el clima es tormentoso u hostil, tendrás que empeñar toda tu paciencia e industriosidad para vencer las dificultades que se avecinan. 476

8 **Lágrimas**. Sueño de significado contrario; te aguarda gran felicidad. Romper en llanto: regalo. Niños derramando lágrimas: te pagarán una deuda. Novios llorando: consuelo. 431

8 **Lamento**. Soñar que escuchas lamentos y llanto y que te es imposible ver a quien los emite, presagia la pérdida de un ser querido. 314

8 **Lámpara**. Sueño favorable, pero cuyas consecuencias sólo pueden deducirse tras un análisis de las circunstancias. Si la luz es tenue, tendrás que trabajar arduamente y enfrentar muchas dificultades para alcanzar el éxito; si es deslumbrante, tu senda será fácil. Si se va la luz, padecerás mala salud o tus planes se vendrán abajo. 269

8 **Lámpara de gas**. Sueño relativo a tu vida amorosa o familiar. Si la luz es deficiente, tus asuntos se resentirán; si se apaga de pronto, sufrirás una catástrofe. 521

4 **Lanchón**. Largo viaje inminente. Un lanchón cargado: triunfo sobre tus enemigos; vacío: problemas derivados de tu intromisión en asuntos ajenos. 931

8 **Langosta**. Si se trata del crustáceo, tus asuntos amorosos o familiares se verán favorecidos. El insecto significa, en cambio, pérdida de una cosecha. Langostas en plantíos propios: mal augurio para los enfermos. Matar langostas: rivalidad de una persona de quien no lo esperabas. Que otras personas matan langostas: próxima llegada de un ladrón. 953

1 **Lápiz**. Fíjate en la persona que te da un lápiz en sueños; conviene que te alejes de ella. 478

2 **Lastimadura**. Advertencia. Las consecuencias dependen del accidente sufrido y de tu recuperación. 731

7 **Lata**. Buenas noticias. Beber de una lata: enorme alegría. 421

1 **Látigo**. Mensaje favorable; pronto recibirás buenas noticias. 496

8 **Latón**. Observa atentamente a las personas con las que trabajas y no permitas que un falso amigo te haga daño. Poseer un objeto de latón: un amigo te causará una molestia; comprarlo: avance en tu situación. 395

6 **Lavandería**. Símbolo de disputa, separación o pérdida. 357

9 **Lazo corredizo**. Obstáculos y competencia en la que debes mantenerte firme. 486

8 **Lectura**. No es buen signo soñarte leyendo; correrás un grave riesgo en el que quizá pierdas dinero. 341

6 **Leche.** Soñar que bebes leche es signo de buena fortuna, no así si la vendes. Darle leche a alguien constituye un buen presagio para los enamorados. También es buena señal ordeñar una vaca, siempre y cuando el animal se muestre dócil y sereno. 375

6 **Leche cortada**. Beberla implica desilusión amorosa; para las personas casadas, problemas, tristezas y pérdidas. 825

7 **Lechería**. Sueño de buena suerte. 286

3 **Lechuga**. Dificultades en puerta, que podrán ser superadas si emprendes acciones prontas y vigorosas. 291

1 **León**. Sueño de significado diferente al del leopardo, pues el león simboliza honra o éxito de carácter estrictamente personal y no necesariamente monetario. Pero si lo oyes rugir con furia, los celos de alguien te causarán una desdicha. Un cachorro de león es signo de una amistad valiosa. Ser acompañado por un león: éxito. Matar a un león: abundantes cambios previos a la victoria final. Un león enjaulado: tus enemigos no lograrán hacerte daño. Escuchar el rugido de un león: pesar. 865

5 **Leopardo**. Te esperan dificultades y peligros. Quizá debas hacer un viaje de negocios. Escuchar el rugido de un leopardo: aflicción. Leopardos luchando entre sí: enfermedad. 392

7 **Lepra**. En tu poder está librarte de tus preocupaciones. 871

6 Ley, juicio, abogado. Premonición de serios problemas de negocios. No emprendas ningún proyecto nuevo o insuficientemente considerado; las estrellas no están de tu parte. No prestes dinero, pues nunca lo recuperarás; sé moderado en tus gastos. 357

7 Librero. Sueño de significado contrario. Si tu librero está prácticamente vacío, correrás con suerte, pero tendrás que esforzarte mucho o poner en juego toda la fuerza de tu personalidad; si está lleno, quiere decir que estás desempeñando tu trabajo con descuido y pereza, de modo que perderás tu empleo o tendrás problemas de dinero en tus negocios. 529

2 Libro de cuentas. Todos los libros o documentos manuscritos son presagios desfavorables; lo es también un libro de registros contables. 380

3 Libros. Felicidad futura por medios pacíficos. Leer un libro: pérdida de un buen amigo; una novela de misterio: consuelo de parte de amigos; un libro religioso: satisfacción; libros escolares: prosperidad. Escribir libros: pérdida de tiempo y dinero. 561

9 Licores. Soñar que bebes en abundancia indica un cambio en tus condiciones personales; las demás circunstancias del sueño te señalarán si el cambio es benéfico o perjudicial. 351

6 Liebre. Mal signo; tu situación se complicará, así que sería recomendable un cambio de casa o de trabajo. Cazar liebres: dicha. 375

2 Liga. Soñar que pierdes las ligas de tus medias anuncia mala suerte, peor aún si la pérdida fue porque se aflojaron y cayeron. Si alguien las recoge y te las devuelve, un amigo leal te ayudará en tus dificultades; pero si quien las encuentra se queda con ellas, tus problemas aumentarán a causa de la traición de una persona cercana. Sujetar objetos con ligas: amigos celosos. 371

7 Lila. Vanidad. No les concedas demasiada importancia a las apariencias, ni propias ni ajenas. 106

6 Limones. Premonición desafortunada salvo que aún se hallen en el limonero, en cuyo caso indica que un viaje importante influirá poderosamente en tus asuntos. 321

2 Limosna. Sueño cuyo significado depende de las circunstancias. Si te niegas a dar la limosna que te solicitan, padecerás desdichas; pero si eres generoso, gozarás de gran felicidad o ésta beneficiará a un buen amigo tuyo. 731

5 **Lino**. Soñarte limpiamente vestido de lino es un signo favorable; pronto recibirás buenas noticias. Si, por el contrario, tus prendas están sucias o manchadas, sufrirás una gran pérdida en tus negocios, a menos que te cambies de ropa, en este caso vencerás hasta las peores dificultades. El significado de este sueño depende también del color del lino. 239

3 **Linterna**. Buen presagio por lo general, a condición de que la luz sea intensa; si es débil o se apaga por completo, enfrentarás preocupaciones y dificultades. 876

8 **Listón**. Despreocupada alegría y gastos generosos. 395

8 **Lobo**. Enemistad. Matar a un lobo: éxito. Perseguirlo: liberación de peligros. Ser perseguido por un lobo: riesgo. Lobo en plena carrera: tendrás que vértelas con enemigos astutos y tramposos. 926

1 **Locomotora**. Viaje o arribo de una amistad, dependiendo de si la locomotora va o viene en relación contigo. Si te ves con equipaje, se trata de un sueño anunciador de obstáculos, que vencerás sin esfuerzo en caso de que tus maletas sean ligeras y manejables. 487

7 **Locura**. Sueño de significado contrario; tendrás éxito en tus planes. Que parientes se vuelven locos: larga vida; amigos: desdicha. Que una mujer te sueñe loca: viudez; un hombre: divorcio; una joven: feliz matrimonio; una mujer soltera: tu hijo será muy importante. 961

1 **Lodo**. De significado contrario; tendrás buena suerte. Lodo en la calle: avance en tu situación. Caminar sobre lodo: turbulencias familiares. Lodo en la ropa: están afectando tu reputación; en ropa ajena: buena fortuna. 946

6 **Loro**. Trabajo intenso; la cháchara de otra persona te incomodará. Niños hablando con un loro: tus amigos confían en ti. Loro demasiado parlanchín: adulación. Que una joven prometida sueñe un loro: conveniencia de que investigues acerca de la familia de tu novio. 240

8 **Lotería**. Soñarte interesado en la lotería o en posesión de un billete es de mal agüero; te relacionarás o comprometerás con una persona que no merece tu amor. 341

9 **Lucha**. Soñarte en lucha por escapar de algo o alguien

anuncia notoria mejoría de tu salud y vigor. Luchar con un animal salvaje: buena suerte; con una mujer: padecerás las consecuencias de tus propias torpezas. 351

9 **Lucha libre**. Pérdida de dinero a causa de problemas de salud. 621

4 **Lujo**. De significado contrario. Cuanto más lujoso sea el ambiente en que te veas, tanto mayores dificultades enfrentarás. No tendrás suerte en los negocios y quizá hasta pierdas dinero por haber incurrido en deudas insensatas. En cuestiones de amor, presagio de un rival con amplias posibilidades de desplazarte; para las personas casadas, de peleas y dificultades en la familia y el hogar. 706

3 **Luna**. Sueño cuyo significado depende de las circunstancias. Si la luna brilla con gran resplandor y no hay nubes, gozarás de triunfos amorosos y dicha personal; si, en cambio, está nublado, tu salud se resentirá o padecerás cualquier otro problema que pondrá en riesgo tu bienestar. La luna nueva es símbolo favorable para los negocios; la luna llena, para el amor. 651

3 **Luna de miel.** Cambios, viajes y decepciones. Estar en tu luna de miel: alguien te engaña. Amigos en tu luna de miel: grave desilusión. 912

5 **Lunático**. Noticias sorprendentes obrarán un importante cambio en tus circunstancias. Soñarte lunático: advertencia de problemas. En compañía de lunáticos: cometerás tonterías. Estar en un hospital: peligro en el amor. 689

5 **Luto**. Sueño de significado contrario. Si eres hombre de negocios, te aguarda gran prosperidad; si estás enamorado, dicha matrimonial. 392

5 **Luz**. Buena señal, excepto si la luz se apaga u oscurece, caso en el que augura dificultades. Una luz a la distancia: retorno sin contratiempos de un viaje. Encender una luz: éxito en los negocios; apagarla: el ser amado te engaña. Una luz en un barco a la distancia: harás un viaje con tu pareja. Encender una lámpara: felicidad. 806

LL

4 **Llamado**. Escuchar en sueños que alguien te llama por tu nombre en voz alta es un símbolo benéfico si estás enamorado. Este sueño carece de significado en relación con el dinero. 319

4 **Llamas**. Mal signo por lo general, aunque si las llamas están bajo control, todo saldrá bien. Llamas tenebrosas: peligro en el amor. Llamas fuera de control: dificultades. 652

2 **Llanto**. Soñarse llorando anticipa jubilosa alegría. Llorar y condolerse: placeres. 758

8 **Llaves**. Soñar que has perdido tus llaves es mala señal. Darle a alguien una llave indica buena suerte en el hogar. Tener las llaves del ser amado: vencerás tus peligros actuales. Encontrar llaves: paz y alegría familiares. 746

5 **Lluvia**. Dificultades muy próximas. Si la lluvia es intensa, la gravedad de la advertencia es mayor. Empaparte a causa de la lluvia: sospechas de amigos te harán sufrir. Lluvia filtrándose a una habitación: cuídate de falsas amistades. Tormenta: gran alegría. Mujeres bajo la lluvia: decepción amorosa. 941

M

6 **Madera**. Desgracias y problemas. Mucha madera: infelicidad. Quemar leña: dinero inesperado. Pilas de madera: labor difícil. Depósito de madera: riqueza. 591

2 **Madero**. Indicio de intranquilidad mental que sólo podrá desaparecer gracias a un viaje. 956

5 **Madre**. Ver en sueños a tu madre y conversar con ella es un augurio muy favorable. Que tu madre muere: sus propiedades y tú mismo están en riesgo. Abrazar a tu madre: buena suerte. 149

7 **Madrugada**. Sueño cuyo significado depende de las circunstancias. Verte de madrugada anuncia días tensos y difíciles. 241

1 **Maestro, a**. Si eres el maestro o maestra, recibirás una invitación para una solemne ceremonia; si eres el alumno o alumna, te sentirás humillado por un desaire insignificante. 496

4 **Magia**. Soñar sucesos sobrenaturales o de causas desconocidas prefigura cambios imprevistos en tus asuntos. Las consecuencias dependerán de los detalles de tu sueño, pero por lo común son positivas. Un suceso inesperado puede significar la pérdida de un amigo o cualquier hecho que a primera vista parezca perjudicial. 571

8 **Magistrado**. El sentido de ser acusado en sueños de haber

cometido un delito depende de si te condenan o absuelven; si te condenan, la suerte no está de tu lado. 512

4 Maíz. Sueño muy afortunado que simboliza dinero a manos llenas, según la etapa de maduración del maíz. Comer maíz: éxito en todos los órdenes. Cosecharlo: buenas noticias. Milpa con grandes mazorcas: excelentes ganancias. 805

8 Mal. Pésimo augurio a menos que logres alejarlo de ti. Sé cauto en tus negocios. 413

8 Maldición. Soñar que escuchas maldiciones y groserías presagia la asistencia a una ceremonia. Que te maldicen: cumplirás tus ambiciones. Sin embargo, toda maldición en sueños es siempre desfavorable, ya sea que la profieras tú u otra persona. 512

8 Malestar. Soñar que padeces algún malestar físico es advertencia de traición, amenaza especialmente seria para los enamorados. Que otros sienten malestar: ganarás dinero en forma ilegal. Padecer un malestar desconocido: espléndidas ganancias. 413

4 Manantial. Soñar un manantial en invierno augura boda próxima. Beber agua de manantial: pequeñas diferencias. Un manantial seco: enfermedad y pobreza; de agua borboteante: riqueza y honor. 256

4 Mancha. Soñar ropa manchada augura escándalo para quien la viste. Ropa de dama con abundantes manchas: pereza. Manchas en prendas infantiles: sus dueños crecerán sanos. Manchas sobre un mantel: incumplimiento de sus esperanzas; en el pecho de una mujer: enfermedad. Que tú manchas una hoja de papel: viaje corto y cama desconocida a la vista. 139

7 Manejar. Si otra persona conduce el automóvil en el que viajas, el signo es favorable; perderás dinero si tú eres el conductor. Un ser querido al volante: aléjate de tus enemigos. Manejar a alta velocidad: es posible que la prosperidad te sonría. 412

3 Manicure. Matrimonio con una persona mucho mayor que tú. Serán felices. 165

7 Mano. Sueño relativo a tu apariencia personal. Si tus manos están sucias, deberás poner mayor cuidado en tus asuntos, pues de otro modo fracasarás. Si apareces con las manos atadas, te será muy difícil resolver tus problemas. Estrechar la mano de otra persona: un suceso inesperado te permitirá poner tus cosas en orden. 106

4 Mansión. Todos los sueños que exhiben lujo son malos augurios; cuanto más ostentosa sea la prosperidad, tanto más graves serán tus problemas. 175

8 Mantequilla. Sueño de mensaje alentador, aunque, al igual que el del festín, de carácter exclusivamente material. Suele representar una sorpresa. Si apareces elaborando mantequilla, recibirás dinero inesperado. Comprar mantequilla: cambio positivo. Cocinar con mantequilla: buena suerte en los negocios. 197

8 Manzanas. Lo mismo que todos los productos de la Naturaleza, las frutas son por lo general símbolos benéficos; pero si las comes, serás responsable de tus desgracias. Soñar un manzano también es buen signo. 512

4 Mapa. Soñar que consultas un mapa, anuncia cambio de casa y quizá también de empleo y ramo. Si el mapa es de colores, el augurio es afortunado. 571

5 Máquinas. El significado de este sueño depende de si te interesan las máquinas, en cuyo caso es un signo favorable, aunque anticipa mucho trabajo. Si, por el contrario, las máquinas te asustan, sé cuidadoso en tus negocios, pues corres el riesgo de no alcanzar tus objetivos. 437

5 Mar. Mar abierto con poco oleaje: inmensa dicha. Mar azul: evidencia del buen estado de tus negocios. Mar tranquilo: ganarás dinero en una transacción de negocios. Caer al mar: amigos celosos. Ser lanzado al mar por la fuerza: enfermedad. Viajar a través de un mar en calma: profundo amor en la familia. Una pareja de esposos recorriendo un mar embravecido: enorme y duradero amor. Que una joven sueñe un mar agitado: profunda angustia a causa de una traición. 419

8 Marcha. Soñarse marchando presagia avances y éxito en los negocios. 521

5 Marfil. Sueño sumamente afortunado. Regalar marfil: toda tu vida obtendrás dinero fácilmente. 473

8 Margaritas. Estas sencillas flores son siempre de buen agüero en sueños. Cortar margaritas: gran felicidad en el amor. Colocarlas en un jarrón de casa: importantes y muy benéficos sucesos. 314

4 **Mariguana**. Melancolía. Olerla: obtendrás protección. Fumar mariguana en soledad: desearás cosas inalcanzables; con una persona del sexo opuesto: seguridad en el amor. Ser arrestado por fumarla: mucho interés en la diversión. 517

2 **Marina**. Problemas amorosos. Soñar que estás en la marina: éxito; que la abandonas: honor. Que una mujer sueñe que su esposo está en la marina: es adúltero. Oficiales de alto rango: dificultades en el amor. 416

2 **Mariposa**. Símbolo de felicidad si se trata de una mariposa colorida bajo el sol, pero de problemas leves si es una mariposa nocturna vista en sueños bajo techo. Atrapar una mariposa: infidelidad. Matar a una mariposa: recibirás un regalo. Cazarla: evidencia de que te hallas rodeado de malas influencias. 578

9 **Mármol**. Sueño relacionado con el lujo y por tanto anunciador de pérdidas y decepciones. Pulir mármol: herencia. Comprar mármol: asistirás a un entierro. 513

8 **Marta cibelina**. El color indica malas noticias; la piel, advertencia contra la extravagancia. Otras personas con pieles de marta: te acosa un falso amigo. 521

1 **Martillo**. A diferencia del ruido de un disparo, escuchar en sueños el sonido de un martillo es buen signo, tanto para el amor como para los negocios. 739

2 **Máscara**. Soñar que se te acerca alguien con una máscara o disfraz es símbolo inequívoco de traición. 461

8 **Masticación**. Si te sueñas masticando, tendrás que pasar por alto la falta de una persona para sentirte tranquilo y feliz. 395

8 **Matar**. Soñar que alguien intenta matarte: larga vida. Matar a una serpiente: separación; a un hombre de negocios: seguridad; a un amigo: buena salud; a tus padres: enorme catástrofe; a un animal salvaje: victoria y alta posición; aves y abejas: perjuicio en los negocios. 413

1 **Matrimonio**. Soñar que eres testigo en una boda es advertencia de mala salud, pero que simplemente asistes a ella, anuncio de buenas noticias, aunque insignificantes. Soñar que te casas es en cambio uno de los augurios más desfavorables. Dar a una hija en matrimonio: buena época. Ser dama de honor en una boda: matrimonio en puerta. 586

5 **Mazorca**. Mazorca de maíz, trigo, centeno o cualquier otro grano: abundantes recursos. 491

4 **Medallas**. Soñar que las portas: felices momentos. Soldados y marinos portando medallas: ganancias. 562

6 **Medias**. Medias de color claro: pesar; oscuro: dicha. Media con un orificio: pérdida de un objeto. Medias de lana: riqueza; de seda: dificultades; rotas: pérdidas económicas. Quitarse las medias: buena época; ponérselas: ganancias y honra. Tejer medias: enfrentarás oposición. 492

4 **Medicina**. Soñar que tomas medicinas te advierte que tus problemas no son serios y basta con que perseveres para resolverlos. Tomar medicina de sabor amargo: pretenderás ofender a alguien que confía en ti. Dar medicina a niños: te aguarda un trabajo pesado. 751

4 **Médico**. Excelente presagio; es buen signo soñar que ves o hablas con un médico. Que eres médico: ganancias y dicha. Buscar un médico para tus hijos: nuevos intereses y circunstancias. Que un médico visita a sus pacientes: enorme riqueza. 976

9 **Medusa**. Te han puesto una trampa para hacerte daño; estate alerta. 432

4 **Melancolía**. Sueño de significado contrario; nada grave te ocurrirá. Una joven melancólica: desilusión tras el rompimiento de un compromiso. 391

5 **Melodía**. Toda música agradable es buena señal; si eres constante, el éxito te asistirá. Interpretar y escuchar una melodía: prosperidad en tus asuntos. 824

4 **Mendigo**. De significado contrario, pues indica que recibirás ayuda en forma inesperada. Mendigos de edad mayor: necesidad de ahorrar. Muchos mendigos: felicidad y fortuna. Un mendigo lisiado: discusiones en la familia. Darle limosna a un mendigo: tu amor será correspondido. Que un mendigo entra en tu casa: problemas y preocupaciones. 526

8 **Mentira**. Es de mal agüero soñarse diciendo mentiras; tu mal comportamiento te causará problemas. Que otros te mienten: engaño de amigos. 971

5 **Mercado**. Soñarte en un mercado haciendo negocios o comprando cosas anuncia agradables circunstancias; si sólo te paseas ociosamente, perderás buenas oportunidades. Si el mercado está vacío o la concurrencia es escasa, enfrentarás problemas y dificultades. Ir a un mercado de pescado: ocuparás una posición destacada; de carne: recibirás honores. 374

2 **Mesa**. No es buen augurio verse en sueños sentado a una mesa, pero sí a otros. La mesa de un banquete: disfrutarás de la vida. Mesa con hoja de mármol: llevarás una existencia cómoda. Una mesa rota: pobreza y desdichas. Romper una mesa: pérdida. Mesa vacía: caerás en desgracia. Sentarte a una mesa con el ser amado: triunfo sobre tus enemigos. 461

7 **Mesera**. Signo de dificultades debidas quizá a tu propio descuido. Ser mesera: se resolverán lentamente los problemas autoprovocados. Salir con una mesera: cuídate de amigos celosos. Casarse con una mesera: problemas en puerta. 214

3 **Mesero**. Soñarte atendido por un mesero indica que en poco tiempo tendrás que hacerte cargo de una persona inválida. 426

1 **Miedo**. Sueño de significado contrario, puesto que deja ver que te das cuenta de tus problemas y eres capaz de resolverlos. A los enamorados tímidos les anuncia éxito. 946

3 **Miel**. Buen signo si la comes; debes ser tan industrioso como las abejas, gracias a lo cual prosperarás. 408

3 **Milagro**. Sucesos inesperados llamarán tu atención y te mantendrán ocupado durante un tiempo. 786

5 **Mirar**. Viaje por tierra. Mirar a alguien por quien no sientes afecto: la luna traerá lluvia. Mirar desde una ventana muy alta: hay gente que te espía. 491

4 **Mirlo**. Dado que el augurio representado por esta ave está determinado por su color, su signo es negativo. Que una mujer sueñe que escucha su canto: tendrá dos esposos; un hombre: dos esposas; personas solteras: compromiso próximo. 769

9 **Misionero**. Conseguirás un trabajo más interesante y mejores amigos. El abandono de amistades inconstantes no te dolerá. 576

9 **Misterio**. Soñar que algo te inquieta y te parece inexplicable es, en última instancia, un sueño anunciador de obstáculos. Si resuelves el misterio, todo marchará bien. 702

7 **Mochila**. Sueño que anuncia obstáculos, a menos que no te canse cargar la mochila, aunque en el mejor de los casos anticipa dificultades pasajeras. 934

6 **Moda**. Soñarse interesado por la moda en revistas o aparadores presagia un pequeño cambio, que puede ser positivo o negativo. Asistir a un desfile de modas: larga vida. Maniquíes en el aparador de una tienda: peleas familiares. 483

9 **Mojarse**. Sueño desafortunado que presagia riesgo de fiebre para ti o un ser querido. Que otras personas se mojan: evidencia de que esperas demasiados favores. Ser obligado a mojarte: aclaración de un enigma. 126

4 **Molestia**. Tus secretas esperanzas serán descubiertas y exhibidas, pero al final se cumplirán. Molestar a un perro: ganancias. Ser molestado por amigos: tus enemigos te ofenderán; por la persona amada: estás profundamente enamorado. 193

6 **Molino de viento**. Obtendrás ganancias, pero por un monto reducido. Interrupción del girar de un molino de viento: recibirás una herencia por parte de un pariente rico. 132

6 **Momia**. Con seguridad el éxito está cada vez más cerca. 402

3 **Monasterio**. Tus asuntos sociales prosperarán. 156

8 **Monedas**. Soñar con monedas es benéfico, pero cuanto mayor sea la denominación, tanto menor suerte para ti. Las monedas de cobre son más favorables que las de plata, mientras que las de oro suelen ser consideradas como de mal augurio, lo mismo que los billetes. 152

8 **Monedero**. Soñar que encuentras un monedero es buena señal si no está vacío, y mejor aún para los enamorados. En cambio, soñar que pierdes tu monedero prefigura dificultades y enfermedad a causa de tu imprudencia. 296

3 **Mono**. Como en el caso de todos los animales poco comunes, el mono es una advertencia de la proximidad de problemas. 156

6 **Montaña**. Sueño que anuncia obstáculos en tu camino; el resultado final depende de las circunstancias. Si llegas a la cima, todo marchará normalmente, aunque a fuerza de tesón y constancia. Cuanto más fácil sea el ascenso, tanto mejor para tu futuro. 825

9 **Montar**. Es buena premonición soñar que montas a caballo, siempre y cuando el animal esté bajo tu control y no te tire. Montar con otras personas: el resultado de tus planes será insatisfactorio. 423

4 **Monumento**. Todo monumento hermoso es de buen agüero; tendrás éxito como recompensa a tus esfuerzos. Monumentos en un panteón: encuentro de objetos de valor que creías perdidos. 526

6 **Mordaza**. Verse amordazado en sueños anuncia obstáculos.

Si no consigues liberarte de la mordaza, tendrás muchos problemas. Que una joven se sueñe amordazada: conocerá a un hombre que se prendará de ella. 150

1 Mordida. Soñar que te muerde un animal es signo de que tendrás problemas amorosos; evita pelear. Morder a alguien: se te presentará un contratiempo. Morderte la lengua: perderás la estima de algunas personas. Ser mordido por una mujer: persona celosa a tu alrededor; por un hombre: evita discusiones. 469

1 Moretón. Para las personas robustas, advertencia de que su salud empieza a resentirse por esfuerzos excesivos. Que otras personas tienen moretones en el cuerpo: cuídate de tus enemigos; en el rostro: pérdida de dinero. 685

3 Moribundo. Si te sueñas moribundo, recibirás promesas vanas. Parientes moribundos: gran herencia; niños: recibirás una fortuna procedente del extranjero; amigos: triunfo sobre tus enemigos. 462

6 Mortaja. Noticias acerca de una boda. 294

5 Mostaza. Riesgos a causa de indiscreciones. No prestes oídos a confidencias, o en todo caso no las divulgues. 473

8 Motín. Tus proyectos te harán rodearte de malas compañías. Cumple tus promesas, pero evita prometer cualquier cosa. Participar en un motín: no estás satisfecho con tu situación actual. Ser herido en un motín: infidelidad. 620

9 Motor. Conducir un vehículo motorizado anuncia nuevas circunstancias. Sin embargo, soñar máquinas en movimiento no es buen augurio; se avecinan dificultades. Una máquina de vapor: toda la vida obtendrás dinero fácilmente. Un motor de gas: importante y muy benéfico suceso. Motor descompuesto: cuídate de traiciones; parado: ganancias. 486

4 Muchacha. Noticias asombrosas; recibirás por fin una respuesta que esperabas. Una muchacha hermosa: crecerán tus negocios. Besar a varias muchachas: gran éxito. Una chica llorando: un amigo te pondrá en ridículo. 526

6 Mudez. Soñar que no puedes hablar o que ves a una persona muda es mal signo. Evita especulaciones y no hables de tus negocios. 841

5 Muebles. Buen presagio por lo general, aunque todo depende de las circunstancias. Los muebles hermosos representan fortuna, pero incluso este criterio varía de acuerdo con la persona de que se trate, pues para una mujer rica serán muebles ordinarios los que una obrera o profesionista consideraría fabulosos. Así, deben ser cuando menos un poco mejores que los que posees. Que una persona promedio sueñe bonitos muebles: amor en abundancia; una profesionista: sabrá ganarse la vida. 968

7 **Mueca**. Deberás hacer toda clase de previsiones para evitar los problemas que te esperan. 304

3 **Muérdago**. Deja pasar todas las oportunidades que se te presenten; la suerte no te favorece. 417

1 **Muerte**. Sueño cuyo significado depende de las circunstancias, pero que por lo general se refiere a otras personas, no al durmiente. Si hablas en sueños con amigos o parientes muertos, recibirás noticias de un familiar o amigo vivos; si los tocas o besas, las noticias serán terribles. Soñar con la muerte significa nacimiento. 325

7 **Muestra de amor**. Indicio de relación amorosa que despertará en ti gran interés. Los demás conocen al respecto más detalles de los que imaginas; sé discreto. 493

4 **Mujer**. Ver en sueños a muchas mujeres augura renombre y riqueza; una mujer hermosa, feliz matrimonio; fea, pesar e inquietud; escuchar la voz de una mujer, cambio de situación. Una mujer tendida en una cama: seguridad. Una mujer hermosa desnuda: enorme desdicha. Una mujer persiguiendo a un hombre: celos. Que un hombre sueñe a una mujer de mala reputación: desastre grave. Soñar que eres una mujer de mala reputación: sufrirás humillaciones. Que una mujer se sueñe como hombre: pronto tendrá un hijo que honrará a la familia. Una mujer canosa: dignidad y distinción. Una mujer con cabello rubio, largo y hermoso: felicidad en la vida. Que una mujer casada se sueñe embarazada: buenas noticias. 715

1 **Muletas**. Sueño que anuncia obstáculos. Si te recuperas y puedes prescindir de las muletas, todo saldrá bien; en caso contrario, tendrás problemas. 487

3 **Multitud**. Tu felicidad es segura e incluso aumentará. Estar en medio de una multitud: avance en tu situación. 759

4 **Muñecas**. Dicha en el hogar. Niñas jugando con muñecas: excelente suerte. Comprar una muñeca: prosperidad. 382

5 Murciélago. Si sueñas a estas curiosas creaturas nocturnas, ten la seguridad de que te ronda la traición. Evita hablar de tus planes. No prestes dinero ni incurras en especulaciones. 347

8 Murmullo. Se confirmará un rumor. Ganancias a la vista. 719

3 Musgo. Vigila tu correspondencia; escribe tus cartas en secreto, y séllalas y envíalas con todo cuidado. Alguien se siente atraído por ti y muy pronto te lo hará saber. 876

3 Música. Soñar que escuchas música agradable es excelente premonición de que todos tus asuntos prosperarán. Asimismo, de que recibirás buenas noticias de un amigo ausente o de que se te presentará la oportunidad de recobrar una vieja amistad. No obstante, la música desagradable o inarmónica es advertencia, sobre todo para los enamorados y los esposos, de graves pérdidas y molestias a causa de un ardid. 804

8 Músico. Si sueñas que eres músico, y no es el caso, ocurrirá en tu vida un cambio repentino, quizá una mudanza. Si eres músico, ya sea amateur o profesional, el sueño carece de importancia. 431

9 Mutilación. Amonestación de que debes ser amable con los demás. Un niño al momento de ser mutilado: felicidad. Miembros de tu familia mutilados: esperas demasiado de los demás; amigos: llegará el día en que tendrás que pedir limosna. 432

N

4 Nacimiento. Es buen signo que una mujer casada sueñe que da a luz, pero a una soltera este sueño le advierte de problemas en el futuro próximo. Que una mujer divorciada sueñe que da a luz: recibirá una herencia grandiosa; una viuda: cometerá graves torpezas. Prestar ayuda en el nacimiento de un bebé: gozo y prosperidad. Colaborar en el nacimiento de un gato u otros animales: muerte de un enemigo. Soñar que nacen gemelos: buena suerte. 157

2 Nadar. Te esperan arduos trabajos, pero si en tu sueño alcanzas la playa o llegas a tu destino, te coronará el éxito. Nadar de espaldas: tendrás una pelea muy desagradable; en una alberca: éxito. Nadar y llegar a la meta: triunfarás en todo lo que te propongas. 641

1 Naipes. Jugar o ver jugar naipes en un sueño indica peleas. 685

8 **Narcisos**. Todas las flores propias del inicio de la primavera son de buen agüero. Los narcisos en particular hacen referencia a los asuntos de amor, no a los negocios. Quien sueña estas flores tiene frente a sí un futuro de dicha, sobre todo si aparecen a la intemperie. 512

5 **Nariz**. Soñar una hemorragia nasal prefigura fracaso en los negocios; sé cauto en tus inversiones y especulaciones. Este sueño anuncia también problemas en el hogar. Evita viajar y prestar dinero en un par de semanas. 680

2 **Naufragio**. Símbolo inequívoco de desastre. Perder la vida en un naufragio: inesperado arribo de un amigo. Ser salvado de un naufragio: pesadumbre; salvamento de otras personas: riesgo en los negocios. Sufrir un naufragio en compañía de la pareja: grave catástrofe. Fragmentos de un barco tras un naufragio: peligro de muerte. Personas en una balsa tras un naufragio: deberás enfrentar muchos problemas antes de ver cumplidos tus deseos. 695

4 **Navaja**. Todo instrumento punzocortante es advertencia de disputas; contrólate. Cortarte con una navaja: controla tus emociones. Comprarla: persecución. 652

1 **Navidad**. Buen presagio, aunque en referencia a tus amigos o tu familia y no a los negocios. Estar en una fiesta navideña: harás nuevas y excelentes amistades. Cantar villancicos: grandes ganancias. 685

5 **Negro**. Color de mal augurio, excepto en relación con un funeral, en cuyo caso el sueño tiene significado contrario. Un vestido negro: tristeza. Comprar prendas de color negro: alguien te engaña. 176

5 **Nerviosismo**. Tendrás que reflexionar mucho para resolver un enigma, pero una vez que lo hagas, tu buena suerte se elevará como la espuma. 392

6 **Nido**. Uno de los presagios más afortunados entre los relativos a la Naturaleza. Gozarás de honra y prosperidad, a menos que los huevos estén rotos o las crías muertas. Se dice también que ver los huevos en el nido anticipa dinero, no así si las crías son visibles. Personas destruyendo huevos de aves: pérdida en los negocios; animales comiéndolos: inminente cambio de circunstancias. Un nido de víboras: deshonor. 501

7 **Niebla**. Sueño anunciador de grandes obstáculos, sobre todo

para los enamorados; felicidad en riesgo. Si la niebla se disipa y el sol vuelve a brillar, superarás tus dificultades. Niebla en dispersión: dicha en el amor. 124

1 **Nieve**. Sueño de mensaje alentador, aunque quizá debas trabajar con ahínco, especialmente si te ves caminando bajo una tormenta de nieve. Nieve en el invierno: abundancia. Lavarte con nieve: alivio de un dolor. Comer nieve: tendrás que abandonar tu ciudad natal. Manejar en la nieve: aflicción. Montañas nevadas: ganancias futuras. Montones de nieve en una ciudad: buenas noticias. 298

8 **Niños**. Sueño de buena suerte que anuncia éxito en los negocios. Varios niños: abundancia en la vida. Niños jugando: tus buenas acciones darán fruto. Adoptar niños: a tus hijos les disgustaría que lo hicieras. Niños siendo asesinados: desdicha provocada por parientes. Niños enfermos: obstáculos. 503

9 **Noche**. Soñar que te sorprende la noche o una oscuridad inexplicable es mal signo; pasarás malos momentos. Pero si perseveras en tu sueño y vuelves a ver en él la luz del día, recuperarás lo que pierdas. 234

4 **Nombre**. Si alguien te llama en sueños por un nombre que no es el tuyo, tendrás mala suerte en el amor. 625

9 **Noticias**. No es buen presagio enterarse de noticias en sueños, a menos que sean dolorosas o preocupantes, con lo que queda claro que se trata de un sueño de significado contrario. Escuchar malas noticias: satisfacción. Dar buenas noticias: gran curiosidad; malas: te enterarás de la pérdida de un pariente. Enterarte de buenas noticias por medio de niños: honra. 261

6 **Novela**. Todo material impreso es un mal augurio en los sueños; sé precavido en tus negocios y especulaciones. Escribir una novela: desdicha. Comprar una novela: evita especular en el mercado de valores. 231

7 **Novia**. Sueño de significado contrario, por desgracia. Si estás a punto de casarte, te aguarda una gran decepción. Besar a una novia: tendrás muchos amigos y serás feliz. Ser besado por una novia: buena salud. Una novia satisfecha con su vestido: muchos hijos; insatisfecha: desilusión amorosa. 241

3 **Novio**. Novio con novia rica: pérdida del padre; con novia hermosa: pérdida de la madre; con novia joven: enfermedad en

la familia; con novia entrada en años: recursos en abundancia. 246

7 **Nubes**. Sueño cuyo significado depende de las circunstancias. Si el cielo se muestra oscuro y tormentoso, habrá muchos motivos de disgusto; pero si las nubes se disipan, te espera buena suerte. Nubes y lluvia: días difíciles. 826

1 **Nudos**. Muchas cosas te causarán angustia. Hacer nudos: conocerás pronto a un amigo de verdad. Deshacer nudos: escaparás de un peligro. 847

4 **Nueces**. Por regla general, es afortunado ver nueces en un sueño, ya sea como postre o en el árbol, aunque más que a los negocios hacen referencia a la familia. Se cumplirá uno de tus más importantes deseos. 751

6 **Números**. Contar en sueños el número de personas que aparecen en ellos anuncia poder, cumplimiento de ambiciones y dignidad. 897

O

9 **Oasis**. Soñar que vagas en un desierto y encuentras un oasis es signo de que puedes contar siempre con la ayuda de uno de tus amigos en específico. 621

4 **Obediencia**. Te admira una persona que se siente fuertemente atraída por ti. No te deprimas a causa de las tristes noticias que recibirás pronto; frente a ti se abre un espléndido panorama. 256

5 **Obesidad**. Soñarse obeso es pésima señal, sobre todo para las mujeres. 869

4 **Obispo**. Mala salud o graves decepciones. Hablar con un obispo: buenos resultados en los negocios. 895

2 **Obituario**. Leer acerca de la muerte de un conocido significa que recibirás noticias de una boda. 857

1 **Obrero**. Un obrero en plena faena: prosperidad en los negocios. Obreros descansando: pérdida de riqueza y de tu pareja; discutiendo: serás exhibido en público. Castigar a obreros: persecución. Contratarlos: ganancias. Pagarles: la gente te apreciará. Despedir obreros: cuídate de las acciones que emprendan tus vecinos. Un obrero agrícola: altos ingresos. 640

8 **Océano**. El significado de este sueño depende por completo

de las circunstancias. Si las aguas están tranquilas, buen signo, tratándose incluso de un mar, lago o río; pero si están agitadas, ten cuidado: está por iniciar una época muy difícil en la que tendrás que poner en juego todo tu valor. 512

1 **Oculista**. Te vigilan; no caigas en la trampa. Comprar anteojos con un oculista: dignidad y distinción. Llevar a niños al oculista: prosperidad. 964

7 **Ocupación**. Soñarte haciendo algo que no te gusta te anuncia buena suerte en todo. 385

6 **Ofensa**. Soñar que te ofenden es advertencia de disputas familiares que afectarán tu situación personal u hogareña. Si has dado motivo a la ofensa, tú mismo te causarás problemas. 312

3 **Oficina**. Soñar que pierdes tu puesto o que tu jefe te saca de tu oficina presagia problemas amorosos o matrimoniales. 651

3 **Oficina de correos.** Cambio de casa o de amigos. Depositar una carta en el correo: obstáculos; una carta registrada: cambio de amistades. Comprar estampillas: sucesos desagradables. Encontrar cerrada la oficina de correos: diferencias en el amor. 426

6 **Ofrecimiento**. Es buen augurio que alguien te haga en sueños un ofrecimiento interesante; tu situación mejorará, pero tendrás que trabajar mucho. 258

8 **Oídos**. Soñar que algo te ocurre en los oídos es mal indicio; una fuente imprevista te causará problemas. Sentir tus oídos mientras sueñas: descubrirás un secreto. Tener agujereados los oídos: pérdida doméstica. 341

5 **Ojos**. Se considera favorable verte en sueños observado por ojos extraños; en tu vida ocurrirá pronto un cambio importante. Pero si en sueños tus ojos son motivo de preocupación, deberás ser cuidadoso con tus acciones, porque alguien trama en secreto algo en contra tuya. Ser bizco: tendrás poco dinero. Perder la vista: tus hijos están en peligro de muerte. 671

3 **Oleaje**. Tendrás que utilizar todo tu tacto para evitar las atenciones que querrá prodigarte un admirador indeseable. 615

3 **Olores**. Las esencias aromáticas significan satisfacción; los olores desagradables, disgusto. Olores gratos: destacarás en todo; repugnantes: están a tu servicio personas indignas de tu

confianza. Olor en las manos: tus propias torpezas te harán sufrir. Olor en el cuerpo: cometerás tonterías. 156

1 **Ópera**. Soñar una ópera indica dificultades para alcanzar el éxito. Ir a la ópera: desorden en la familia. Estar en la ópera: confusión en tus negocios. Escuchar una ópera clásica: pronto retorno de un amigo que se ausentó durante años. 703

6 **Operación**. Si te sueñas siendo sometido a una operación, la interpretación corresponde a sueño de hospital. Si no hay problemas en el sueño, el éxito te compensará. Si no eres la persona operada, recibirás noticias imprevistas. Ninguno de estos significados se aplica a médicos y enfermeras. 942

1 **Opio**. Preocupaciones, malas noticias provenientes del mar o enfermedad grave de un ser querido. 496

2 **Orden judicial.** Críticas y escándalo. 695

7 **Órgano**. Sueño afortunado a menos que la música sea demasiado fuerte como para disfrutarla. La interpretación en órgano de una marcha fúnebre es especialmente favorable para asuntos de amor. Tocar órgano: pérdida de un pariente. 412

8 **Órganos sexuales.** Órganos sexuales en buenas condiciones: dinero en abundancia. Un hombre con una enfermedad en los órganos sexuales: advertencia de problemas; con el órgano sexual deforme: será castigado por un delito. Una mujer con órganos sexuales deformes: tendrás un hijo virtuoso. Un hombre con órganos sexuales inusuales: muerte de un hijo; una mujer: sus hijos tendrán buena reputación. Una mujer a la que se le extirpan los ovarios: muerte de un miembro de la familia. Exhibir los órganos sexuales: peligro. 314

5 **Oriente**. Soñar personas o países orientales prefigura un interés amoroso fugaz; no pierdas tiempo en él. Viajar al Oriente: confía menos en las promesas que se te hacen. Hallarte entre personas orientales: oportunidad de un buen matrimonio. Traer cosas de Oriente: pérdida de tiempo. 698

8 **Ornamentos**. Sueño de significado contrario; cuantos más ornamentos vistas en sueños, tanto mayores problemas tendrás. Regalar ornamentos: extravagancia. Ornamentos eclesiásticos: buen ánimo. Ornamentos florales: placer y fortuna. 917

3 **Oro**. De significado contrario en lo que al metal se refiere,

pues presagia pérdida de dinero; pero si tu ropa es dorada o está bordada en oro, tendrás suerte. Perder oro: inquietud financiera. Trabajar con oro: desgracia. Contar oro: pretendes engañar a tus amigos. 597

8 **Orquesta**. La música suele ser considerada buen augurio, pero tratándose de una orquesta debes prever enormes dificultades y amplias probabilidades de fracaso. 647

9 **Orugas**. Un enemigo o rival te causará problemas. 612

4 **Oscuridad**. Soñarte en medio de la oscuridad es signo de dificultades. Si caes o te lastimas, sufrirás un cambio negativo, pero si se abre paso hasta la luz, resolverás tus problemas satisfactoriamente. 769

4 **Oso**. Enfrentarás dificultades, pero podrás vencerlas con gran esfuerzo. Si matas al oso o logras alejarte de él, tendrás éxito al fin y al cabo. Un oso bailador: te verás tentado a especular; en una jaula: éxito futuro. Ser atacado por un oso: serás perseguido. Matar a un oso: victoria sobre tus enemigos. 625

8 **Ostiones**. Soñar que comes ostiones indica que tendrás que trabajar intensamente y ser muy valeroso para alcanzar éxito, mientras que en cuestiones de amor presagia felicidad a costa de paciencia. Recolectar ostiones: mucho dinero. Comprarlos: una persona desconocida se enamorará de ti. 926

7 **Otoño**. Te rodean influencias malas y hostiles; evítalas. Otoño en primavera: influencias negativas. Otoño en invierno: buena suerte. 862

8 **Oveja**. Éxito gracias a planes cuidadosamente elaborados. Pastor con ovejas: harás mucho dinero. Comprar ovejas: ganancias en especulaciones en la bolsa de valores. Venderlas: muerte de un enemigo. 152

6 **Overol**. Soñarte trabajando en overol significa que tu cortesía será correspondida. Romper el overol: mala suerte. 573

P

8 **Padre**. Soñar que ves a tu padre y hablas con él es signo de felicidad. Si él guarda silencio o aparece enfermo o muerto, tendrás problemas. Padre muerto: gran catástrofe. Padre pobre: todos tus deseos serán cumplidos. 746

5 **Padrino de bodas.** Soñarte como padrino de bodas es indicio

de que un falso amigo provocará el fracaso de un plan tuyo. Que una mujer sueñe a un padrino de bodas: confianza y seguridad. 716

9 **País extranjero**. Tu felicidad está en tu casa. Estar solo en un país extranjero: cambio pronto en tu vida; acompañado: nuevos negocios. 621

1 **Paja**. Advertencia de dificultades; tendrás que poner todo tu empeño en la resolución de tus problemas. Varios atados de paja: honra y dicha. Paja en un establo: felicidad doméstica. Quemar paja: asistirás a grandes festividades. 703

3 **Pala**. Se abre ante ti un panorama de dicha. Tener una pala: recibirás dinero. Usar una pala: sigue rutas conocidas cuando salgas solo. 714

3 **Palacio**. Para quienes se encuentran en circunstancias difíciles, soñar un palacio o casas amplias y lujosas es buen presagio, benéfico también en cuestiones amorosas. Vivir en un palacio: los demás te tienen en alta estima. 759

1 **Palidez**. Independientemente de quién los padezca, tú u otra persona, los síntomas de enfermedad o crisis de salud vistos en sueños son de mal agüero. 748

4 **Palmeras**. Éxito en las finanzas y negocios pródigos. Aparecerán dificultades inesperadas, pero serán vencidas. Que una joven sueñe palmeras: se casará pronto; una mujer: tendrá hijos; un hombre: disfrutará de éxito y fama. 517

5 **Palomas**. Sueño afortunado tanto para los asuntos domésticos como para los negocios. Que una mujer sueñe palomas: buena suerte en casa. 842

7 **Palomitas de San Juan.** Advertencia de que tus rivales te harán daño si no mides tus palabras y actos. Discutirás con tu pareja. Para quienes son jefes o patrones, indicio de que sus empleados no les son leales. 421

4 **Pan**. Si el pan es fresco y agradable al gusto, signo de bienestar físico y satisfacción corporal. Si está ya duro, preocupaciones familiares comunes. Hacer pan es mal presagio. Varias rebanadas de pan: honor. Comprar pan: gran éxito. 715

2 **Panqué**. Soñar que comes panqué anuncia éxito inesperado; saldrás de problemas gracias quizá a la ayuda de un amigo o socio. Si el panqué se quema al cocinarse: fracaso en los negocios. 785

9 **Pantalones**. Para los casados este sueño significa coqueteos; para los solteros, peleas. Un hoyo en los pantalones: coqueteos con una mujer casada. Que una joven sueñe pantalones masculinos: disputas. 351

9 **Pantano**. Sueño anunciador de obstáculos cuyo significado depende de las circunstancias. Si te cuesta trabajo avanzar pero consigues llegar a tierra firme, saldrás bien librado de todos tus infortunios. 612

3 **Pañuelo**. Recibirás un regalo. Perder un pañuelo: problemas serios. Regalar un pañuelo: sufrirás durante una temporada larga. Sonarte con un pañuelo: la gente te estimará mucho. Comprar un pañuelo: sé cauto ante nuevos negocios. 507

5 **Papalote**. Sueño cuyo significado depende de las circunstancias. Si el papalote vuela con facilidad, tendrás éxito, y cuanto más alto vuele, tanto mejor para ti. 743

8 **Papas**. No pretendas proteger a los otros más de lo debido, pues harás más mal que bien. Sembrar papas: se materializarán tus planes más ambiciosos. Desenterrar papas: gran éxito en tus esfuerzos. Cocer papas: recibirás una visita indeseable. Freír papas: te casarás con una mujer dominante. Hornear papas: discutirás con el ser amado. Comer papas en ensalada: ganancias en tus inversiones. 719

5 **Papel**. Indicio de problemas. Si el papel está limpio, resolverás tus dificultades con apenas un desembolso mínimo; pero si está sucio y manchado, tú mismo originarás tu ruina. Papeles doblados: pequeñas decepciones. 824

4 **Paquete**. Soñar que recibes un paquete es una premonición excelente, pero tu suerte decaerá si lo abres. Cargar un paquete: cambio de circunstancias. 157

1 **Paracaídas**. Sé extremadamente precavido; no trabajes ni juegues en exceso. Soñarte descendiendo en paracaídas: penas domésticas. Muchas personas en paracaídas: aumentarás el círculo familiar. 865

7 **Paraíso**. Matrimonio afortunado. Para los agricultores, cosecha abundante; buen augurio para toda clase de personas. Estar en el paraíso: perdona a quienes te han ofendido. Que una joven se sueñe en el paraíso: pesar. Una mujer expulsada del paraíso: desdicha. 106

5 **Parálisis**. Soñarte paralizado es signo de rompimiento de un

compromiso. Tener parálisis: deshonra. Niños paralíticos: cambio de vida próximo. 842

5 **Paredes**. Obstáculos; si subes por ellas, todo saldrá bien, pero tendrás que hacer extraordinarios esfuerzos. Una pared cayéndose: pérdidas personales y de negocios. Subir a una pared con escalera: alegría. 896

6 **Parque**. Soñar un hermoso jardín al aire libre es muy favorable. Si estás acompañado por una persona, tendrás suerte en el amor; pero si te acompañan muchas, enfrentarás dificultades. Niños jugando en un parque: dicha en el amor. Sentarte solo en un parque: aumento de tu fortuna; con la persona amada: tus enemigos la pasarán mal. 735

1 **Parranda**. De significado contrario, salvo que presencies una parranda y no participes en ella. 928

7 **Partera**. Te enterarás de un nacimiento y descubrirás un secreto. 124

7 **Pascua**. Soñar esta fiesta religiosa presagia felicidad. Pasar la Pascua en compañía de otras personas: días malos. Asistir a un desfile de Pascua: riesgos a causa de un secreto. 835

3 **Pasillo**. Si sueñas el pasillo de una iglesia, tendrás mala suerte. 849

2 **Pasión**. Advertencia de problemas, generalmente caseros. Una mujer apasionada: será reivindicada; un hombre: amor pasajero; una esposa: le espera un magnífico futuro; un esposo: inestabilidad amorosa. 965

1 **Pastel**. Los alimentos suelen denotar buena salud, siempre y cuando sean de sabor agradable. Hornear un pastel: un giro en los acontecimientos te traerá buena suerte. Comer una rebanada de pastel: perderás a tu pareja. Comprar un pastel: afecto de un amigo. 253

8 **Pasto**. Como en el caso del jardín, este sueño es afortunado sólo si el pasto está verde. 269

8 **Pastor**. Mal augurio si aparece solo, sin ovejas. Si va acompañado de su rebaño, su presencia indica que enfrentarás mayores dificultades pero que al final abrazarás el éxito. 197

7 **Patada**. Es mala premonición ser pateado en sueños, pues tendrás muchos y muy poderosos adversarios; en cambio, es buen signo que quien patee seas tú. Patear a amigos: un amigo desea ayudarte. 241

4 **Patinaje**. Advertencia de peligro. 625

7 **Patio**. Te enterarás de un compromiso matrimonial entre tus amigos; la boda te rendirá un nuevo admirador. Patio bien cuidado: discusiones familiares. Sembrar plantas en un patio: alegría. Cortar flores de un patio: muerte. 826

8 **Patos**. Buen signo. Si los patos te atacan, tendrás problemas en los negocios. Patos en vuelo: matrimonio y vida familiar dichosa. Cazar patos: gran éxito. Comer pato: honra y fortuna. Pato salvaje muerto: no te olvides de tus amigos. Patos nadando: prevención contra un grave peligro. 674

9 **Pavo**. Problemas con amigos, tu pareja o tus clientes o socios. Matar a un pavo: infidelidad. Comer pavo: gran alegría. Trinchar un pavo: peleas con tus socios. 648

9 **Pavorreal**. Sueño de significado contrario; tus mejores planes fallarán, lo que te deprimirá enormemente. Sin embargo, a los agricultores esta hermosa ave les anuncia buenas cosechas tras grandes fatigas. Un pavorreal muerto: fracaso de tus planes. Que una mujer sueñe a un pavorreal exhibiendo su plumaje: riqueza. 324

6 **Pay**. Preparar un pay: alegrías hogareñas. Comerlo: desacuerdo en la familia. Recibir un pay como regalo: un amigo busca tu ruina. 537

5 **Payaso**. Algunas personas te consideran tonto. Vestirte como payaso: sabrás de una muerte. Estar en compañía de un payaso: problemas. Un payaso haciendo el amor con una mujer: muchos de tus amigos son hipócritas. 716

2 **Pecho**. Soñarte con el pecho inflamado o adolorido es indicio de enfermedad. Tener un pecho vistoso y saludable: júbilo. Una mujer de pelo en pecho: será abandonada por su esposo. 758

3 **Pechos**. Soñarte reposando sobre los pechos de una mujer es señal de que uno de tus amigos es una persona honesta y leal. Tener pechos hermosos: inmensa alegría. Pechos femeninos: tus deseos se cumplirán. Pechos cubiertos de pelo: éxito en el amor. Un bebé alimentándose del pecho de su madre: felicidad duradera. Pechos heridos con un arma: dinero en abundancia. 687

6 **Pegamento**. Una persona en la que confías es un amigo leal. Comprar pegamento: realizarás tus ambiciones. 753

3 **Pelea de box.** Un importante anuncio dará pie a grandes acontecimientos para ti. Participar en una pelea de box: pérdida de amigos. Ganar una apuesta en una pelea: acuerdo entre amigos; perderla: tienes un amigo leal. 570

4 **Peleas**. Sueño de significado contrario que anticipa prosperidad en tus negocios, a pesar de dificultades iniciales. Pelear con tu pareja: cometerás tonterías; con tu novio o novia: las cosas se compondrán pronto; con un amigo: pérdida de dinero. 715

8 **Películas**. Posible viaje al extranjero en el futuro próximo. Evita habladurías; controla tu lengua. Actuar en una película: cambio próximo en tu vida. Que actúa una persona conocida: advertencia de problemas. 179

1 **Peligro**. De significado contrario. Si enfrentas peligros en tus sueños y sales bien librado, tendrás éxito; si los evitas, padecerás problemas. 487

3 **Pelo**. Soñar tu apariencia personal es indicio de prosperidad permanente si tu imagen te satisface. Caída del cabello: mala señal. Preocupación de que tu pelo está encaneciendo: dificultades; pon mucha atención en tus asuntos. 759

6 **Pelota**. Jugar con una pelota: tendrás muchos buenos amigos. Jugar con una bola de billar: buenas noticias. Jugar futbol: ansiedad. Pelotas de tenis o de goma: nacimiento inequívoco de un niño. 483

4 **Peluca**. Recibirás pronto dos proposiciones; la persona de cabello oscuro es la que más te ama. Una mujer con peluca rubia: tendrás muchos admiradores. Un hombre con peluca de color claro: serás rechazado por varias mujeres; de color oscuro: una mujer te amará profundamente. Una mujer con peluca blanca: te casarás con un hombre rico; con peluca negra: corrige tus actitudes; con peluca trigueña: te casarás con un hombre pobre. 751

8 **Peluquería**. Soñarse en una peluquería anuncia dificultades en los negocios. Ser peluquero: gran éxito. Que te afeitan: pérdida de dinero. 359

6 **Péndulo**. Un mensaje inesperado te obligará a hacer un largo viaje. 753

1 **Penumbra**. Posibilidad de un cambio positivo. No dejes pasar la oportunidad. 532

8 Pereza. Soñar que tienes pereza denota problemas para las personas que te rodean, los cuales te afectarán indirectamente. Un asunto legal terminará en matrimonio. Niños perezosos: te casarás con una persona muy rica. Personas perezosas: advertencia de problemas. 395

3 Perfume. Sueño invariablemente favorable, tanto para comerciantes como para enamorados. Derramar perfume: pérdida de algo que te agrada. Comprar perfume: nuevo amor. Romper un frasco de perfume: incumplimiento de tus mayores esperanzas. Recibir como regalo un frasco de perfume: te abrazará una persona desconocida. Regalar perfume: ganancias. Olerlo: frivolidad. 219

5 Periódicos. Soñar que lees un periódico es signo de cambio afortunado de las circunstancias originado en un lugar distante. Un periódico de publicación diaria: chismes. Publicación dominical: corta vida. Tirar un periódico: deshonra. 761

8 Perlas. Sueño muy favorable, aunque el éxito te exigirá entrega total; ten paciencia. Recibir perlas: gozarás de un matrimonio feliz. Collar roto: padecerás graves infortunios, a menos que en tu sueño lo repares. Comprar perlas: alcanzarás tus metas. Perder perlas: harás nuevos amigos. Regalar perlas: pretendes ganarte favores a través de regalos. 170

5 Permiso. Un cambio de ocupación te abrirá nuevos horizontes. Solicitar un permiso: cambio de ambiente. Permiso negado: importante acontecimiento benéfico. 716

1 Perros. Sueño cuyo significado depende de las circunstancias. Si el perro es amigable, todo marchará bien; pero si te ladra, evita pelear, y si te muerde, serás traicionado por una persona en la que confías. Soñar tu propio perro: recibirás favores de un amigo. Un perro policía: discusiones con un socio. Perro agresivo: un buen amigo te ayudará. Perros jugando entre sí: peligro. Un perro y un gato peleando: disputas con familiares. 748

7 Pesadilla. Soñar que tienes una pesadilla es advertencia de traición de alguien en quien confías. 124

5 Pesar. Alegría y felicidad. 473

8 Pesca con caña. Al igual que un ancla vista bajo el agua, este sueño indica desilusión en un proyecto importante. Pescar peces: buenas noticias. No pescar nada: el mal te acecha. 314

2 **Peste**. Soñar que tu casa o jardín apestan anuncia prosperidad inimaginable. 317

9 **Petirrojo**. Uno de los presagios más afortunados entre los relativos a la Naturaleza. 756

7 **Petróleo**. Excavar un pozo petrolero: ganancias. 286

2 **Pez**. Soñar peces que se deslizan libremente en el agua indica buena suerte; pero si los atrapas o los ves morir, tendrás problemas. Cocinar un pescado: matrimonio. Comer pescado cocido: alegría. Atrapar un pez de gran tamaño: gusto y bienestar. Niños pescando: salud. 758

1 **Piano**. Soñar un piano: todos tus asuntos prosperarán. Poseer un piano: cuídate de amigos celosos. Vender un piano: soledad y desconsuelo. Tocar piano: disputas. 856

8 **Pichones**. Importantes noticias de un lugar lejano, pero quizá no sean muy favorables para ti y te obliguen a modificar tus asuntos. Símbolo afortunado en cuestiones amorosas. El presagio es mejor si los pichones aparecen en pleno vuelo, y no caminando o instalados en una saliente. 476

9 **Picnic**. Señal relativa al amor, de interpretación dudosa. Su significado depende de las circunstancias del sueño. 738

3 **Pie**. Cuídate de traiciones si alguien te pone una zancadilla. Tu pie fracturado: pérdida de un familiar; lastimado: riesgo de humillación; amputado: serás sometido a una operación. 795

3 **Piedad**. Soñar que te tienen compasión significa que serás humillado; que eres compasivo: pequeños disgustos. 714

9 **Piedras**. Amargas discusiones y nuevo ambiente. Caminar sobre piedras: sufrirás durante una temporada. Piedras preciosas: buenos negocios. Comprar piedras preciosas: ganancias. Admirarlas: enfermedad. Portar piedras preciosas: abundancia. Perderlas: infortunio. Venderlas: pérdida de dinero. 531

6 **Piel**. Soñar tu propia piel significa buena suerte si estás saludable; si aparece en mal estado, recibirás cortesías de quien menos lo esperas. 753

3 **Pieles**. Sueño favorable en general, aunque presagia cambios. Una piel de mink: la gente es falsa contigo. Cubrirte con pieles: tu pareja te es infiel. 147

1 **Piernas**. Soñar que te lastimas una pierna indica problemas de dinero tan prolongados como grave sea la lesión. 325

4 **Pies**. Pies lastimados: riesgo de que te humillen. Quemarte

los pies: fracaso en tus negocios. Pie fracturado: pérdida de un pariente. Lavarte los pies: tendrás problemas y serás perturbado. Comezón en los pies: alegría casual. 391

2 **Pila bautismal.** Dado que este sueño, como muchos otros, también tiene que ver con el interior de una iglesia, su significado es negativo. 731

4 **Píldoras.** Viaje al extranjero con abundantes diversiones en su etapa final. 562

6 **Piloto.** Agradables situaciones y buenos momentos futuros; sin embargo, en el instante decisivo serás sometido por un rival. 195

6 **Pimienta.** Talento en tu familia, especialmente si en el sueño estornudas a causa del cosquilleo de la pimienta en tu nariz. 105

9 **Pino.** Para los ancianos, buenas noticias; para los jóvenes, peligro. 756

6 **Pintar.** Aflicción en casa. Pintar el retrato de otra persona: tus amigos se comportarán falsamente contigo. Pintar un paisaje: harás buenas compras. 312

2 **Pintor.** Buena suerte. 389

4 **Piña.** Agradable ambiente doméstico; invitaciones y diversión. 103

3 **Piojos.** Soñar que matas muchos piojos es buen presagio. Piojos en tu cabello: enorme riqueza; en tu ropa: dinero próximo; en tu cuerpo: dinero muy próximo. 624

6 **Pipa.** Aviso de que sucesos extraordinarios le traerán buena suerte al fumador. Romper una pipa: seguridad. Pipas sucias: desgracia. Recibir una pipa como regalo: progresos en los negocios. 870

5 **Pirámides.** Tienes asegurados el éxito futuro y una posición social destacada. 932

2 **Pirata.** Te esperan momentos emocionantes, viajes y ganancias financieras. Un fraude cometido por un socio te hará ganar más. 731

2 **Pistola.** Escuchar disparos anticipa desdicha. Si tú disparas, tendrás que trabajar arduamente, pero al final obtendrás escasos resultados. Portar pistola: la gente te rechazará. Que sea otra persona la que dispara: te enterarás de un complot para arruinarte. Ser policía y portar pistola: traición. 893

1 **Planchar**. Cambio positivo. Libérate por un tiempo de ataduras y responsabilidades. Recibirás ayuda por vías insospechadas. 253

2 **Plantón**. Sueño de significado contrario. Tendrás suerte en tus asuntos y felicidad en tu vida matrimonial. Que una mujer planta a un hombre: frivolidad; una mujer casada a su amante: preocupaciones amorosas; una mujer soltera a su novio: infelicidad. 164

5 **Plata**. Pérdida de algo. Evita toda precipitación en tus planes. Si la plata aparece en forma de monedas y éstas son de alta denominación, saldrás adelante si eres precavido. Contar plata: excelentes ganancias. Encontrar monedas de plata: prosperidad. Cambiarlas: te visitará un amigo. Comprar objetos de plata: cuídate de tus enemigos. Venderlos: pérdida de dinero. 293

4 **Plataforma**. Te casarás cuando menos lo esperes. No incurras en juicios prematuros. 526

7 **Plátano**. Augurio favorable, aunque quizá referido únicamente a asuntos menores. Comer plátanos: te obligarán a cumplir cierto deber. 412

1 **Plato**. Romper un plato es mala señal; tendrás problemas en casa. 235

8 **Plomo**. El significado de los metales depende de su color. Por lo demás, el plomo no es de buen agüero, así que sé cauto y revisa nuevamente tus planes antes de llevarlos a cabo. Para las personas casadas este sueño es aviso de altercados domésticos. 746

1 **Plumas**. Sin significado en sí mismas. El significado de las plumas de aves depende de su color: blanco, negro, rojo, azul, etc. Coleccionar plumas: serás feliz toda la vida. Portar penacho: grandes honores. 685

2 **Pobreza**. Sueño de significado contrario; tendrás buena suerte. Otras personas en la pobreza: harás valiosos servicios a los demás. Que tu familia cae en la pobreza: riqueza futura. Amigos pobres: salud y bienestar. 479

2 **Policía**. De significado contrario, pues si te sueñas en problemas con la policía, te librarás de algunas dificultades actuales. Ser arrestado con motivo por la policía: desgracia. Presentarte a una delegación de policía para ser interrogado: dicha; junto

con amigos: felicidad; con amigos sin un propósito determinado: pérdida de dinero. 731

8 Polvera. Soñar que te polveas las mejillas es mal signo: sufrirás a causa de tus propias torpezas. 107

8 Polvo. El polvo y la basura son malos presagios; enfrentarás circunstancias adversas. Soñar que sacudes una habitación anuncia mejorías gracias a tu perseverancia. 746

9 Pólvora. Para un hombre, este sueño significa inminente cambio de casa; para una joven soltera, boda con un soldado. 261

8 Pollos. Todas las crías de animales representan amistad. Un pollo bonito: buena suerte en el amor. Varios pollos: tendrás muchos buenos amigos. Gallinas poniendo huevos: satisfacción y alegría. Un pollo empollando: felicidad. Una gallina con sus polluelos: te harán un favor. Matar a un pollo: ganancias. 647

7 Ponche. Soñar bebidas es advertencia de noticias desagradables acerca de pérdida de dinero y quizá también de prestigio. 385

4 Porcelana. Ganancias de una fuente distante. Porcelana fina: buena suerte en el juego. Comprar porcelana: felicidad matrimonial. 175

3 Postre. Siempre es buen augurio soñarte comiendo frutas maduras. Si aún no lo están o se han conservado durante mucho tiempo, sufrirás pérdidas en los negocios. 615

9 Pozo. Extraer agua de un pozo significa éxito y bienestar; caer dento de un pozo, peligro del que será difícil salvarse. Un pozo de agua limpia: suerte y prosperidad. Un pozo derramándose: muerte de niños y pérdidas en los negocios. Un pozo seco: perjuicios en los asuntos. Lanzar a alguien a un pozo: muerte del soñador. 486

9 Prado. Ver en sueños un prado verde bien podado anticipa prosperidad y bienestar, pero si lo pisas padecerás angustias. 846

4 Precipicio. Sueño de significado muy similar al de la fosa. Advertencia de problemas, así que conviene evitar viajes o cambio de planes. Toma tus precauciones y sé prudente. Caer a un precipicio es mala señal, pero si logras salir de él resolverás tus problemas. 708

3 **Predicador**. El resultado de tus planes será satisfactorio, por más preocupaciones que te causen. 471

4 **Preguntas**. Soñar que te interrogan anuncia obstáculos. Si contestas adecuadamente, todo saldrá bien. 652

4 **Premio**. Sueño de significado contrario que presagia pérdidas a causa de un negocio riesgoso. Cuídate cuando te ofrezcan algo muy barato. 607

3 **Preparatoria**. No es buen augurio soñarte en una escuela preparatoria. 246

6 **Prestamista**. Graves pérdidas y trastornos. Descubrirás que la persona a la que amas te es infiel; si eres casado, una indiscreción de tu cónyuge te causará grandes problemas. 492

8 **Préstamo**. Pesar familiar, no pérdidas de dinero. Si sueñas que pagas lo que se te prestó o que te pagan, las aguas volverán a su cauce. 764

7 **Prestar**. Sueño de significado contrario. Si prestas dinero u objetos, los necesitarás antes de lo que imaginas, pues este sueño simboliza pobreza y pérdidas. Prestar objetos y ropa: un enemigo busca tu ruina; enfrentarás problemas. Prestar tu auto: cambio de ambiente. Prestar artículos domésticos: decepción. Que otros te prestan dinero: fracaso en tus asuntos. 619

8 **Primo, a.** Soñar a tus parientes cercanos es signo de que muy pronto recibirás noticias inesperadas. 746

4 **Princesa**. Soñar que bailas con una princesa —es decir, con la mujer más bella en el salón— tiene el significado opuesto: tendrás problemas familiares o a causa de una mujer recién conocida. Si una mujer se sueña como la chica más bonita de una fiesta, el significado es el mismo, siempre y cuando baile; si, por el contrario, pasa desapercibida, sus problemas serán efímeros y todo concluirá satisfactoriamente. 526

9 **Prisa**. Riesgo de incendio o accidente. Sé cuidadoso para impedirlo. 720

1 **Prisión**. Abundante felicidad en casa y éxito en los negocios. Sin embargo, soñar que alguien va a dar a la cárcel por tu intervención, no es buen signo; estás arriesgándote mucho en cuestiones de dinero en un afán de obtener ganancias, pero esto puede llevarte a la quiebra. 748

2 **Problemas**. Si te ves en problemas, te mudarás de casa. Una

persona casada en problemas: desastre; soltera: vergüenza y pesar. Una joven en problemas: tendrá muchos novios; una viuda: se embarazará. Enfrentar problemas: éxito; evitarlos: dificultades. 461

6 **Promesa**. Tendrás que tomar una decisión importante. Si es la correcta, te esperan tiempos de felicidad; piensa bien. 798

7 **Prometido, a.** No es favorable soñar que acabas de comprometerte en matrimonio; tendrás problemas familiares o con el ser amado. Que tus parientes se comprometen: discusiones familiares; amigos: se cumplirán sus mayores ambiciones. 493

7 **Propiedad**. Descubrirás que tus esperanzas son falsas. Poseer una propiedad: fortuna; una propiedad muy grande: desdicha. Heredar una propiedad: luto. Un posible comprador de tu propiedad: eres un auténtico soñador. Vender una propiedad en el campo: desgracia. Soñar tus propiedades personales: tu pareja está prendada de ti. 214

2 **Propietaria o propietario.** Problemas caseros. 965

5 **Proposición**. Si sueñas que te hacen una proposición matrimonial, cuídate de las estratagemas que te está tendiendo una persona. Si eres tú quien la hace, te esperan momentos emocionantes. 806

6 **Prostituta**. Ser prostituta: un enemigo busca tu ruina. Que una prostituta te sueñe como hombre: tendrás un hijo varón. Abrazar a una prostituta: harás un largo viaje. Recibirla en tu casa: buenos negocios. Una prostituta bailando: volverás con tu pareja. Ver a una prostituta: buenas épocas. 321

1 **Protección**. Soñar que te proteges de un peligro es advertencia de que debes evitar hablar por hablar, pues puedes verte en una situación difícil. Ser un agente de protección civil: te librarás de un gran peligro. Un agente llevándose presa a una persona: tus amigos te insultarán. 523

9 **Publicidad**. Soñar que te publicitas en los periódicos es signo de dificultades. Por el contrario, es buena señal leer otra clase de publicidad en los diarios. 153

8 **Pueblo**. Cambio de gran importancia en tu vida. Un pueblo en llamas: harás una peregrinación. Soñar el pueblo o localidad donde vives: tus condiciones mejorarán. 521

9 **Puente**. Soñarte cruzando un puente prefigura cambio de situación, ocupación o colonia; el cambio será afortunado si

atraviesas el puente sin problemas ni dilaciones. Si el puente está dañado o en reparación, no lleves a cabo ningún nuevo plan hasta haberlo estudiado detenidamente. 315

9 **Puente colgante.** Si te ves cruzándolo, has despertado la hostilidad de un rival. Cuida tus cosas; no peques de exceso de confianza. Descender por el puente colgante de un barco: evita a tus enemigos; que otras personas ascienden por él: pérdida de dinero. 675

7 **Puercos.** Puercos bien alimentados: prosperidad; desnutridos: tiempos difíciles. Comprar puercos: alegría. Venderlos: odio de parte de tus amigos. Puercos salvajes: un amigo intentará hacerte daño. 682

9 **Puerta.** Sueño anunciador de obstáculos. Si deseas entrar a una casa pero la puerta está cerrada, tendrás serios problemas de negocios. Si la casa o habitación tiene muchas puertas, evita especulaciones financieras, pues corres el riesgo de perder tu dinero. 126

9 **Puerta trasera.** Si te sueñas entrando a tu casa por la puerta trasera, tu suerte cambiará en sentido positivo o negativo, dependiendo de las demás circunstancias del sueño. Amigos entrando por la puerta trasera: precaución en los negocios. Ladrones penetrando por la puerta trasera: dinero. 540

5 **Puerto.** Momentos felices al lado de una persona a la que estimas. Una mentira quedará exhibida. Hallarte solo en un puerto a bordo de un barco: ganancias; con un ser querido: exhibición de una mentira. 617

2 **Pulsera.** Signo de dinero o de aventura amorosa. Es buena señal poseer, usar o encontrar una pulsera, especialmente si es de oro; tus asuntos de amor prosperarán o tendrás suerte en transacciones financieras imprevistas. Si, en cambio, se te cae o pierdes tu pulsera, perderás dinero o romperás una relación. Recibir una pulsera como regalo de un amigo: prematuro pero dichoso matrimonio. 731

7 **Puñales.** Cuídate de traiciones, de otro modo sufrirás una pérdida grave. Ser herido con un puñal: otra persona disfruta lo que esperabas para ti. 196

7 **Puro.** Es un sueño afortunado verte fumando puro; gozarás de prosperidad. Un puro apagado: desdicha; encendido: buenas esperanzas. 610

Q

9 **Quebradura**. Causarle un daño a cualquier objeto es pésimo signo, generalmente relacionado con tu salud. Quebrar un mueble: peleas en el hogar; un vaso: te fracturarás una pierna; unos anteojos: fortuna insospechada; platos: fracaso en tus asuntos; botellas: mala salud. 738

1 **Quejas**. Ponte en guardia contra amigos dudosos o acciones indecisas. 253

2 **Quemadura**. Sueño de significado contrario. Tras dificultades iniciales, tu suerte será excelente. Niños con quemaduras: peleas familiares. Que tú te quemas: amistad valiosa. 794

5 **Queso**. Las personas que te rodean te causarán fastidio y decepción. Comer queso: preocupación a causa de acciones irreflexivas. Queso extranjero: a ti sólo te gusta lo mejor. Queso hecho en casa: buena suerte para uno de tus seres queridos. 716

R

7 **Ramas**. Los árboles son signos de buena fortuna, una de las mayores bendiciones de la Naturaleza. Ver un árbol con abundantes ramas fértiles es excelente augurio, no así si algunas de ellas están rotas o secas. Recolectar ramas: serás sometido a una operación. Quemar ramas: herencia. Cortar ramas de palmeras: grandes honores. Árbol con ramas secas: recuperación de una enfermedad. 142

2 **Ramo**. Si apareces en tu sueño con un ramo de flores perfectamente sujeto entre las manos, todo marchará bien; pero si las tiras o se te caen, pelearás o te distanciarás de un amigo. Un ramo de flores marchitas: enfermedad y consecuente muerte. Hacer un arreglo floral: cuenta incondicionalmente con tu pareja; matrimonio próximo. 146

7 **Rana**. Éxito en los negocios. 160

7 **Rapto**. Sueño de significado contrario. Si raptas a tu novia, pelearás con ella y su matrimonio será infeliz. Otros raptores y raptadas: enfermedad. 826

2 **Raqueta**. Dispondrás de menos tiempo libre, a cambio de lo cual harás una nueva amistad. Raqueta de tenis: buena suerte para un ser querido. 308

8 **Raso**. Sueño afortunado para los hombres de negocios, pero

para los enamorados aviso de falsedades y adulaciones. Raso blanco: recursos en abundancia; azul: perjuicios en tus asuntos; rojo: serás herido de bala. Que un hombre de negocios sueñe raso: seguridad en sus operaciones; una joven hermosa: amor ardiente; una mujer casada: engañará a su esposo. 125

7 **Rastrillo**. Rastrillar heno: boda en puerta. Rastrillar hojas: felicidad hogareña. 439

2 **Rasurada**. Soñar que te rasuras o que te rasura otra persona anticipa dificultades. Vigila a las personas de tu confianza; no prestes dinero ni compres acciones o valores. 641

4 **Rata**. Descubrirás enemigos en quienes menos lo pensabas. Si en tus sueños ves más de una rata, tendrás un problema serio que quizá no puedas resolver. Para los enamorados este sueño es indicio de la aparición de un rival incombatible. Ratas blancas: resolverás con éxito tus problemas. 193

2 **Ratones**. Un amigo o socio te causará dificultades. Un gato matando a un ratón: triunfo sobre tus enemigos. Ratones atrapados en una trampa: te difamarán. Un perro atrapando a un ratón: fin de tus problemas. 875

5 **Rayo**. De luz: merecida recompensa. 176

8 **Rebelión**. Una persona de condición inferior a ti que hasta ahora te ha causado muchas molestias, dejará de fastidiarte muy pronto. Presenciar una rebelión: sé cuidadoso en tus negocios. Participar en una rebelión: paz. Ser herido en una rebelión: infidelidad. Gente muerta en una rebelión: ganancias en el juego. Rebelión en el extranjero: eres muy ambicioso. 512

6 **Recámara**. Si la recámara de tu sueño es más elegante que la tuya, habrá un cambio de circunstancias que a la larga resultará favorable. Sin embargo, si la acción en tu sueño transcurre en las primeras horas de la noche, tus planes sufrirán retraso, mientras que si transcurre en el amanecer o a primera hora de la mañana, el cambio previsto ocurrirá muy pronto. 852

3 **Reclutamiento**. Aplazamiento de tus éxitos. 516

1 **Recompensa**. Tus planes fracasarán a causa de que te confiaste demasiado. Definitivamente hay cosas que el dinero no puede comprar. 856

1 **Reconciliación**. Signo favorable. 532

4 **Rechazo**. Ten la seguridad de que serás aceptado. Ser

rechazado por parientes: buenas perspectivas; por amigos: celos y desacuerdos. Rechazar un regalo: recibirás otro. Que te rechazan un regalo: la persona amada te hará quedar mal. Rechazar una carta: planes secretos. 562

6 **Redes**. Prosperidad. Usar una red: éxito en los negocios. Atrapar algo en una red: sorpresa; un pez: cambio de temperatura y exceso de lluvia. 150

8 **Reflejo**. Verte reflejado en el agua significa vida solitaria. Si por el contrario, ves reflejado un rostro desconocido, conocerás a la persona con la que te casarás. 296

3 **Refrigerios**. Ofrecerlos: feliz matrimonio. Compartirlos: pequeñas molestias. 615

4 **Regalo**. De significado contrario; cuídate de la persona que te hace un regalo en sueños. Dar un regalo: mala suerte. Recibir un regalo de Navidad: traición de amigos. Recibir un regalo de una mujer: estrecha amistad; de un hombre: cambio de fortuna. 571

5 **Regalos de novios.** Tendrás noticias de una antigua pareja que aún piensa mucho en ti. Enviar regalos el día de los Novios: perderás una oportunidad de ganar mucho dinero. Recibir un regalo en esa fecha: sacarás mucho provecho de nuevas oportunidades. Una novia o novio recibiendo un regalo: triunfarás sobre tus enemigos; cnviándolo: contradicción. 941

6 **Regaño**. Soñar que te regañan significa que recibirás maravillosa información. No se la confíes a cualquiera. 582

6 **Regreso**. Ver en sueños a alguien que ha estado lejos de ti durante mucho tiempo es signo de pérdidas que redundarán en ganancias, y por lo tanto de nueva prosperidad. 357

2 **Reina**. Señal de amistad valiosa. Ir en sueños a ver a una reina: buena suerte. Entrevistarse con una reina: rebelión en casa. Una reina rodeada por su corte: engaño de amigos. 641

2 **Relaciones**. Soñar a una persona conocida es buen síntoma, cuyo grado depende de qué tan amigo sea y de lo que ocurra en el sueño. Si discutes con ella, tu salud se resentirá. Hacer nuevas relaciones: pronto cambio en tu vida. 317

8 **Religión**. Es mal signo tener problemas religiosos en un sueño. 573

2 **Reliquia**. Aplazamiento de una respuesta. No te dejes dominar. Deshacerte de una reliquia: te humillarán. 146

6 **Reloj**. Soñar que escuchas que un reloj da la hora es buen augurio; tu vida será placentera. Tener un reloj de pared: felicidad. Comprarlo: recibirás importantes noticias de negocios. Que un reloj se para: te librarás de una enfermedad. Usar un reloj de pulsera: pérdida en los negocios. Que una joven recibe como regalo un reloj de pulsera: recibirás una proposición matrimonial. Comprar un reloj de pulsera: paz y alegría. 213

6 **Remo**. Es buen presagio soñarse remando en una lancha pequeña. Si también otras personas reman, el éxito estará cargado de dificultades. Romper o perder un remo: mal agüero. 573

2 **Remolino**. Recibirás consejos que más te valdría seguir. Herencia futura. 614

7 **Remolque**. Buena compañía y boda entre personas de mediana edad. 835

1 **Rendición**. Soñarte rendido ante palabras persuasivas te advierte del orgullo; no creas en aduladores. Enamorados rendidos a historias persuasivas: riesgo en el amor. 892

4 **Renta**. Si no puedes pagar una renta o cualquier otro tipo de deuda, obtendrás ganancias inesperadas. Soñar que tomas en renta una casa, tienda o terreno: tendrás suerte en los negocios y el amor. 913

4 **Renuncia**. Soñar que renuncias a tu trabajo significa ascenso en el futuro próximo y dinero procedente de asuntos legales. 517

7 **Reposo**. Sueño que anuncia obstáculos. Si te ves obligado a descansar antes de concluir un recorrido, tendrás suerte en los negocios y especulaciones financieras. 196

4 **Reprimenda**. Sueño de significado contrario. Si reprendes a tus hijos, tu vida familiar será próspera y feliz. Si eres reprendido, tendrás mala suerte en cuestiones de dinero. 571

1 **Repugnancia**. El significado de que algo o alguien te repugna depende de las circunstancias del sueño. Si tu disgusto te inquieta seriamente, tendrás dificultades; pero si se trata de una repugnancia menor, salvarás los obstáculos que se te interpongan. 586

8 **Rescate**. Soñar que eres rescatado, sobre todo de un ahogamiento, es mal signo; evita el mar. Rescatar a otros: ganancias.

Rescatar a alguien que desea darse muerte: amigos deshonestos. 125

1 **Resorte**. Tu suerte mejorará. Un objeto o prenda con resorte: buenas épocas. 685

1 **Respiración**. Soñarse exhausto o falto de respiración es advertencia de problemas. 235

7 **Restaurante**. Ver en sueños a personas comiendo en un restaurante indica mala salud, aunque también recepción de dinero; si también estás comiendo tú, harás nuevas amistades que te darán pequeñas satisfacciones. Comer con niños en un restaurante: riqueza; con la persona amada: mala situación económica. Esposos comiendo solos en un restaurante: vida matrimonial prolongada y dichosa. 124

7 **Retrato**. La persona cuyo retrato o fotografía ves en sueños está en peligro, sobre todo si el retrato es borroso o está dañado. 826

8 **Reumatismo**. Soñar que padeces esta enfermedad indica dicha y un nuevo aliento a tu vida. 314

4 **Revista**. Ningún material impreso es favorable. Evita pérdidas. 103

9 **Revólver**. Soñar que empuñas un revólver significa peligro por agua; no viajes por mar o río. Disparar un revólver: serás engañado. Matar con un revólver: larga vida. Policías armados con revólveres: buena cosecha. 675

3 **Rey**. Soñar con la realeza es muy favorable, a menos que alguno de sus miembros se muestre incómodo. Enviarle una carta a un rey: peligro. Entrevistarse con un rey: rebelión en casa. 957

1 **Riesgo**. Si te sueñas en riesgo, tendrás excelente suerte. Niños en riesgo: ganancias; el ser amado: éxito inmediato en el amor. 586

7 **Rifa**. Este sueño de oportunidad y riesgo es indicio de éxito inmerecido. Corrígete y sé más amable en tu trato con los demás. Participar en una rifa: riesgos menores. Novios comprando un boleto para una rifa: asociación desafortunada. Perder en una rifa: cancelación de un compromiso. 691

1 **Rinoceronte**. Éxito en los negocios, pero desilusión y aplazamientos para los enamorados. 875

6 **Río**. Al igual que todos los sueños de agua —trátese de mar,

lago, laguna, etc.—, el significado depende de la limpieza o suciedad de la corriente. Si, además, en tu sueño hay trazas de desbordamiento, sé muy cauteloso en tus planes, pues enfrentarás problemas. Caer o lanzarte a un río anuncia preocupaciones caseras. 294

7 **Riqueza**. Cuanto más ostentación hagas en sueños de tu riqueza, tanto peores serán tus pérdidas en los negocios, dado que este sueño es de significado contrario. Personas sumamente ricas: evita a tus enemigos. 835

2 **Risa**. De significado contrario. Tus problemas serán particularmente graves si ríes a carcajadas o sin motivo aparente. Vigila tu situación amorosa; habrá lágrimas y tristezas. 578

2 **Riscos**. Sueño peligroso. No corras ningún riesgo, especialmente los relacionados con la altura. Ascender por un risco: conclusión de ciertos asuntos; descender: no confíes en tus amigos. 461

8 **Rival**. Sueño que anuncia obstáculos. Si vences a tu rival o éste se retira, saldrás adelante en tus negocios. Ser derrotado por un rival: vergüenza y pesar. Que un enamorado sueñe que tiene un rival: será imprudente en sus asuntos amorosos; una joven: aceptará a su actual pretendiente. 413

6 **Rizos**. Cambio radical de situación; nuevo ambiente y mejores épocas. 807

7 **Roble**. Todos los sueños de árboles sanos son presagios favorables; cuanto más bello sea el árbol, mejores perspectivas tendrás. Sin embargo, si los árboles son jóvenes, pasarán varios años antes de que tengas éxito, a pesar de lo cual el augurio sigue siendo positivo. Árbol seco o sin hojas: pérdidas en los negocios. Árbol que te impide el paso: problemas graves. 835

5 **Robo**. Te regalarán alhajas. 986

2 **Rocas**. Sueño anunciador de obstáculos cuyo significado depende de las circunstancias, pero con toda certeza presagia dificultades y trabajos penosos. 794

6 **Rocío**. Bendición de la Naturaleza. Pasto cubierto de rocío: sueño muy favorable. 123

8 **Rodilla**. Sueño que anuncia obstáculos en caso de rodilla lastimada. Si la lesión es leve, nada grave ocurrirá. Rodilla fracturada: pobreza. Caer de rodillas: mala suerte en los negocios. Las rodillas de una mujer: buena suerte. 431

5 **Ropa**. Sueño de significado contrario. Si en el sueño apareces con mucha ropa, tendrás problemas; si, en cambio, apareces semivestido o desnudo, gozarás de prosperidad. Sin embargo, soñar que te vistes es buen signo; pero si cometes un error y lo corriges, tu suerte no será tan buena. 671

5 **Rosario**. Soñar que rezas el rosario significa reconciliación con un amigo. Que otra persona lo reza: desconsuelo. 716

9 **Rosas**. Sueño muy afortunado para toda clase de personas, salvo que las flores estén marchitas o se deshagan en tus manos; si sólo están ligeramente dañadas, tendrás éxito tras leves dificultades. 621

7 **Rostros**. El significado de este sueño depende de la expresión del rostro, sonriente o de enojo, pues dado que en este caso la interpretación es literal, toda muestra de fealdad o repulsión indica mala suerte. Soñar que te lavas la cara prefigura dificultades provocadas por ti mismo. Si ves rostros completamente desconocidos, cambiarás de casa u ocupación. 394

5 **Ruedas**. Recibirás en herencia una propiedad. Una rueda rota: nuevos intereses y circunstancias. Rueda de molino: peligro serio; de un auto: desdicha matrimonial. Ruleta: sufrirás una enorme vergüenza. 842

2 **Rugido**. El rugido del agua significa el retorno de un viajero; de un animal: un enemigo te vigila. 146

4 **Ruido**. Escuchar un ruido fuerte significa peleas entre amigos o parientes; cuanto más intenso el ruido, tanto peores consecuencias. 391

1 **Ruinas**. Visitar ruinas históricas: buena suerte. Un edificio en ruinas: mala señal; evita especulaciones financieras. Matrimonio en ruinas: todo mundo sabe que eres tacaño. Ciudad en ruinas: recibirás inesperada fortuna. Una familia arruinada financieramente: dinero. 352

S

3 **Sábanas**. La importancia de este sueño depende de la situación en la que te encuentres en la realidad. Si compras o recibes sábanas nuevas y tu situación económica es desahogada, perderás dinero. La combinación, en cambio, de sábanas nuevas y pobreza o limitación anuncia mejores condiciones. 147

8 **Sabandijas**. Casi todos los sueños desagradables, como éste, son de significado contrario y predicen buena suerte. 593

6 **Sacacorchos**. Si lo usas, enfermedad. 231

9 **Sacerdote**. Se resolverá una disputa y habrá felicidad. Confesarte con un sacerdote: estás corriendo demasiados riesgos. Sacerdote a bordo de un barco: mal tiempo o naufragio. Que tu familia va a ver a un sacerdote: peleas domésticas. 234

2 **Saco**. De significado contrario. Si estrenas saco, tendrás problemas de negocios; si, en cambio, tu saco es viejo o se rasga, gozarás de prosperidad. Usar un saco ajeno: te verás en la necesidad de recurrir a la ayuda de un amigo. Perder un saco: ruina financiera a causa de tus especulaciones. Saco sucio: pérdida de un buen amigo. 146

5 **Sal**. Sueño afortunado, pero si tiras la sal pasarás dificultades y arduos trabajos para alcanzar el éxito. Poner sal a los alimentos: discusiones religiosas; demasiada: derrocharás tu dinero. Cocinar con sal: días favorables. 203

3 **Salario**. Recibirlo: riesgo de pérdida. Pagarlo: dinero procedente de una herencia. Que se te niega tu salario: demanda legal próxima. 129

2 **Salchichas**. Problemas domésticos, debidos principalmente a enfermedad. Comprar salchichas: satisfacción en la vida. Comer salchichas de puerco: ganancias en el juego; de hígado: pobreza. 317

2 **Salmón**. Problemas familiares. Pescar salmón: acuerdo con amigos. Comerlo: amigo leal. Salmón enlatado: dinero. 875

7 **Salón**. Soñar un gran salón en un lugar desconocido quiere decir que muy pronto tendrás que tomar decisiones importantes.

4 **Saltamontes**. Tu felicidad será efímera. 751

4 **Salto**. Otro más de los muchos sueños anunciadores de obstáculos. Enfrentarás dificultades, pero las superarás a fuerza de constancia. 238

7 **Salvaje**. La deshonestidad de una persona te causará pequeñas molestias. Soñar muchos salvajes indica que un amigo te ayudará a salir de un problema que tú mismo te causaste. Ser herido por un salvaje: llevarás una vida desordenada. Luchar con un salvaje: dificultades menores a causa de la deshonestidad de alguien. 286

7 Sangrado. Más allá de los detalles del sueño, esta mala premonición anuncia una decepción profunda. 592

1 Sangre. Soñar sangre en cualquiera de sus formas augura profunda decepción. El significado preciso depende de los detalles del sueño, pero ver que mana sangre tuya —independientemente del punto del cuerpo de que se trate— indica por lo general reveses en el amor o disputas con un buen amigo. Sangre fluyendo de una herida: enfermedad y pesar. Ropa manchada de sangre: el éxito en tu carrera se ve amenazado por enemigos. Sangre en otras personas: decepción profunda. 235

6 Sapo. Pérdidas y dificultades, pero si el sapo salta, saldrás adelante a costa de grandes esfuerzos. Atrapar sapos: te harás daño a ti mismo. Matarlos: falso amigo. Pisar un sapo: tus amigos te dejarán solo cuando más los necesites. 294

1 Sastre. Para una joven este sueño significa que se casará con una persona de condición o rango inferior a ella; para un hombre, que debe tener cuidado en sus negocios. Ser sastre: cambio de circunstancias. Mandar a hacer ropa con un sastre: alegría casual. 325

4 Secreto. Soñar que alguien murmura un secreto a tu oído indica que serás objeto de una afrenta pública. Tener un secreto: gran fortuna. Que se te dice un secreto: debes controlar tus pasiones. Decir un secreto: desdicha en el amor. Pareja intercambiando secretos: diligencia y mucho trabajo. Que amigos te confían un secreto: dinero. 526

8 Secuestro. Tus condiciones están a punto de mejorar; desaparecerán muchas de tus preocupaciones. Secuestro de un niño: catástrofe. 503

1 Sed. Sueño anunciador de obstáculos; si sacias tu sed, resolverás tus problemas. 325

3 Seducción. Dispondrás siempre de mucho dinero. Seducir a una jovencita: tus negocios marcharán según tus deseos. Seducir a una mujer por la fuerza: acontecimientos benéficos. Que tu hija es seducida: ganancias. Que una persona casada sueñe que es seducida: vivirá plácidamente; una viuda: será objeto de un robo. Un hombre arrestado por seducir a una mujer: será muy indeciso. Un adolescente seduciendo a una niña de su edad: inminente muerte en la familia. 462

5 **Selva**. Tu economía te causará angustia. Ahorra. 671

9 **Semillas**. Agradables actividades sociales. Recoger semillas: ganancias. Comerlas: ganancias abundantes. Comprar semillas: importantes acontecimientos benéficos. 765

8 **Sendero**. Sueño que anuncia obstáculos y cuyo significado depende de las circunstancias. Si puedes recorrerlo con tranquilidad y facilidad, tus asuntos darán buen resultado; pero si enfrentas dificultades para avanzar, ten la seguridad de que te aguardan problemas. 296

2 **Separación**. Soñar que te separas de tus seres queridos indica fracaso de un plan importante. Que marido y mujer se separan: andas en boca de tus amigos. Separación de novios: habladurías a tu alrededor. Amigos que se separan: enfermedad para los niños. Que uno de los novios desea la separación: sé cauteloso en tus transacciones de negocios. Separarse de un socio: éxito en los negocios. 587

2 **Sepulcros**. Soñarte caminando entre sepulcros anuncia matrimonio; que dispones tu propia tumba, matrimonio inminente. Un sepulcro en ruinas: enfermedad y problemas familiares. Soñarte admirando tumbas con otra persona denota que tu futura pareja congeniará muy bien contigo. Que inspeccionas tumbas de personajes ilustres: honor y riqueza muy próximos. 416

3 **Serpiente**. Estás rodeado de personas ingratas. Serpiente de muchas cabezas: seducirás a una joven hermosa. Atrapar a una serpiente de varias cabezas: irás de pesca. Matarla: triunfo sobre tus enemigos. Ser mordido por una serpiente: tus enemigos te culpan de tu hostilidad. 615

8 **Serrucho**. Si serrucha madera, enfrentarás dificultades. 692

6 **Servilleta**. Pronto recibirás buenas noticias. Servilleta bordada: matrimonio. Recibir servilletas como regalo: peleas familiares. 321

9 **Sexo**. Una persona joven de sexo masculino: suerte y prosperidad; de sexo femenino: larga vida. Un hombre con deseos sexuales: desgracia pública; una mujer: inmediato cumplimiento de tus esperanzas. 153

6 **Sidra**. Chismes sobre tu vida privada. Sé precavido. 105

7 **Silbido**. Escuchar silbidos indica que eres motivo de un escándalo; emitirlos tú, malas noticias. 691

8 **Silla**. Una silla desocupada: tendrás noticias de un amigo ausente durante mucho tiempo. 431

8 **Silla de montar.** Soñar que montas un caballo sin ensillar anuncia enfermedad a causa de tu descuido. Revisa nuevamente tus planes y evita cometer los mismos errores. Montar un caballo con silla nueva: alegría casual. Que otros montan caballos sin ensillar: catástrofe; niños: retroceso en tus planes. 296

9 **Sillón**. Noticias confusas. Sentarte en un sillón muy cómodo: prosperidad. 432

3 **Sirena**. Sueño desafortunado, sobre todo para quienes viven del mar: marineros, pescadores, etcétera. 651

4 **Sirviente**. Sueño anunciador de obstáculos cuando una mujer se ve como sirvienta; sé constante y aférrate a tu trabajo. Soñar que se contrata a muchos sirvientes es también mal augurio; no pierdas de vista tus intereses. Una sirvienta: chismes. Un sirviente: la gente te rechaza. Sirvientes trabajando: infidelidad. Despedir a un sirviente: grandes pérdidas. Pagarle a un sirviente: enorme dicha. 625

8 **Soborno**. De significado contrario. Aceptar un soborno en efectivo: evidencia de que tu conducta es recta y honorable. Rechazarlo: se te pagará una deuda en forma inesperada. Sobornar a un funcionario del gobierno: pena enorme. 341

6 **Sobres**. Los sobres cerrados representan dificultades. Si puedes abrir un sobre y extraer su contenido, algunos de tus problemas se resolverán rápidamente. Meter una carta en un sobre: encontrarás objetos valiosos que creías perdidos. Recibir un sobre con muchas letras: grave desilusión amorosa. Depositar un sobre en el correo: suerte y prosperidad. Comprar uno o varios sobres: cambio positivo. 951

6 **Sobrina**. Afecto y ayuda mutuos entre un pariente y tú. 312

6 **Soga**. Sueño que anuncia obstáculos. Si te ves fuertemente atado con una soga, tendrás problemas en los negocios. Descender por una soga: vencerás a todos aquellos que pretendan hacerte daño. 492

1 **Sol**. Éxito en asuntos de dinero y amor. Hermosa puesta de sol: recibirás noticias falsas. Que una mujer la sueñe: tendrá un hijo. Que el sol brilla sobre tu cama: temor. El sol filtrándose entre las nubes: tus problemas se resolverán muy pronto. 253

7 **Soldado**. Te quedarás sin trabajo, y antes que encuentres uno, es probable que ocurran muchos otros cambios en tu vida. Soldados en adiestramiento: realización de tus esperanzas y deseos. Soldados heridos: pérdida de sueño. Muchos soldados marchando: cambio radical de vida. Que una joven sueñe soldados: pasará por abundantes cambios antes de establecerse. Soldados en combate: triunfo. 196

6 **Soledad**. Soñar que te sientes solo es buen presagio; saldrás adelante por tus propios méritos, no gracias a la influencia de amigos y desconocidos. 240

9 **Soltería**. Que las personas casadas se sueñen solteras significa riesgos a causa de celos y chismes; si confían en su pareja, todo saldrá bien. Que una persona soltera sueñe que desea casarse: recibirá buenas noticias; un soltero de edad mayor: se casará con una mujer de excelente salud; una soltera de edad mayor: se casará con un hombre joven. 756

5 **Soltero**. Soñar a un soltero joven es buen signo; a un soltero de edad avanzada, malo: anuncia soledad o pérdida de un amigo. Ser soltero: cambio de vida próximo. Soñarse soltero tras la anulación de un matrimonio: ganancias. Que un soltero se casa: te casarás con una mujer muy rica. 716

6 **Sombrerera**. Soñar que abres una sombrerera anticipa momentos alegres, salvo que la caja esté vacía, en cuyo caso te sentirás triste por no haber sido invitado a una fiesta. 402

6 **Sombrero**. Ropa o accesorios nuevos son generalmente de muy buen agüero, pero si son viejos anuncian problemas. Si pierdes tu sombrero en sueños, cuídate de amigos falsos. Un sombrero de mujer: recuperación de una enfermedad; de hombre: pesadumbre. Estrenar sombrero: riqueza. Usar un sombrero de paja: tiendes a ser muy presuntuoso. 123

2 **Sombrilla**. Es buen augurio verte en sueños con una sombrilla abierta; hará buen día. Pedir prestada una sombrilla: malos entendidos con amigos. Prestar una sombrilla: falsos amigos te harán daño. Una hermosa sombrilla de muchos colores: la persona amada te causará un disgusto. 614

5 **Soplo**. Soplo del viento: tendrás un problema legal. Soplar una fogata: corren chismes sobre ti. Soplarle a alguien en la cara: una mujer tramposa te hará una jugarreta. 176

8 **Sordera**. Soñarte repentinamente sordo es buen signo; gra-

cias a un inesperado giro de los acontecimientos, te librarás de un problema grave. 143

2 **Sorteo**. Pérdidas; sé cauteloso. Aceptar participar en un sorteo: estás muy confundido. Perder en un sorteo: obtendrás mucho dinero por medios poco honorables. 641

2 **Subasta**. Señal desfavorable, de significado semejante al de soñar a un abogado. Si no tomas precauciones, un conocido pretenderá aprovecharse de ti. 416

3 **Suciedad**. Soñar que tu ropa está sucia denota desgracia. Si apareces sucio o sin bañar, padecerás una enfermedad. 795

5 **Sudor**. Tendrás que hacer grandes esfuerzos, pero te verás debidamente recompensado. 419

4 **Suegro**. Ver en sueños a tu suegro, ya sea vivo o muerto, significa mala suerte, sobre todo si se comporta violenta o amenazadoramente contigo. 157

9 **Suelo**. Soñarte barriendo o trapeando anticipa problemas de negocios; tendrás mala suerte, aunque puede ser que tus pérdidas no sean cuantiosas. Sentarte o tenderte en el suelo es, en cambio, un sueño afortunado. 486

3 **Sueños**. Soñar que consultas a alguien para que te explique tus sueños: recibirás noticias de un lugar lejano. Soñar cosas hermosas: tus deseos son imposibles. Que eres rico: sufrirás una desilusión; que eres pobre: cambio de situación. 561

7 **Suerte**. Sueño de significado contrario, pues soñar que tienes suerte en los negocios o el amor anticipa mala suerte. Sé cauteloso y piensa las cosas antes de hacerlas; sé reservado respecto de tus sentimientos. 205

8 **Suicidio**. Evidencia de que has hecho excesivos esfuerzos mentales y es necesario que cambies de ambiente por un tiempo. Soñar que planeas suicidarte: tus problemas son obra tuya. Que te suicidas: desdicha. Que piensas suicidarte: debes aceptar la realidad tal cual es. Una mujer suicidándose: oposición en el amor y desesperación. Que una persona casada se suicida: cambio permanente de tus condiciones. 134

4 **Susto**. De significado contrario; cuanto más atemorizante sea la prueba que tengas que pasar en sueños, tanto mayor será tu éxito. Si vences tus dificultades actuales, tus negocios prosperarán. Asustar a otras personas: cambio de vida próximo. Ser asustado: descubrirás un secreto. 913

T

6 **Tabaco**. Muchos de tus problemas se desvanecerán muy pronto, como el humo; te darás cuenta de que eran irreales. Una tabaquería: se habla mucho de ti a tus espaldas. Fumar un cigarro: estás malgastando tu dinero. Que una mujer se sueñe fumando: sus problemas desaparecerán muy pronto. 231

3 **Tambores**. Es buen presagio escuchar tambores en sueños; tendrás mucho éxito. Marchar en un desfile tocando un tambor: suerte y prosperidad. Comprar un tambor: pérdida insignificante. Niños con tambores: te hará falta dinero. 291

9 **Tapiz**. Motivos aparentemente sin importancia te darán gran felicidad. Admirar un tapiz: abuso de confianza. Comprar un tapiz: alegría. 378

3 **Tarde**. Soñar una tarde hermosa es advertencia de que debes ser cuidadoso con tus asuntos personales; la fortuna te sonreirá si impides que las personas que te rodean te hagan una mala jugada. 264

9 **Taxi**. Recibirás noticias confusas; cuídate de informaciones falsas. Viajar en taxi: éxito en tus negocios; también, posibilidad de que un país lejano o un amigo que vive en el extranjero te traiga buena suerte. Llamar a un taxi: nuevos intereses y condiciones. Librarte de que un taxi te atropelle: evita a tus rivales. Un hombre viajando en taxi con una mujer: tu nombre saldrá a relucir en un escándalo. Una mujer sola en un taxi: éxito regular. Ir en taxi bajo la lluvia: correspondencia con amigos que viven en el extranjero. Ir en un taxi con tu esposa: larga vida; con niños: felicidad familiar. 216

3 **Taza**. Una taza vacía es mal signo, pero una llena es aviso de prosperidad. Beber de una taza: buena época. Romper una taza: muerte de un enemigo. Recibir una taza como regalo: tienes amigos leales. 129

7 **Té**. Soñar que preparas o bebes té es advertencia de dificultades pequeñas pero abundantes; si perseveras saldrás adelante. Tomar té: desdicha familiar. Restos de té en una taza: tendrás muchos compromisos sociales. Té en bolsitas: decepción amorosa. 250

7 **Teatro**. Soñar que asistes a una representación teatral te advierte de la traición de una persona de tu confianza. Si no eres cauteloso con tus planes, perderás dinero. 826

6 **Techo**. Si en tus sueños le ocurre algo al techo de tu habitación, un amigo te causará problemas, debido quizá a una enfermedad. 258

9 **Tejido**. Tus proyectos serán coronados con el éxito. Ver en sueños que otra persona teje: engaño. 846

1 **Tejón**. Te aguardan intensos trabajos. Matar a un tejón: te enamorarás. Atrapar a un tejón: buena suerte. 784

2 **Tela**. Viaje y satisfacción de tus deseos. Signo de riqueza. 731

9 **Telaraña**. Destruir una telaraña significa triunfo sobre un enemigo. 126

2 **Teléfono**. Tu curiosidad será satisfecha. Hacer una llamada telefónica: ventajas en los negocios. Recibirla: aplazamiento dc una cita. Llamada de larga distancia: dicha. No tener teléfono: tus deseos se cumplirán. 758

1 **Telegrama**. Es más afortunado recibir un telegrama que enviarlo, aunque en ningún caso es de buen agüero. Enviar un telegrama de negocios: mala época para los mismos; recibirlo: cobrarás dinero que te debían desde hace tiempo. 685

2 **Telescopio**. Exageras tus problemas. Basta con que les hagas frente para que tus preocupaciones desaparezcan. 794

4 **Temblor**. Sueño muy poco frecuente, y por lo tanto de interpretación variable. Dado que en Oriente es raro que tiemble, se le da poca importancia a este fenómeno en los sueños; suele interpretársele como anuncio de dificultades pequeñas. En Occidente, en cambio, debe ser considerado como advertencia de graves acontecimientos. Sentir un temblor: muerte de un familiar. Una ciudad destruida por un temblor: cambio de vida próximo. 760

8 **Temor**. Existen muchas interpretaciones de este sueño, dado que las circunstancias pueden ser múltiples; se puede sentir y expresar temor de las maneras más diversas. No obstante, debe considerársele como un sueño anunciador de obstáculos. Si sueñas que vences tus temores o resuelves tus problemas, todo marchará bien; pero si el temor persiste sin que descubras la causa, una persona de tu confianza te engañará o traicionará. 719

9 **Templo**. Soñar un templo de un país extranjero indica que pronto vivirás experiencias curiosas. Si eres discreto, tu recompensa será mayor. 216

9 **Tenedor**. Peleas. Recibir tenedores como regalo: inevitable decepción. 621

2 **Tentación**. Muchos obstáculos te impiden disfrutar de lo que legítimamente te pertenece. Si controlas tu lengua, tu buen sentido se encargará de vencer toda dificultad. 146

1 **Terciopelo**. Sueño afortunado, aunque su significado depende en gran medida del color de la tela. Coser terciopelo: recibirás ayuda de un amigo. 793

2 **Tesoro**. Soñar que descubres un tesoro es un presagio muy desfavorable; cuídate de ser traicionado por personas en las que confías. Hallar un tesoro oculto: peligro. Encontrar un cofre con un tesoro: herencia. Excavar para hallar un tesoro: desgracia. Robar un tesoro: cuídate de que te traicionen personas en las que recientemente has depositado tu confianza. Soñar tus propios tesoros: engaño de amigos; pronta mejoría de tus negocios. 173

5 **Testigo**. Soñarte como testigo en un juzgado es advertencia de falsas acusaciones. Testigos declarando en tu favor: buenos resultados en tus negocios. Ser testigo en favor de otra persona: grave catástrofe. 896

6 **Tetera**. Augurio muy favorable si la tetera está limpia y radiante; pérdidas y problemas si el agua hierve hasta consumirse. 735

3 **Tía**. Soñar a parientes cercanos es buen signo y anticipa éxito en cuestiones de dinero. Ser tía: se planea matrimonio afortunado. Visitar a una tía: recibirás una herencia. 291

9 **Tiburón**. Presagio de que te librarás por muy poco de un problema o enfermedad graves. Atrapar a un tiburón: tus asuntos marchan a la perfección. Ser muerto por un tiburón: vencerás todos tus obstáculos; mordido pero no muerto: malos resultados en los negocios. Otras personas mordidas por tiburón: te librarás de un problema serio. 432

8 **Tienda**. Soñar que tienes una tienda indica que deberás trabajar mucho para prosperar, según tu tienda sea rentable o no. Tienda de ropa: todo será maravilloso para ti. Tienda de alimentos: ruina de otras personas. Tienda en llamas: pérdida de posesiones. 215

8 **Tienda de campaña.** Te dará mucho gusto poder ayudar a un amigo más joven que tú a resolver sus problemas amorosos.

Vivir en una tienda de campaña con tu familia: grandes cambios en tu vida; con la persona amada: discusiones. Campamento militar: harás un viaje fatigoso. 647

9 **Tierras**. Sueño de buen augurio si posees tierras y las conservas; pero si las abandonas, cambiarás de ocupación, no necesariamente para bien. Si el dueño de las tierras te ordena retirarte, sufrirás una cruel decepción. Verte echado por tierra: tendrás dificultades económicas. 162

5 **Tigre**. Sueño que anuncia obstáculos. Si te atrapa una bestia salvaje, perderás mucho dinero. Tigre en un circo: tendrás amigos generosos; en un zoológico: muerte de una persona importante. Escuchar el rugido de un tigre: penalidades. 284

1 **Tijeras**. Advertencia de falsos amigos; no deposites tu confianza en cualquiera. Comprar tijeras: eres una persona muy estricta y correcta. Usar tijeras de manicure: larga vida. Novios manipulando tijeras: grave discusión sobre cuestiones de amor. 352

5 **Timidez**. Te sentirás muy bien en medio de un grupo muy numeroso. Tener hijos tímidos: alegría; amigos: problemas. 248

1 **Tinta**. Si derramas tinta, te alejarás de tus amigos; escribir con tinta china es en cambio buen signo. Comprar tinta: ganancias. Escribir cartas de amor con tinta china: traición; cartas de negocios: pérdida en los mismos. Que una joven sueñe tinta: se le difamará. 253

5 **Tinte**. Soñar que aplicas tinte a tu cabello es mal signo: sufrirás a causa de tus propias torpezas. 824

7 **Toalla**. Tendrás una enfermedad leve y te aliviarás pronto. 214

4 **Tobillo**. Soñar que te lastimas el pie o el tobillo es buen augurio, a pesar de dificultades iniciales. Una mujer exhibiendo sus tobillos: ella realizará tus deseos. Tener hermosos tobillos: dinero en abundancia en la vejez. 859

2 **Tobogán**. Te involucrarás tanto en los asuntos de otra persona que te será difícil librarte de ellos; ten cuidado. 461

4 **Tocino**. Mal presagio, sean cuales sean las circunstancias específicas del sueño e independientemente de que lo comas o sólo lo compres. Símbolo relacionado por lo general con la salud. 256

3 **Tontería**. Soñar que haces tonterías es de buen agüero. Que tu pareja las hace: ganancias; tu novio o novia: debes corregir tu conducta. 651

7 **Tormenta**. Sueño anunciador de obstáculos. Presenciar una tormenta: desdicha en el amor. Hallarte en medio de una tormenta: te alejarás de seres queridos. Una tormenta sobre tu casa: descubrimiento de un secreto; tan fuerte que tu casa se viene abajo: te acosan personas malintencionadas. 952

6 **Tornado**. Advertencia de conflictos en tu hogar u oficina; terminarán en desastre. Un tornado furioso: pérdida de amigos; benigno: desastre en tus asuntos. Daños causados por un tornado: tu honestidad te dará grandes satisfacciones. 807

5 **Toro**. Símbolo de un enemigo o rival en el amor o los negocios. Ser cogido por un toro: recibirás un regalo. Toro furioso: gran éxito en el amor. 284

3 **Torpedo**. Presagio de amor a primera vista que alterará por completo tu vida. Un torpedo que explota: te rodean personas envidiosas; que da en el blanco: pasarás agradables momentos con niños. 714

4 **Torre**. Cuanto más asciendas por ella, tanto mayores serán tus pérdidas. Sueño que anuncia obstáculos. 265

3 **Tortuga**. Indicio de que tus deseos o ambiciones no se cumplirán; tendrás que esforzarte mucho para impedir que ello ocurra. Atrapar a una tortuga marítima: aclaración de un enigma. Comer tortuga: tienes enemigos secretos. Caldo de tortuga: éxito y larga vida. 201

5 **Tortura**. Soñar que te torturan significa bienestar en casa. Torturar animales: perderás mucho dinero. Novios torturándose uno a otro: estás comportándote irracionalmente. 639

9 **Tos**. Sueño de significado contrario que indica salud, vigor y prosperidad en los negocios. 261

9 **Tráfico**. Tendrás muchos amigos y te harán un reconocimiento público. Accidente de tráfico: pérdida de dinero. Personas heridas en un accidente de tránsito: serás perseguido. Ser detenido por un agente de tránsito: vida muy activa. 675

9 **Traje**. Sueño de significado contrario en lo que se refiere a la ropa, pues cuanto más nueva y a la moda sea ésta, mayores problemas tendrás. Verte en atuendo informal es, por el contrario, buen signo. No obstante, el significado de un sueño

de ropa depende en gran medida de los colores; consulta a su interpretación. Verte a ti mismo o a otras personas sin ropa es señal de buena suerte insospechada. 315

9 **Traje de montar.** Soñar que te pones o usas un traje de montar te advierte que deberás hacer grandes esfuerzos para librarte de una embarazosa situación. Sé valiente; tienes más amigos de lo que imaginas. 153

6 **Trampa**. Soñar que te hacen trampa es buen augurio; pero no si tú la haces. 348

5 **Transbordador**. Peligro; no hagas a otros lo que no quieras para ti y evita acercarte a los ríos. Encontrarte solo en un transbordador: riesgo; con tu familia: buenas épocas. 176

8 **Trapos**. Sueño afortunado, pues toda exhibición de riqueza en un sueño es de mal agüero. Que una mujer se sueñe apenas cubierta por unos trapos: desdicha; una joven: conocerá a un tipo muy arrogante. Lavar trapos: desgracia. Juntar trapos: agrias discusiones. Comprarlos: te verás acompañado por personas alegres. 341

8 **Trastero**. Soñar un trastero vacío es mal anuncio para los negocios; si lo llenas, te recuperarás, no sin dificultades. Sacar cosas de un trastero: tienes muchos amigos leales. 476

9 **Trébol**. Soñarte entre innumerables tréboles es un signo muy favorable, especialmente si estás enamorado. 783

9 **Trenes**. Viajar solo en tren: un asunto legal se resolverá en tu favor; con la familia: ventajas en la vida. Un tren de carga: conocerás a una persona muy agradable. 261

1 **Treta**. Sueño de significado contrario. Si te hacen una treta, te reconciliarás con una persona o recibirás buena suerte a través de un amigo. Si tú la haces, tendrás problemas. 253

1 **Trinchar**. Sueño cuyo significado depende de las circunstancias. Si tú mismo trinchas carne para servirte, gozarás de prosperidad; pero si lo haces para servirles a otras personas, alguien se beneficiará de tus acciones. 532

3 **Tripulación**. No es buena señal ver a la tripulación de un barco en plena actividad; recibirás malas noticias. 192

1 **Tristeza**. Alegría duradera. 289

4 **Tronco**. Una persona volverá del extranjero. Se te cumplirá un deseo relacionado con tu casa. Troncos caídos: buen signo, siempre y cuando no pases por encima de ellos ni los cortes. 265

3 **Trueno**. Una tormenta de truenos indica grandes dificultades. Al igual que los demás sueños anunciadores de obstáculos, el significado final de éste depende de las circunstancias. Un rayo después de un trueno: muerte de un amigo. Que te cae un rayo seguido de un trueno: mujer sumamente sensual. 867

3 **Tumba**. Noticias de muy lejos; si la tumba está abierta, no serán buenas. Una tumba recientemente cavada: sufrirás a causa de insensateces ajenas. Caminar sobre una tumba: infeliz vida matrimonial. Cavar una tumba: grandes obstáculos. La tumba de tu padre: herencia. 561

5 **Tumulto**. Te enterarás muy pronto de que han tomado por fin una decisión que te concierne; te favorecerá. 986

9 **Túnel**. Sueño que anuncia obstáculos. Si sales del túnel, no te ocurrirá nada grave. Atravesar un túnel en auto: proyecto de negocios fallido; en tren: muchos de tus amigos son falsos. 513

8 **Turquía**. Visitar Turquía: pérdida de tus posesiones. 134

U

2 **Uniforme**. Cambio positivo; un ascenso que mejorará tu situación amorosa y profesional. Un miembro de tu familia con uniforme: gloria y dignidad. Usar uniforme: valor y notoriedad. Una mujer que viste uniforme en su trabajo: eres una persona demasiado arrogante. 470

9 **Universidad**. Eres afortunado gracias a tu talento y tus amigos. 135

V

9 **Vaca**. Buena suerte a menos que la vaca te persiga, en cuyo caso el significado del sueño depende de las circunstancias: si huyes, librarás la emboscada que te tenderá un enemigo. Cuantas más vacas veas, tanto más grave es la advertencia. 531

4 **Vacunación**. Corres el riesgo de ofrecer más cariño de lo que la gente se merece; controla tu corazón y obedece a tu cabeza. Que se vacuna a niños: no malgastes tu dinero. Que una enfermera te vacuna: enfrentarás oposición en la vida; a otras personas: tus enemigos te harán perder mucho tiempo. 526

6 **Vadear**. Es buen signo para los enamorados soñarse vadeando una corriente de agua limpia; si está sucia o agitada, sufrirán desilusiones. 591

6 **Vagabundo**. Un amigo ausente piensa en ti. Estás por recibir carta suya. 528

3 **Valentía**. Una emergencia pondrá a prueba tu temperamento; mantente tranquilo y empeña todo tu valor. 264

9 **Vals**. Una persona que te admira oculta el afecto que siente por ti; sé amable. Bailar un vals: buen humor y alegría; con tu cónyuge: enfermedad; con tu amante, novio o novia: alguien que te aprecia se resiste a manifestártelo. 423

7 **Valle**. Hallarte en un valle es advertencia de mala salud; no te excedas. Un valle muy hermoso: sé cauteloso en todos tus asuntos. Atravesar un valle verde: satisfacción y contento. Un valle árido: molestia y necesidad. 583

4 **Vampiro**. Mal presagio; te casarás por dinero y saldrás perdiendo. Luchar contra un vampiro: buenas noticias. 526

8 **Vasija**. Por tratarse de una acción inusual, soñar que comes o bebes de una vasija es advertencia de dificultades en el amor y de la probabilidad de que no te cases con la persona a la que más amas. Utilizar una vasija llena de agua: dinero en abundancia. Una vasija vacía: tendrás muchas deudas. 431

6 **Vecinos**. Desgracia o pérdida de negocios. Visitar a tus vecinos: peleas familiares. Ser muy amable con tus vecinos: pérdida de dinero. 852

5 **Vejez**. Soñarte viejo indica fama. Ropa vieja: debes tener mejor opinión de ti mismo. 968

4 **Vela**. Si la vela brilla intensamente, buen augurio; si se apaga, tendrás problemas. Encender velas: conocerás a nuevos amigos; apagarlas: pelearás con un amigo. Velas de colores: enviudarás. Comprar velas: tiendes a creerles a tus enemigos. Cargar velas encendidas: muerte de un amigo. 715

5 **Velero**. Sueño relacionado con el agua cuyo significado depende por tanto de la tranquilidad o agitación de ésta y de lo placentero del paseo. En caso de que las circunstancias sean adversas, tendrás tantos problemas y dificultades cuanto más severa sea la tormenta. Si el velero es pequeño, tanto mayor éxito tendrás en la resolución de tus problemas. 896

9 **Velo**. Soñarte con velo es mal augurio, incluso si es de novia, salvo que te lo quites antes que el sueño concluya. Doblar o desdoblar un velo: circunstancias favorables. 486

7 **Venado**. Soñar cautivos a animales silvestres indica conflic-

tos o disputas. Manada de venados en plena carrera: dificultades económicas. Matar a un venado: herencia. Ser dueño de unos cuernos de venado: engaño de amigos. 205

1 **Venda**. Te rodean buenas influencias. Ponerte una venda: buenas noticias. Ponérselas a otros: recursos en abundancia. Personas vendadas: malas noticias. 532

9 **Vendaval**. Te esperan mejores tiempos. No les des demasiada importancia a tus actuales dificultades, sobre todo a tus roces con los demás. Hallarte en un barco azotado por un vendaval: cumplirás tus mayores ambiciones. 423

6 **Vendedor ambulante.** Engaño de amigos y conocidos. 519

3 **Veneno**. Soñar que tomas un veneno indica pérdida de dinero a causa de la deshonestidad de una persona en la que confías; sé cauteloso al prestar y evita la compra de acciones. Si te recuperas de los efectos del veneno, superarás tus dificultades mediante una observación más cuidadosa de tu entorno. 156

9 **Venganza**. Angustia, humillación y peleas, aunque éstas serán leves. Venganza contra un hombre: humillación; contra una mujer: se te considera muy vulgar; contra la familia: discusiones sin mayor consecuencias. 576

5 **Ventana**. Una ventana abierta: éxito; cerrada: te quedarás sin amigos; rota: cuídate de que tus amigos te roben. Saltar por una ventana: problemas legales. Alcanzar una ventana con una escalera: caerás en bancarrota. Una ventana muy grande: mucho éxito en los negocios. Que personas se besan junto a una ventana: muerte de un pájaro al que tenías por mascota. Ver algo a través de una ventana: triunfo sobre tus enemigos. Lanzar objetos desde una ventana: avance en tu situación. 176

9 **Verduras**. Soñar estos verdes dones de la Naturaleza anuncia esforzados trabajos con escaso fruto. Persevera y no te desanimes. 432

3 **Verrugas**. Verrugas en las manos: obtendrás tanto dinero cuantas verrugas aparezcan; en manos ajenas: amigos ricos. 876

4 **Vestido**. Soñar que te preocupa tu ropa es buen signo; tendrás éxito en tus planes. Recibir como regalo un vestido hermoso: te ayudará un hombre desconocido. Comprar un vestido: salud y felicidad. Cambiarte de vestido: sufrirás a

causa de tus propias tonterías. Usar un vestido de noche atrevido: enfermedad. 157

2 **Vestimenta**. Sueño de significado contrario: cuanto más elegante aparezcas en sueños, tanto peores serán las consecuencias para ti. Tan es así que lo mejor que puede ocurrirle a una mujer es soñarse desnuda. Si, en cambio, la ropa con la que se ve en sueños ya está muy gastada o rota, tendrá suerte, aunque no tanta como la que tendrá sin ropa. 371

2 **Viaje**. Recibirás pronto noticias de muy lejos. Además, cambio de circunstancias, en dirección acorde con lo que ocurra en tu sueño. Si tu viaje resulta agradable, el cambio será positivo; si es molesto o hace mal tiempo, toma precauciones, pues enfrentarás dificultades en los negocios. Hacer un viaje en barco de vapor: acuerdo entre amigos; en avión: peleas familiares. Mal tiempo durante un viaje: atiende tus asuntos. Un viaje con niños: felicidad garantizada. Viajar con parientes a un país extranjero: buena suerte; solo: excelente temporada en puerta; con tu pareja: retrasos en tus asuntos personales. Viajar en carroza: gran fortuna; en auto: dicha y afecto familiar; en caballo: tendrás trato con personas obstinadas. Viajar a varios países extranjeros: calcula las consecuencias de tus actos. 164

5 **Víboras**. Advertencia de traición donde menos lo esperas. Desafortunado giro de los acontecimientos que no habías previsto; tus planes se irán a pique. Matar a una víbora: triunfo sobre tus enemigos. Ver varias víboras: personas celosas buscan tu ruina. 671

8 **Vid**. Excelente augurio, sobre todo si el follaje es abundante. Quizá debas trabajar mucho, pero tu éxito es seguro. 134

5 **Vidrio**. Sueño cuyo significado depende de la claridad u opacidad del vidrio. Vidrio claro: buenos negocios. Romper el vidrio de una ventana: problemas. Limpiar los vidrios de una ventana: felicidad amenazada. Romper un vaso sin agua: muerte de una mujer. Derramar un vaso de vino: buenas noticias. 374

4 **Viento**. Buenas noticias; a mayor intensidad del viento, mayor y más pronta fortuna. Avanzar contra el viento: éxito y energía inusitados. Que el viento vuele tu sombrero: mejoría en tus condiciones; el paraguas: alegría. Un barco contra el

viento: descubrirás un secreto. Velero impulsado por el viento: problemas. Navío hundido o destruido por el viento: recibirás dinero fácilmente. 526

3 **Vientre**. Sueño de significado contrario. Si en sueños te duele el vientre, quiere decir que tu salud es buena y tus asuntos prosperarán gracias a tu vigor. Vientre desnudo: infidelidad o traición de una persona amada. Sé discreto. 417

3 **Viga**. Tendrás que echarte encima una carga pesada. 471

2 **Villancicos**. Cantarlos: feliz matrimonio. 704

4 **Villano**. Soñar un villano o rufián anuncia carta o regalo de un ser querido. 796

4 **Vinagre**. Fatiga inútil. Vinagre fresco: enfermedad. Cocinar con vinagre: desastre de negocios. Preparar un aderezo de vinagre para una ensalada: participarás en una orgía. Comer alimentos aderezados con vinagre: pobreza. Comprar vinagre: abundancia. 175

6 **Vino**. Agradable vida hogareña; sin referencia a cuestiones de amor o negocios. Beber vino: recibirás muchas cosas hermosas. Derramar vino: alguien será herido y perderá mucha sangre. Comprar vino: nuevo empleo. Recibir vino como regalo: desilusión. Elaborar vino: buenos resultados en todos tus asuntos. Embriagarte con vino: gran éxito. 753

1 **Violación**. Soñar que te violan indica que recibirás una proposición matrimonial. Violar a un menor de edad: desgracia; mayor de edad: prosperidad y alegría. Ser violado por una mujer: herencia. Amigos violados: te sentirás muy apenado. 325

9 **Violencia**. Ser violentamente atacado en sueños significa que te esperan tiempos mejores. Violencia ejercida contra otras personas: fiestas y alegres amigos. 243

4 **Violetas**. Símbolo favorable para los enamorados. Cortar violetas: feliz matrimonio. Comprarlas: problema legal. 931

9 **Violín**. Escuchar música suave indica satisfacción social y familiar, pero si una de las cuerdas del violín se rompe, habrá peleas. Tocar un violín: felicidad conyugal; en soledad: asistirás a un funeral. 135

3 **Virgen**. Soñar una imagen de la Virgen es advertencia de problemas graves; sé cauteloso con tus amistades. Ser presentado a una virgen: indiscretos placeres. Enterarte de que una

persona no es virgen: gran desconsuelo. Conocer a una virgen con muchos novios: desconfía de tus amigos. Que un enfermo sueña una Virgen: se recuperará completamente. 264

8 **Visita**. Hacer una visita en sueños significa obstáculos en tus planes; recibir la visita de un amigo, viaje de placer. Visita de un doctor: gozarás de ventajas sobre los demás. Visitar a tus amigos: mala situación personal. Recibir visitas de negocios: pena que causará llanto. 521

3 **Visitantes**. No es buen presagio soñar visitantes; cuantas más personas te rodeen en sueños, tanto mayores serán tus dificultades de negocios. Que otras personas reciben visitas: enfermedad. Visitas indeseables: desdicha amorosa. 876

9 **Vítores**. Vítores o gritos destemplados: advertencia de que debes ser cuidadoso en todos tus actos. 621

3 **Viuda**. Conversar con una viuda: muerte de tu esposa. Que una mujer se sueñe viuda: infidelidad de su esposo; una joven: su novio la dejará. 741

8 **Viudo**. Soñarte viudo: enfermedad de tu esposa. Que una joven se sueñe casada con un viudo: problemas con falsos amores, aunque se casará con un hombre honrado. 746

4 **Volcán**. Grandes desacuerdos, conflictos familiares y peleas con la pareja. Para un hombre de negocios este sueño significa empleados deshonestos y robo de consecuencias serias. Para los enamorados, intriga, engaños y malas intenciones que habrán de ser descubiertas, con el consecuente desprecio para quien las tramó. 175

4 **Vómito**. Soñar que vomitas, ya sea sangre, alimentos o flemas, indica riqueza para los pobres y daños para los ricos. Vomitar vino: perderás en un negocio de bienes raíces. Vomitar después de haber ingerido licor: ganarás dinero en el juego, pero lo gastarás fácilmente. 715

9 **Voto**. Si deseas hacer realidad tus esperanzas, debes tener más seguridad en ti mismo; la fortuna te favorece, pero enfrentarás numerosas dificultades. Depositar tu voto: cambio de amistades. 486

9 **Voz**. De significado contrario. Escuchar en sueños la voz de personas que conversan animadamente indica dificultades de negocios y muchas preocupaciones. 468

3 **Vuelo**. Sueño anunciador de obstáculos cuyo significado

depende de los resultados obtenidos en el sueño. Sin embargo, la aviación se ha desarrollado tanto en las últimas décadas que puede considerarse que este sueño indica ambiciosos planes, quizá fuera del alcance del soñador. Ser aviador: planes demasiado ambiciosos. Ser dueño de un avión: éxito en todos los proyectos. 759

W

5 **Whisky**. Enfermedad, deudas y dificultades. Ofrecerles whisky a familiares: cuídate de una traición; a tu pareja: realización de tus mayores ambiciones; a tu amante: tentaciones. Que te ofrecen whisky: aclaración de un enigma. 437

Y

6 **Yate**. Buena suerte si el mar está en calma. Hallarte en un yate: cumplimiento de tus ambiciones, salvo que el mar esté agitado, en cuyo caso sufrirás una decepción. 825

1 **Yeso**. Si sueñas yeso encima de ti, te harán falsas acusaciones; si sueñas yeso desprendiéndose de las paredes de tu casa, enfrentarás problemas familiares. 856

4 **Yunque**. Buen augurio por lo general, siempre y cuando tu sueño no sea muy ruidoso. Personas trabajando en un yunque: buenas épocas. 310

Z

4 **Zanahorias**. Herencia. 526

7 **Zanja**. Todos los obstáculos físicos son de mal agüero; surgirán dificultades imprevistas, sobre todo de orden financiero. Ser lanzado a una zanja: problemas imprevistos. Pasar por encima de una zanja: engaño. Cavar una zanja: descubrirás un secreto. 862

8 **Zapatos**. Sueño de significado contrario, pues si te ves descalzo tendrás éxito en los negocios. Soñar que tus zapatos están muy gastados y reparados indica dificultades, que sin embargo podrás superar si te esfuerzas. Zapatos nuevos: proyecto interesante pero de resultados imprevisibles. Zapatos negros: mala temporada; blancos: futuro prometedor. Zapatos de gamuza: días venturosos y alegres. Botas de tacón alto: dicha. Comprar zapatos: excelentes ganancias. 413

3 Zarzamoras. A diferencia de casi todos los demás productos de la Naturaleza, éste es de mal agüero, debido a su color. Recolectar zarzamoras: tendrás mala suerte. Comprar zarzamoras: resultarás herido en un accidente. Zarzamoras colgando de un arbusto: abundancia. Una mujer casada recolectando zarzamoras: se embarazará pronto. 462

1 Zarzas. Si se prenden a tu ropa, sufrirás daños de enemigos secretos; si te provocan sangrado, te esperan grandes pérdidas de negocios. Si, en cambio, sueñas que pasas entre zarzas sin hacerte daño, triunfarás sobre tus enemigos y serás feliz. 298

9 Zoológico. Aunque por sí mismos los animales en cautiverio no son símbolos afortunados, se considera buen signo visitar un zoológico en sueños. Ir solo al zoológico: te perturbarán; con la familia y los niños: buenas esperanzas; con el ser amado: riesgo de infortunios. 873

2 Zorro. Ver en sueños a un zorro indica que entre tus conocidos tienes un rival o enemigo. Si el animal está muerto, resolverás tus problemas. 785

6 Zurcido. Soñarte zurciendo anuncia el comienzo de una amistad maravillosa. Que otra persona zurce: advertencia de chismes. Ropa zurcida: tu situación empeorará. 834

DÍAS DE LA SUERTE

Todos los seres humanos tenemos el instinto del juego, el deseo de correr riesgos que puedan significar pérdidas o ganancias. La vida misma es una especulación: no sabemos si un niño recién nacido sobrevivirá o morirá; si un comerciante tendrá éxito o no en la tienda que acaba de abrir; si un piloto llegará sano y salvo a su destino. El deseo de correr riesgos es innato, trátese de seres humanos primitivos o civilizados.

Ralph Waldo Emerson, el notable escritor estadunidense del siglo XIX, afirmó en una ocasión: «La astrología no es otra cosa que la astronomía aplicada a la vida real.» Desde hace miles de años, la astrología —la más antigua de las ciencias— le ha dicho a la gente qué curso seguir en su vida. «Todo tiene su momento y su lugar», dice el refrán, y qué mejor demostración de ello que las ciencias de la astrología y la numerología, tan valiosas en la determinación de nuestras actividades cotidianas.

El gran astrólogo y filósofo de la antigüedad que respondía al nombre de Tolomeo señaló lo siguiente: «Cada quien es dueño de su propio juicio, pero éste también debe ser conducido por la ciencia, que a través de los horóscopos nos permite conocer nuestras mejores horas y días.»

De ninguna manera pretendo alentar el juego de la especulación por sí mismo, pero estoy convencido de que mientras sigamos siendo como somos, nos seguirá gustando hacerlo (así sea por simple diversión), emprender negocios, viajar y comprar y vender valores, propiedades y mercancías. Si, por lo tanto, estamos obligados a especular, este libro nos enseña a enlazar nuestro juicio con las leyes que regulan el universo. Es cierto que para llevar a buen término todo proyecto necesitamos de un juicio atinado, pero también que si enriquecemos éste con el conocimiento de las leyes fundamentales de causa y efecto establecidas por la ciencia del universo, nuestras probabilidades de éxito aumentarán, pues atenidos sólo a nuestro juicio corremos el riesgo de iniciar proyectos en el momento menos oportuno.

Así pues, al ofrecer la información contenida en este capítulo no nos mueve otro interés que el de proporcionar un entretenido y emocionante pasatiempo, o bien una prueba de habilidades, controladas siempre por el juicio del lector. Perseguimos diversión e interés, no sumisión.

Si este libro ha sido de tu agrado y deseas seguir consultándolo, te sugerimos usar un separador para identificar de inmediato la sección correspondiente a tu signo zodiacal. La consulta periódica de estas páginas te ahorrará mucho dinero y te dará excelentes resultados.

Tus números de la suerte
Los métodos que se describen a continuación se basan en la ciencia de la numerología y pueden ser aplicados por cualquier persona. Una experiencia de muchos años en el estudio del significado oculto de los números le permite al autor afirmar que, si bien no infalibles, estos procedimientos les han sido de suma utilidad a muchas personas.

Principios básicos
Primero. Para conocer tus facultades mágicas, el tiempo debe ser leído de la siguiente manera:

Horario mágico

AM	1	2	3	4	5	6	7	8	9	10	11	12
PM	13	14	5	16	17	18	19	20	21	22	23	24

Segundo. A cada día de la semana le corresponde un número: al lunes el 1, al martes el 2, al miércoles el 3, al jueves el 4, al viernes el 5, al sábado el 6 y al domingo el 7.

Tercero. Debes deducir el número que le corresponde a tu nombre según la cantidad de letras que lo componen. Ejemplo: el nombre completo de Luis Pérez consta de 4 letras del nombre propio y 5 del apellido paterno, lo que da como resultado 9. Este número siempre le traerá suerte a Luis Pérez.

Cuarto. El número de la suerte se deduce combinando los valores numéricos de tu día y mes de nacimiento. Ejemplo: supongamos que naciste un 25 de junio; dado que junio es el sexto mes, la combinación de 6 y 25 nos da 625 ó 67; si sumamos estas cifras (6 más 2 más 5) obtenemos 13, del que resulta 4 con la misma operación (1 más 3). En consecuencia, tendrás cuatro números mágicos, todos ellos con la misma potencia: 625, 67, 13 y 4. El uso de uno u otro en determinadas circunstancias dependerá de su utilidad en el momento. Enero equivale a 1, febrero a 2, marzo a 3, abril a 4, mayo a 5, junio a 6, julio a 7, agosto a 8, septiembre a 9, octubre a 10, noviembre a 11 (o 2) y diciembre a 12 (ó 3).

Métodos de uso de tus números de la suerte

1. La hora mágica. Para un juego o apuesta, combina el número del día de la semana y el número de la hora respectiva. Ejemplo: supongamos que son las 4 de tarde de un viernes. De acuerdo con nuestro horario mágico, a las 4 de la tarde le corresponde el número 16, mientras que de acuerdo con nuestro segundo principio, el viernes equivale a 5. Si combinamos estos dos números obtenemos 165 ó 75; la suma de 1 más 6 más 5 nos da 12, y la de 1 más 2, 3. Disponemos así de cuatro números mágicos, todos ellos con la misma potencia: 165, 75, 12 y 3. Cualquiera de ellos, el que más te convenga, sería el apropiado para tu juego.

2. La clave de la suerte. Combina el número de letras de tu nombre con el número de la hora en la que juegas. Ejemplo: vamos a suponer que Luis Pérez (9) quiere saber cuál es su número de la suerte a las 8 de la noche. La combinación de 9 y 20 nos da 920; la suma de 9 más 2 más 0, 11, y la suma de 1 más 1, 2. He ahí los cuatro números mágicos de Luis Pérez: 920, 29, 11 y 2. Debes usar el que más te convenga.

3. La cima del éxito. Combina los números de tu día y mes de nacimiento. Ejemplo: si naciste el 24 de agosto, la combinación de 24 y 8 nos da 248 ó 68; la suma de 2 más 4 más 8, 14, y la de 1 más 4, 5. Éstos serán tus cuatro números de la suerte, todos ellos con la misma potencia mágica: 248, 68, 14 y 5.

4. La cifra del amor. Cuenta el número de letras del nombre de la persona a la que amas y combínalo con el número de letras de tu nombre. Ejemplo: Alicia Ramírez (13 letras) y Luis Pérez (9 letras) da como resultado 139 ó 49; sumando 1 más 3 más 9 obtenemos 13, y 1 más 3, 4. Estos son los cuatro números del amor de la pareja: 139, 49, 13 y 4. Debes usar el que mejor corresponda a cada situación.

Nota: Si deseas obtener más números de la suerte para un día en especial, combina los números utilizados para deducir la cifra del amor con el número de una hora en particular. Ejemplo: Alicia Ramírez (13), Luis Pérez (9) y las 20 horas (8 de la noche) nos ofrece dos juegos de cifras (20 y 139) por combinar y sumar según nuestra conveniencia. En este caso, la hora es muy importante; la cifra correspondiente al tiempo se modifica naturalmente conforme avanza el día. Por lo demás, sumar, combinar o convertir un número mágico no reduce su potencia; así, por ejemplo, da lo mismo 165 que 75 que 12 que 3. Igualmente, podemos añadir a un número los ceros que deseemos: 2, 20, 200.

Mediante la astrología puedes saber el momento exacto en el que te conviene correr un riesgo o no. El recorrido de la Tierra por los doce signos del zodiaco genera ciertas configuraciones, las cuales indican a su vez tus perspectivas de éxito o fracaso frente a un riesgo u oportunidad en particular. Esto quiere decir que tus probabilidades de ganar o perder en un momento dado están determinadas por periodos que se repiten cada año. La decisión de hacer uso de esta información te corresponde a ti. A fin de alcanzar la mayor precisión posible, hemos dividido en tres cada uno de los periodos cubiertos por los signos del zodiaco; a cada uno de estos grupos, divididos por decenas, les corresponde a su vez ciertos periodos del año (cada uno de ellos de alrededor de diez días de duración) especialmente favorecidos por los movimientos del sol.

Días de la suerte para aries
(Para los nacidos entre el 21 de marzo y el 20 de abril)

Si naciste el 21, 22, 23, 24, 25, 26, 27, 28, 29 ó 30 de marzo, puedes especular con altas probabilidades de ganar, durante los siguientes periodos:

Enero	21 a 31
Mayo	21 a 31
Julio	23 a 3 de agosto
Noviembre	23 a 3 de diciembre

Es muy probable que entre el 21 y el 31 de marzo te veas tentado a especular; deberás determinar por ti mismo si este periodo te es afortunado o no. No corras riesgos del 22 de junio al 2 de julio; del 23 de septiembre al 4 de octubre, ni del 22 de diciembre al 3 de enero.

Si naciste el 1, 2, 3, 4, 5, 6, 7, 8, 9 ó 10 de abril, puedes especular con altas probabilidades de ganar, durante los siguientes periodos:

Febrero	1 a 11
Junio	1 a 12
Agosto	3 a 14
Diciembre	2 a 13

Es muy probable que entre el 1o. y el 12 de abril te veas tentado a especular; deberás determinar por ti mismo si este periodo te es afortunado o no. No corras riesgos del 2 al 13 de enero; del 2 al 14 de julio, ni del 3 al 15 de octubre.

Si naciste el 11, 12, 13, 14, 15, 16, 17, 18, 19 ó 20 de abril, puedes especular, con altas probabilidades de ganar, durante los siguientes periodos:

Febrero	9 a 20
Junio	10 a 21
Agosto	12 a 23
Diciembre	11 a 23

Es muy probable que entre el 10 y el 20 de abril te veas tentado a especular; deberás determinar por ti mismo si este periodo te es afortunado o no. No corras riesgos del 12 al 19 de enero; del 13 al 23 de julio, ni del 14 al 23 de octubre.

Todas las personas nacidas bajo el signo de aries gustan de correr riesgos entre el 22 de julio y el 23 de agosto. Si te arriesgas junto con otras personas, sería recomendable que alguno de tus socios perteneciera a uno de los siguientes signos:

Acuario (del 21 de enero al 19 de febrero)
Géminis (del 22 de mayo al 21 de junio)

Leo (del 24 de julio al 23 de agosto)
Libra (del 24 de septiembre al 23 de octubre)
Sagitario (del 23 de noviembre al 22 de diciembre)

Observaciones varias

Los nacidos entre el 21 y 28 de marzo tienen buena suerte durante la luna nueva.

Los nacidos entre el 29 de marzo y el 5 de abril tienen buena suerte durante el cuarto creciente.

Los nacidos entre el 6 y 13 de abril tienen buena suerte durante la luna llena.

Los nacidos entre el 14 y 20 de abril tienen buena suerte durante el cuarto menguante.

Consulta en un calendario las fechas de cada una de las cuatro fases de la luna.

Numerología

De acuerdo con la ciencia de la numerología, el número astral de aries es 7. Marte, planeta que rige este signo, tiene un valor numérico de 6. Si sumamos estas dos cifras (7 más 6) obtenemos 13, cifra que debemos reducir a su vez a un solo número, que sería 4 (1 más 3). Por lo tanto, el número 4 es el número clave de todas las personas nacidas bajo el signo de aries; tenlo presente en todo momento. Cuando compres un boleto de cualquier cosa, fíjate en que el número dominante sea 4. Elige la habitación 4 de un hotel, una casa marcada con el número 4 (o con varios 4), el caballo número 4 en un hipódromo, el jugador 4 en cualquier deporte, las cartas que suman 4 en los naipes, el 4 en la ruleta, etcétera.

Ejemplo: vamos a suponer que tienes en tus manos dos cartas marcadas con los números 10 y 3, respectivamente; 10 más 3 da 13 y 1 más 3 da 4. Esas cartas, o cualesquiera otras que combinadas den 4, son afortunadas para ti. Si la combinación en tu poder da un total de 31, es afortunada, pues 3 más 1 da 4. En toda combinación usa el método de reducción a un solo número.

Cómo identificar tus días de la suerte

Cualquier día de cualquier mes que puedas reducir a 4 es afortunado para ti. Así, los días 13, 22 y 31 de cada mes son para ti días de la suerte, porque la reducción de todas esas cifras a un solo número da 4. Por lo tanto, los días del mes en los que puedes especular con altas probabilidades de ganar son el 4, 13, 22 y 31. Sin embargo, debes correr riesgos únicamente en los periodos, meses u horas favorables para ti.

Horas favorables

Las horas favorables para correr riesgos son las gobernadas por su planeta regente. Infórmate a qué hora sale el sol y cuenta las horas a partir de ahí. Estas horas son las mismas en cualquier semana, mes y año; lo único que cambia es la hora de salida del sol.

Horas favorables. Domingo: 7a., 14a. y 21a. tras la salida del sol. Lunes: 4a., 11a. y 18a. Martes: 1a., 8a., 15a. y 22a. Miércoles: 5a., 12a. y 19a. Jueves: 2a., 9a., 16a. y 23a. Viernes: 6a., 13a. y 20a. Sábado: 3a., 10a., 17a. y 24a.

Días de la suerte para tauro

(Para los nacidos entre el 21 de abril y el 21 de mayo)

Si naciste el 21, 22, 23, 24, 25, 26, 27, 28, 29 ó 30 de abril o el 1o. de mayo, puedes especular, con altas probabilidades de ganar, durante los siguientes periodos:

Febrero	20 a 1o. de marzo
Junio	22 a 3 de julio
Agosto	24 a 4 de septiembre
Diciembre	23 a 3 de enero

Es muy probable que entre el 21 de abril y el 2 de mayo te veas tentado a especular; deberás determinar por ti mismo si este periodo te es afortunado o no. No corras riesgos del 21 de enero al 2 de febrero; del 24 de julio al 4 de agosto, ni del 24 de octubre al 3 de noviembre.

Si naciste el 2, 3, 4, 5, 6, 7, 8, 9, 10 u 11 de mayo, puedes especular, con altas probabilidades de ganar, durante los siguientes periodos:

Enero	2 a 12
Marzo	1 a 11

Julio   2 a 13
Septiembre   2 a 14

Es muy probable que entre el 1 y el 12 de mayo te veas tentado a especular; deberás determinar por ti mismo si este periodo te es afortunado o no. No corras riesgos del 1 al 11 de febrero; del 2 al 14 de agosto, ni del 2 al 13 de noviembre.

Si naciste el 12, 13, 14, 15, 16, 17, 18, 19, 20 ó 21 de mayo, puedes especular, con altas probabilidades de ganar, durante los siguientes periodos:

Enero   10 a 20
Marzo   11 a 20
Julio   12 a 23
Septiembre   12 a 23

Es muy probable que entre el 10 y el 21 de mayo te veas tentado a especular; deberás determinar por ti mismo si este periodo es afortunado para tus planes o no. No corras riesgos del 9 al 19 de febrero; del 10 al 23 de agosto, ni del 11 al 23 de noviembre.

Todas las personas nacidas bajo el signo de tauro gustan de correr riesgos entre el 24 de agosto y el 23 de septiembre. Si tú arriesgas junto con otras personas, sería recomendable que alguno de tus socios perteneciera a uno de los siguientes signos:

Piscis (del 20 de febrero al 20 de marzo)
Tauro (del 21 de abril al 21 de mayo)
Cáncer (del 22 de junio al 23 de julio)
Virgo (del 24 de agosto al 23 de septiembre)
Escorpión (del 24 de octubre al 22 de noviembre)
Capricornio (del 23 de diciembre al 20 de enero)

Observaciones varias
Los nacidos entre el 21 y 28 de abril tienen buena suerte durante la luna nueva.

Los nacidos entre el 29 de abril y el 5 de mayo tienen buena suerte durante el cuarto creciente.

Los nacidos entre el 6 y 14 de mayo tienen buena suerte durante la luna llena.

Los nacidos entre el 15 y 21 de mayo tienen buena suerte durante el cuarto menguante.

Consulta en un calendario las fechas de cada una de las cuatro fases de la luna.

Numerología

De acuerdo con la ciencia de la numerología, el número astral de tauro es 9. Venus, planeta que rige este signo, tiene también un valor numérico de 9. Si sumamos estas dos cifras (9 más 9) obtenemos 18, cifra que debemos reducir a su vez a un solo número, que sería 9 (1 más 8). Por lo tanto, el número 9 es el número clave de todas las personas nacidas bajo el signo de tauro; tenlo presente en todo momento. Cuando compres un boleto de cualquier cosa, fíjate en que el número dominante sea 9. Elige la habitación 9 de un hotel, una casa marcada con el número 9 (o con varios 9), el caballo número 9 en un hipódromo, el jugador 9 en cualquier deporte, las cartas que suman 9 en los naipes, el 9 en los dados, el 9 en la ruleta, etcétera.

Ejemplo: vamos a suponer que tienes en tus manos dos cartas marcadas con los números 4 y 5, respectivamente; 4 más 5 da 9. Esas cartas, o cualesquiera otras que combinadas den 9, son afortunadas para ti. Si la combinación en tu poder da un total de 36, es afortunada, pues 3 más 6 da 9. En toda combinación usa el método de reducción a un solo número.

Cómo identificar tus días de la suerte

Cualquier día de cualquier mes que pueda reducirse a 9 es afortunado para ti. Así, los días 18 y 27 de cada mes son para ti días de la suerte, porque la reducción de esas cifras a un solo número da 9. Por lo tanto, los días del mes en los que puedes especular con altas probabilidades de ganar son el 9, 18 y 27. Sin embargo, debes correr riesgos únicamente en los periodos, meses u horas favorables para ti.

Horas favorables

Las horas favorables para correr riesgos son las gobernadas por tu planeta regente. Infórmate a qué hora sale el sol y cuenta las horas a partir de ahí. Éstas son las mismas en cualquier semana, mes y año.

Horas favorables. Domingo: 2a., 10a. y 16a. tras la salida del sol. Lunes: 6a., 13a. y 20a. Martes: 3a., 8a., 15a. y 24a. Miércoles: 7a., 14a. y 21a. Jueves: 4a., 11a., y 18a. Viernes: 1a., 8a., 15a. y 22a. Sábado: 5a., 12a., y 19a.

Días de la suerte para géminis
(Para los nacidos entre el 22 de mayo y el 21 de junio)

Si naciste el 22, 23, 24, 25, 26, 27, 28, 29, 30 ó 31 de mayo o el 1o. de junio, puedes especular, con altas probabilidades de ganar, durante los siguientes periodos:

Enero	21 a 30
Marzo	21 a 31
Julio	24 a 3 de agosto
Septiembre	23 a 3 de octubre

Es muy probable que entre el 22 de mayo y el 1o. de junio te veas tentado a especular; deberás determinar por ti mismo si este periodo te es afortunado o no. No corras riesgos del 20 al 29 de febrero; del 24 de agosto al 3 de septiembre, ni del 23 de noviembre al 2 de diciembre.

Si naciste el 2, 3, 4, 5, 6, 7, 8, 9, 10 u 11 de junio, puedes especular, con altas probabilidades de ganar, durante los siguientes periodos:

Enero	31 a 9 de febrero
Abril	1 a 10
Agosto	4 a 13
Octubre	4 a 13

Es muy probable que entre el 2 y el 11 de junio te veas tentado a especular; deberás determinar por ti mismo si este periodo es afortunado para tus planes o no. No corras riesgos del 1 al 10 de marzo; del 4 al 13 de septiembre, ni del 3 al 12 de diciembre.

Si naciste el 12, 13, 14, 15, 16, 17, 18, 19, 20 ó 21 de junio, puedes especular, con altas probabilidades de ganar, durante los siguientes periodos:

Febrero	10 a 19
Abril	11 a 20
Agosto	13 a 23
Octubre	14 a 23

Es muy probable que entre el 12 y el 21 de junio te veas tentado a especular; deberás determinar por ti mismo si este periodo es afortunado para tus planes o no. No corras riesgos del 11 al 20 de marzo; del 13 al 23 de septiembre, ni del 13 al 22 de diciembre.

Todas las personas nacidas bajo el signo de géminis gustan de correr riesgos entre el 24 de septiembre y el 23 de octubre. Si especulas junto con otras personas, sería recomendable que alguno de tus socios perteneciera a uno de los siguientes signos:

Acuario (del 21 de enero al 19 de febrero)
Aries (del 21 de marzo al 20 de abril)
Géminis (del 22 de mayo al 21 de junio)
Leo (del 24 de julio al 23 de agosto)
Libra (del 24 de septiembre al 23 de octubre)
Sagitario (del 23 de noviembre al 22 de diciembre)

Observaciones varias

Los nacidos entre el 22 y 29 de mayo tienen buena suerte durante la luna nueva.

Los nacidos entre el 30 de mayo y el 6 de junio tienen buena suerte durante el cuarto creciente.

Los nacidos entre el 7 y 14 de junio tienen buena suerte durante la luna llena.

Los nacidos entre el 15 y 21 de junio tienen buena suerte durante el cuarto menguante.

Consulta en un calendario las fechas de cada una de las cuatro fases de la luna.

Numerología

De acuerdo con la ciencia de la numerología, el número astral de géminis es 3. Mercurio, planeta que rige este signo, tiene un valor numérico de 4. Si sumamos estas dos cifras (3 más 4) obtenemos 7. Por lo tanto, el número 7 es el número clave de todas las personas nacidas bajo el signo de géminis; tenlo presente en todo momento. Cuando compres un boleto de cualquier cosa, fíjate en que el número dominante sea 7. Elige la habitación 7 de un hotel, una casa marcada con el número 7 (o con varios 7), el caballo número 7 en un hipódromo, el jugador 7 en cualquier deporte, las cartas que suman 7 en los naipes, el 7 en los dados, el 7 en la ruleta, etcétera.

Ejemplo: vamos a suponer que tienes en tus manos dos cartas marcadas con los números 3 y 4, respectivamente; 3 más 4 da 7. Esas cartas, o cualesquiera otras que combinadas den 7, son afortunadas para ti. Si la combinación en tu poder da un total de 52, es afortunada, pues 5 más 2 da 7. En toda combinación usa el método de reducción a un solo número.

Cómo identificar tus días de la suerte

Cualquier día de cualquier mes que pueda reducirse a 7 es afortunado para ti. Así, los días 16 y 25 de cada mes son para ti días de la suerte, porque la reducción de esas cifras a un solo número da 7. Por lo tanto, los días del mes en los que puedes especular con altas probabilidades de ganar son el 7, 16 y 25. Sin embargo, debes correr riesgos únicamente en los periodos, meses u horas favorables para ti.

Horas favorables

Las horas favorables para correr riesgos son las gobernadas por tu planeta regente. Infórmate a qué hora sale el sol y cuenta las horas a partir de ahí. Estas horas son las mismas en cualquier semana, mes y año; lo único que cambia es la hora de salida del sol.

Horas favorables. Domingo: 3a., 10a., 17a. y 24a. tras la salida del sol. Lunes: 7a., 14a. y 21a. Martes: 4a., 11a. y 18a. Miércoles: 1a., 8a., 15a. y 22a. Jueves: 5a., 12a. y 19a. Viernes: 2a., 9a., 16a. y 23a. Sábado: 6a., 13a. y 20a.

Días de la suerte para cáncer

(Para los nacidos entre el 22 de junio y el 23 de julio)

Si naciste el 22, 23, 24, 25, 26, 27, 28, 29 ó 30 de junio o el 1 ó 2 de julio, puedes especular, con altas probabilidades de ganar, durante los siguientes periodos:

Febrero	20 a 29
Abril	21 a 1o. de mayo
Agosto	24 a 3 de septiembre
Octubre	24 a 2 de noviembre

Es muy probable que entre el 22 de junio y el 2 de julio te veas tentado a especular; deberás determinar por ti mismo si este periodo te es afortunado o no. No corras riesgos del 21 al 31 de marzo; del 24 de septiembre al 3 de octubre, ni del 22 al 31 de diciembre.

Si naciste el 3, 4, 5, 6, 7, 8, 9, 10, 11, 12 ó 13 de julio, puedes especular, con altas probabilidades de ganar, durante los siguientes periodos:

Marzo	1 a 10
Mayo	2 a 12
Septiembre	4 a 13
Noviembre	3 a 12

Es muy probable que entre el 3 y el 13 de julio te veas tentado a especular; deberás determinar por ti mismo si este periodo te es afortunado o no. No corras riesgos del 1 al 10 de abril; del 4 al 13 de octubre, ni del 1o. al 12 de enero.

Si naciste el 14, 15, 16, 17, 18, 19, 20, 21, 22 ó 23 de julio, puedes especular, con altas probabilidades de ganar, durante los siguientes periodos:

Marzo	11 a 20
Mayo	12 a 21
Septiembre	14 a 23
Noviembre	13 a 22

Es muy probable que entre el 14 y el 23 de julio te veas tentado a especular; deberás determinar por ti mismo si este periodo te es afortunado o no. No corras riesgos del 11 al 20 de abril; del 13 al 23 de octubre, ni del 10 al 20 de enero.

Todas las personas nacidas bajo el signo de cáncer gustan de correr riesgos entre el 24 de octubre y el 22 de noviembre. Si especulas junto con otras personas, sería recomendable que alguno de tus socios perteneciera a uno de los siguientes signos:

Piscis (del 20 de febrero al 20 de marzo)
Tauro (del 21 de abril al 21 de mayo)
Cáncer (del 22 de junio al 23 de julio)
Virgo (del 24 de agosto al 23 de septiembre)
Escorpión (del 24 de octubre al 22 de noviembre)
Capricornio (del 23 de diciembre al 20 de enero)

Observaciones varias

Los nacidos entre el 22 y 29 de junio tienen buena suerte durante la luna nueva.

Los nacidos entre el 30 de junio y el 7 de julio tienen buena suerte durante el cuarto creciente.

Los nacidos entre el 8 y 17 de julio tienen buena suerte durante la luna llena.

Los nacidos entre el 18 y 23 de julio tienen buena suerte durante el cuarto menguante.

Consulta en un calendario las fechas de cada una de las cuatro fases de la luna.

Numerología

De acuerdo con la ciencia de la numerología, el número astral de cáncer es 8. La Luna, planeta que rige este signo, tiene un valor numérico de 3. Si sumamos estas dos cifras (8 más 3) obtenemos 11, cifra que debemos reducir a su vez a un solo número, que sería 2 (1 más 1). Por lo tanto, el número 2 es el número clave de todas las personas nacidas bajo el signo de cáncer; considéralo en todo momento. Cuando compres un boleto de cualquier cosa, fíjate que el número dominante sea 2. Elige la habitación 2 de un hotel, una casa marcada con el número 2 (o con varios 2), el caballo número 2 en un hipódromo, el jugador 2 en cualquier deporte, las cartas que suman 2 en los naipes, el 2 en los dados, el 2 en la ruleta, ctcétera.

Ejemplo: vamos a suponer que tienes en tus manos dos cartas marcadas con los números 9 y 2, respectivamente; 9 más 2 da 11, y 1 más 1 da 2. Esas cartas, o cualesquiera otras que combinadas den 2, son afortunadas para ti. Si la combinación en tu poder da un total de 65, es afortunada, pues puede reducirse a 2. En toda combinación usa el método de reducción a un solo número.

Cómo identificar tus días de la suerte

Cualquier día de cualquier mes que pueda reducirse a 2 es afortunado para ti. Así, los días 11, 20 y 29 de cada mes son para ti días de la suerte, porque la reducción de todas esas cifras a un solo número da 2. Por lo tanto, los días del mes en los que puedes especular con altas probabilidades de ganar son el 2,

11, 20 y 29. Sin embargo, debes correr riesgos únicamente en los periodos, meses u horas favorables para ti.

Horas favorables

Las horas favorables para correr riesgos son las gobernadas por tu planeta regente. Infórmate a qué hora sale el sol y cuenta las horas a partir de ahí. Estas horas son las mismas en cualquier semana, mes y año; lo único que cambia es la hora de salida del sol.

Horas favorables. Domingo: 4a., 11a. y 18a. tras la salida del sol. Lunes: 1a., 8a., 15a. y 22a. Martes: 5a., 12a. y 19a. Miércoles: 2a., 9a., 16a. y 23a. Jueves: 6a., 13a., y 20a. Viernes: 3a., 10a., 17a. y 24a. Sábado: 7a., 14a., y 21a.

Días de la suerte para leo

(Para los nacidos entre el 24 de julio y el 23 de agosto)

Si naciste el 24, 25, 26, 27, 28, 29, 30 ó 31 de julio ó 1, 2 ó 3 de agosto, puedes especular, con altas probabilidades de ganar, durante los siguientes periodos:

Marzo	21 a 31
Mayo	22 a 1o. de junio
Septiembre	24 a 3 de octubre
Noviembre	23 a 2 de diciembre

Es muy probable que entre el 24 de julio y el 5 de agosto te veas tentado a especular; deberás determinar por ti mismo si este periodo te es afortunado o no. No corras riesgos del 21 al 30 de enero; del 21 de abril al 2 de mayo, ni del 23 de octubre al 3 de noviembre.

Si naciste el 4, 5, 6, 7, 8, 9, 10, 11, 12 ó 13 de agosto, puedes especular, con altas probabilidades de ganar, durante los siguientes periodos:

Abril	1 a 11
Junio	2 a 12
Octubre	3 a 13
Diciembre	3 a 12

Es muy probable que entre el 2 y el 14 de agosto te veas tentado a especular; deberás determinar por ti mismo si este periodo es afortunado para tus planes o no. No corras riesgos del 31 de enero al 10 de febrero; del 2 al 12 de mayo, ni del 2 al 13 de noviembre.

Si naciste el 14, 15, 16, 17, 18, 19, 20, 21, 22 ó 23 de agosto, puedes especular, con altas probabilidades de ganar, durante los siguientes periodos:

Abril	10 a 20
Junio	12 a 21
Octubre	13 a 23
Diciembre	12 a 22

Es muy probable que entre el 12 y el 23 de agosto te veas tentado a especular; deberás determinar por ti mismo si este periodo te es afortunado o no. No corras riesgos del 12 al 19 de febrero; del 11 al 21 de mayo, ni del 12 al 22 de noviembre.

Todas las personas nacidas bajo el signo de leo gustan de correr riesgos entre el 23 de noviembre y el 22 de diciembre. Si especulas junto con otras personas, sería recomendable que alguno de tus socios perteneciera a uno de los siguientes signos:

Acuario (del 21 de enero al 19 de febrero)
Aries (del 21 de marzo al 20 de abril)
Géminis (del 22 de mayo al 21 de junio)
Leo (del 24 de julio al 23 de agosto)
Libra (del 24 de septiembre al 23 de octubre)
Sagitario (del 23 de noviembre al 22 de diciembre)

Observaciones varias

Los nacidos entre el 24 y 31 de julio tienen buena suerte durante la luna nueva.

Los nacidos entre el 1o. y 7 de agosto tienen buena suerte durante el cuarto creciente.

Los nacidos entre el 8 y 16 de agosto tienen buena suerte durante la luna llena.

Los nacidos entre el 17 y 23 de agosto tienen buena suerte durante el cuarto menguante.

Consulta en un calendario las fechas de cada una de las cuatro fases de la luna.

Numerología

De acuerdo con la ciencia de la numerología, el número astral de leo es 5.

El Sol, planeta que rige este signo, tiene un valor numérico de 9. Si sumamos estas dos cifras (5 más 9) obtenemos 14, cifra que debemos reducir a su vez a un solo número, que sería 5 (1 más 4). Por lo tanto, el número 5 es el número clave de todas las personas nacidas bajo el signo de leo; considéralo en todo momento. Cuando compres un boleto de cualquier cosa, fíjate que el número dominante sea 5. Elige la habitación 5 de un hotel, una casa marcada con el número 5 (o con varios 5), el caballo número 5 en un hipódromo, el jugador 5 en cualquier deporte, las cartas que suman 5 en los naipes, el 5 en los dados, el 5 en la ruleta, etcétera.

Ejemplo: vamos a suponer que tienes en tus manos dos cartas marcadas con los números 2 y 3, respectivamente; 2 más 3 da 5. Esas cartas, o cualesquiera otras que combinadas den 5, son afortunadas para ti. Si la combinación en tu poder da un total de 41, es afortunada, pues 4 más 1 da 5. En toda combinación usa el método de reducción a un solo número.

Cómo identificar tus días de la suerte

Cualquier día de cualquier mes que pueda reducirse a 5 es afortunado para ti. Así, los días 14 y 23 de cada mes son para ti días de la suerte, porque la reducción de esas cifras a un solo número da 5. Por lo tanto, los días del mes en los que puedes especular con altas probabilidades de ganar son el 5, 14 y 23. Sin embargo, debes correr riesgos únicamente en los periodos, meses u horas favorables para ti.

Horas favorables

Las horas favorables para correr riesgos son las gobernadas por su planeta regente. Infórmate a qué hora sale el sol y cuenta las horas a partir de ahí. Estas horas son las mismas en cualquier semana, mes y año; lo único que cambia es la hora de salida del sol.

Horas favorables. Domingo: 1a., 8a., 15a. y 22a. tras la salida del sol. Lunes: 5a., 12a. y 19a. Martes: 2a., 9a., 16a. y 23a. Miércoles: 6a., 13a. y 20a. Jueves: 3a., 10a., 17a. y 24a. Viernes: 7a., 14a. y 21a. Sábado: 4a., 11a., y 18a.

Días de la suerte para virgo

(Para los nacidos entre el 24 de agosto y 23 de septiembre)

Si naciste el 24, 25, 26, 27, 28, 29, 30 ó 31 de agosto ó el 1, 2 ó 3 de septiembre, puedes especular, con altas probabilidades de ganar, durante los siguientes periodos:

Abril	21 a 1 de mayo
Junio	22 a 2 de julio
Octubre	24 a 3 de noviembre
Diciembre	22 a 31

Es muy probable que entre el 23 de agosto y el 3 de septiembre te veas tentado a arriesgar; deberás determinar por ti mismo si este periodo te es afortunado o no. No corras riesgos del 20 al 29 de febrero; del 22 de mayo al 1o. de junio, ni del 23 de noviembre al 3 de diciembre.

Si naciste el 4, 5, 6, 7, 8, 9, 10, 11, 12 ó 13 de septiembre, puedes especular, con altas probabilidades de ganar, durante los siguientes periodos:

Enero	1 a 11
Mayo	2 a 12
Julio	3 a 13
Noviembre	2 a 12

Es muy probable que entre el 3 y el 14 de septiembre te veas tentado a especular; deberás determinar por ti mismo si este periodo te es afortunado o no. No corras riesgos del 1 al 11 de marzo; del 2 al 12 de junio, ni del 2 al 13 de diciembre.

Si naciste el 14, 15, 16, 17, 18, 19, 20, 21 ó 22 de septiembre, puedes especular, con altas probabilidades de ganar, durante los siguientes periodos:

Enero	11 a 21
Mayo	11 a 21
Julio	12 a 23
Noviembre	12 a 22

Es muy probable que entre el 12 y el 23 de septiembre te veas tentado a especular; deberás determinar por ti mismo si este periodo te es afortunado o no. No corras riesgos del 9 hasta el 20 de marzo; del 11 al 21 de junio, ni del 12 al 22 de diciembre.

Todas las personas nacidas bajo el signo de virgo gustan

de correr riesgos entre el 23 de diciembre y el 20 de enero. Si especulas junto con otras personas, sería recomendable que alguno de tus socios perteneciera a uno de los siguientes signos:

Piscis (del 20 de febrero al 20 de marzo)
Tauro (del 21 de abril al 21 de mayo)
Cáncer (del 22 de junio al 23 de julio)
Virgo (del 24 de agosto al 23 de septiembre)
Escorpión (del 24 de octubre al 22 de noviembre)
Capricornio (del 23 de diciembre al 20 de enero)

Observaciones varias

Los nacidos entre el 24 y 31 de agosto tienen buena suerte durante la luna nueva.

Los nacidos entre el 1o. y 7 de septiembre tienen buena suerte durante el cuarto creciente.

Los nacidos entre el 8 y 17 de septiembre tienen buena suerte durante la luna llena.

Los nacidos entre el 18 y 23 de septiembre tienen buena suerte durante el cuarto menguante.

Consulta en un calendario las fechas de cada una de las cuatro fases de la luna.

Numerología

De acuerdo con la ciencia de la numerología, el número astral de virgo es el 8. Mercurio, planeta que rige este signo, tiene un valor numérico de 4. Si sumamos estas dos cifras (8 más 4) obtenemos 12, cifra que debemos reducir a su vez a un solo número, que resulta 3 (1 más 2). Por lo tanto, el número 3 es el número clave de todas las personas nacidas bajo el signo de virgo; tenlo presente en todo momento. Cuando compres un boleto de cualquier cosa, fíjate que el número dominante sea 3. Elige la habitación 3 de un hotel, una casa marcada con el número 3 (o con varios 3), el caballo número 3 en un hipódromo, el jugador 3 en cualquier deporte, las cartas que suman 3 en los naipes, el 3 en los dados, el 3 en la ruleta, etcétera.

Ejemplo: vamos a suponer que tienes en tus manos dos cartas marcadas con los números 10 y 2, respectivamente; 10 más 2 da 12, y 1 más 2 da 3. Esas cartas, o cualesquiera otras que combinadas den 3, son afortunadas para ti. Si la combinación en tu poder da un total de 21, es afortunada, pues 2 más 1 da 3. En toda combinación usa el método de reducción a un solo número.

Cómo identificar tus días de la suerte

Cualquier día de cualquier mes que pueda reducirse a 3 es afortunado para ti. Así, los días 12, 21 y 30 de cada mes son para ti días de la suerte, porque la reducción de todas esas cifras a un solo número da 3. Por lo tanto, los días del mes en los que puedes especular con altas probabilidades de ganar son el 3, 12, 21 y 30. Sin embargo, debes correr riesgos únicamente en los periodos, meses u horas favorables para ti.

Horas favorables

Las horas favorables para correr riesgos son las gobernadas por tu planeta regente. Infórmate a qué hora sale el sol y cuenta las horas a partir de ahí. Estas horas son las mismas en cualquier semana, mes y año; lo único que cambia es la hora de salida del sol.

    Horas favorables. Domingo: 3a., 10a., 17a. y 24 tras la salida del sol. Lunes: 7a., 14a. y 21a. Martes: 4a., 11a. y 18a. Miércoles: 1a., 8a., 15a. y 22a. Jueves: 5a., 12a., y 19a. Viernes: 2a., 9a., 16a. y 23a. Sábado: 6a., 13a., y 20a.

Días de la suerte para libra

(Para los nacidos del 24 de septiembre al 23 de octubre)

    Si naciste el 24, 25, 26, 27, 28, 29 ó 30 de septiembre o el 1, 2 ó 3 de octubre, puedes especular, con altas probabilidades de ganar, durante los siguientes periodos:

Enero	21 a 30
Mayo	22 a 1o. de junio
Julio	24 a 3 de agosto
Noviembre	23 a 3 de diciembre

    Es muy probable que entre el 23 de septiembre y el 5 de octubre te veas tentado a especular; deberás determinar por ti mismo si este periodo te es afortunado o no. No corras riesgos del 21 al 31 de marzo; del 22 de junio al 3 de julio, ni del 22 al 31 de diciembre.

Si naciste el 4, 5, 6, 7, 8, 9, 10, 11, 12 ó 13 de octubre, puedes especular, con altas probabilidades de ganar, durante los siguientes periodos:

Enero	31 a 9 de febrero
Junio	1 a 12
Agosto	3 a 14
Diciembre	2 a 12

Es muy probable que entre el 2 y el 14 de octubre te veas tentado a especular; deberás determinar por ti mismo si este periodo te es afortunado o no. No corras riesgos del 1 al 12 de enero; del 1 al 11 de abril, ni del 2 al 15 de julio.

Si naciste el 14, 15, 16, 17, 18, 19, 20, 21, 22 ó 23 de octubre, puedes especular, con altas probabilidades de ganar, durante los siguientes periodos:

Febrero	9 a 19
Junio	11 a 21
Agosto	12 a 23
Diciembre	11 a 22

Es muy probable que entre el 10 y el 23 de octubre te veas tentado a especular; deberás determinar por ti mismo si este periodo te es afortunado o no. No corras riesgos del 9 al 20 de enero; del 10 al 20 de abril, ni del 12 al 23 de julio.

Todas las personas nacidas bajo el signo de libra gustan de correr riesgos entre el 21 de enero y el 19 de febrero. Si especulas junto con otras personas, sería recomendable que alguno de tus socios perteneciera a uno de los siguientes signos:

Acuario (del 21 de enero al 19 de febrero)
Aries (del 21 de marzo al 20 de abril)
Géminis (del 22 de mayo al 21 de junio)
Leo (del 24 de julio al 23 de agosto)
Libra (del 24 de septiembre al 23 de octubre)
Sagitario (del 23 de noviembre al 22 de diciembre)

Observaciones varias

Los nacidos entre el 24 y 30 de septiembre tienen buena suerte durante la luna nueva.

Los nacidos entre el 1o. y 7 de octubre tienen buena suerte durante el cuarto creciente.

Los nacidos entre el 8 y 17 de octubre tienen buena suerte durante la luna llena.

Los nacidos entre el 18 y 23 de octubre tienen buena suerte durante el cuarto menguante.

Consulta en un calendario las fechas de cada una de las cuatro fases de la luna.

Numerología

De acuerdo con la ciencia de la numerología, el número astral de libra es 6. Venus, planeta que rige este signo, tiene un valor numérico de 9. Si sumamos estas dos cifras (6 más 9) obtenemos 15, cifra que debemos reducir a su vez a un solo número, que sería 6 (1 más 5). Por lo tanto, el número 6 es el número clave de todas las personas nacidas bajo el signo de libra; tenlo presente en todo momento. Cuando compres un boleto de cualquier cosa, fíjate en que el número dominante sea 6. Elige la habitación 6 de un hotel, una casa marcada con el número 6 (o con varios 6), el caballo número 6 en un hipódromo, el jugador 6 en cualquier deporte, las cartas que suman 6 en los naipes, el 6 en los dados, el 6 en la ruleta, etcétera.

Ejemplo: vamos a suponer que tienes en tus manos dos cartas marcadas con los números 4 y 2, respectivamente; 4 más 2 da 6. Esas cartas, o cualesquiera otras que combinadas den 6, son afortunadas para ti. Si la combinación en tu poder da un total de 51, es afortunada, pues 5 más 1 da 6. En toda combinación usa el método de reducción a un solo número.

Cómo identificar tus días de la suerte

Cualquier día de cualquier mes que pueda reducirse a 6 es afortunado para ti. Así, los días 15 y 24 de cada mes son para ti días de la suerte, porque la reducción de esas cifras a un solo número da 6. Por lo tanto, los días del mes en los que puedes especular con altas probabilidades de ganar son el 6, 15 y 24. Sin embargo, debes correr riesgos únicamente en los periodos, meses u horas favorables para ti.

Horas favorables

Las horas favorables para correr riesgos son las gobernadas por tu planeta regente. Infórmate a qué hora sale el sol y cuenta las horas a partir de ahí. Estas horas son las mismas en cualquier semana, mes y año; lo único que cambia es la hora de salida del sol.

Horas favorables. Domingo: 2a., 9a., 16a. y 23a. tras la salida del sol. Lunes: 6a., 13a. y 20a. Martes: 3a., 8a., 15a. y 24a. Miércoles: 7a., 14a. y 21a. Jueves: 4a., 11a. y 18a. Viernes: 1a., 8a., 15a. y 22a. Sábado: 5a., 12a. y 19a.

Días de la suerte para escorpión
(Para los nacidos del 23 de octubre al 22 de noviembre)

Si naciste el 24, 25, 26, 27, 28, 29, 30 ó 31 de octubre o el 1 ó 2 de noviembre, puedes especular, con altas probabilidades de ganar, durante los siguientes periodos:

Febrero	20 a 29
Junio	22 a 2 de julio
Agosto	24 a 3 de septiembre
Diciembre	21 a 31

Es muy probable que entre el 23 de octubre y el 3 de noviembre te veas tentado a especular; deberás determinar por ti mismo si este periodo te es afortunado o no. No corras riesgos del 20 al 31 de enero; del 21 de abril al 2 de mayo, ni del 23 de julio al 4 de agosto.

Si naciste el 3, 4, 5, 6, 7, 8, 9, 10, 11 ó 12 de noviembre, puedes especular, con altas probabilidades de ganar, durante los siguientes periodos:

Enero	1 a 12
Marzo	1 a 10
Julio	2 a 13
Septiembre	3 a 14

Es muy probable que entre el 1o. y el 13 de noviembre te veas tentado a especular; deberás determinar por ti mismo si este periodo es afortunado para tus planes o no. No corras riesgos del 1 hasta el 12 de febrero; del 1o. al 12 de mayo, ni del 2 al 15 de agosto.

Si naciste el 13, 14, 15, 16, 17, 18, 19, 20, 21 ó 22 de noviembre, puedes especular, con altas probabilidades de ganar, durante los siguientes periodos:

Enero	10 a 20
Marzo	10 a 20
Julio	12 a 23
Septiembre	13 a 23

Es muy probable que entre el 10 y el 23 de noviembre te veas tentado a especular; deberás determinar por ti mismo si este periodo te es afortunado o no. No corras riesgos del 8 al 20 de febrero; del 11 al 21 de mayo, ni del 13 al 23 de agosto.

Todas las personas nacidas bajo el signo de escorpión corren riesgos entre el 20 de febrero y el 20 de marzo. Si especulas con otras personas, sería recomendable que alguno de tus socios perteneciera a uno de los siguientes signos:

Capricornio (del 23 de diciembre al 20 de enero)
Piscis (del 20 de febrero al 20 de marzo)
Tauro (del 21 de abril al 21 de mayo)
Cáncer (del 22 de junio al 23 de julio)
Virgo (del 24 de agosto al 23 de septiembre)
Escorpión (del 24 de octubre al 22 de noviembre)

Observaciones varias

Los nacidos entre el 24 y 30 de octubre tienen buena suerte durante la luna nueva.

Los nacidos entre el 31 de octubre y el 8 de noviembre tienen buena suerte durante el cuarto creciente.

Los nacidos entre el 9 y 16 de noviembre tienen buena suerte durante la luna llena.

Los nacidos entre el 17 y 22 de noviembre tienen buena suerte durante el cuarto menguante.

Consulta en un calendario las fechas de cada una de las cuatro fases de la luna.

Numerología

De acuerdo con la ciencia de la numerología, el número astral de escorpión es 5. Plutón, planeta que rige este signo, tiene un valor numérico de 3. Si sumamos estas dos cifras (5 más 3) obtenemos 8. Por lo tanto, el número 8 es el número clave de todas las personas nacidas bajo el signo de escorpión; tenlo presente en todo momento. Cuando compres un boleto de cualquier cosa, fíjate en que el número dominante sea 8. Elige la habitación 8 de un hotel, una casa marcada con el número 8 (o con varios 8), el caballo número 8 en un hipódromo, el jugador 8 en cualquier deporte, las cartas que suman 8 en los naipes, el 8 en los dados, el 8 en la ruleta, etcétera.

Ejemplo: vamos a suponer que tienes en tus manos dos cartas marcadas con los números 4 y 4, respectivamente; 4 más 4 da 8. Esas cartas, o cualesquiera otras que combinadas den 8, son afortunadas para ti. Si la combinación en tu poder da un total de 26 ó 53, es afortunada, pues puede reducirse a 8. En toda combinación usa el método de reducción a un solo número.

Cómo identificar tus días de la suerte

Cualquier día de cualquier mes que pueda reducirse a 8 es afortunado para ti. Así, los días 17 y 26 de cada mes son para ti días de la suerte, porque la reducción de esas cifras a un solo número da 8. Por lo tanto, los días del mes en los que puedes especular con altas probabilidades de ganar son el 8, 17 y 26. Sin embargo, debes correr riesgos únicamente en los periodos, meses u horas favorables para ti.

Horas favorables

Las horas favorables para correr riesgos son las gobernadas por tu planeta regente. Infórmate a qué hora sale el sol y cuente las horas a partir de ahí. Estas horas son las mismas en cualquier semana, mes y año; lo único que cambia es la hora de salida del sol.

Horas favorables. Domingo: 7a., 14a. y 21a. tras la salida del sol. Lunes: 4a., 11a. y 18a. Martes: 1a., 8a., 15a. y 22a. Miércoles: 5a., 12a. y 19a. Jueves: 2a., 9a., 16a., y 23a. Viernes: 6a., 13a. y 20a. Sábado: 3a., 10a., 17a. y 24a.

Días de la suerte para sagitario

(Para los nacidos del 23 de noviembre al 22 de diciembre)

Si naciste el 23, 24, 25, 26, 27, 28, 29 ó 30 de noviembre o el 1 ó 2 de diciembre, puedes especular, con altas probabilidades de ganar, durante los siguientes periodos:

Enero	21 a 30
Marzo	21 a 31

| Julio | 23 a 3 de agosto |
| Septiembre | 23 a 4 de octubre |

Es muy probable que entre el 22 de noviembre y el 3 de diciembre te veas tentado a especular; deberás determinar por ti mismo si este periodo te es afortunado o no. No corras riesgos del 19 al 29 de febrero; del 21 de mayo al 3 de junio, ni del 22 de agosto al 4 de septiembre.

Si naciste el 3, 4, 5, 6, 7, 8, 9, 10, 11 ó 12 de diciembre, puedes especular, con altas probabilidades de ganar, durante los siguientes periodos:

Enero	31 a 9 de febrero
Abril	1 a 11
Agosto	12 a 23
Octubre	3 a 14

Es muy probable que entre el 1o. y el 14 de diciembre te veas tentado a especular; deberás determinar por ti mismo si este periodo es afortunado para tus planes o no. No corras riesgos del 1 al 13 de marzo; del 1 al 12 de junio, ni del 2 hasta el 14 de septiembre.

Si naciste el 13, 14, 15, 16, 17, 18, 19, 20, 21 ó 22 de diciembre, puedes especular, con altas probabilidades de ganar, durante los siguientes periodos:

Febrero	9 a 20
Abril	10 a 20
Agosto	13 a 23
Octubre	12 a 23

Es muy probable que entre el 10 y el 22 de diciembre te veas tentado a especular; deberás determinar por ti mismo si este periodo es afortunado para tus planes o no. No corras riesgos del 10 al 21 de marzo; del 11 al 21 de junio, ni del 12 al 23 de septiembre.

Todas las personas nacidas bajo el signo de sagitario gustan de correr riesgos entre el 21 de marzo y el 20 de abril. Si especulas junto con otras personas, sería recomendable que alguno de tus socios perteneciera a uno de los siguientes signos:

Acuario (del 21 de enero al 19 de febrero)
Aries (del 21 de marzo al 20 de abril)
Géminis (del 22 de mayo al 21 de junio)

Leo (del 24 de julio al 23 de agosto)
Libra (del 24 de septiembre al 23 de octubre)
Sagitario (del 23 de noviembre al 22 de diciembre)

Observaciones varias
Los nacidos entre el 23 y 29 de noviembre tienen buena suerte durante la luna nueva.

Los nacidos entre el 30 de noviembre y el 7 de diciembre tienen buena suerte durante el cuarto creciente.

Los nacidos entre el 8 y 16 de diciembre tienen buena suerte durante la luna llena.

Los nacidos entre el 17 y 22 de abril tienen buena suerte durante el cuarto menguante.

Consulta en un calendario las fechas de cada una de las cuatro fases de la luna.

Numerología
De acuerdo con la ciencia de la numerología, el número astral de sagitario es 8. Júpiter, planeta que rige este signo, tiene un valor numérico de 9. Si sumamos estas dos cifras (8 más 9) obtenemos 17, cifra que debemos reducir a su vez a un solo número, que sería 8 (1 más 7). Por lo tanto, el número 8 es el número clave de todas las personas nacidas bajo el signo de sagitario, el mismo que para las nacidas en escorpión; dado que en numerología se manejan sólo 9 cifras y los signos del zodiaco son 12, algunos comparten igual número clave. Ten presente en todo momento que tu número clave es 8. Cuando compres un boleto de cualquier cosa, fíjate en que el número dominante sea 8. Elige la habitación 8 de un hotel, una casa marcada con el número 8 (o con varios 8), el caballo número 8 en un hipódromo, el jugador 8 en cualquier deporte, las cartas que suman 8 en los naipes, el 8 en los dados, el 8 en la ruleta, etcétera.

Ejemplo: vamos a suponer que tienes en tus manos dos cartas marcadas con los números 6 y 2, respectivamente; 6 más 2 da 8. Esas cartas, o cualesquiera otras que combinadas den 8, son afortunadas para ti. Si la combinación en tu poder da un total de 35 o 53, es afortunada, pues se puede reducir a 8. En toda combinación usa el método de reducción a un solo número.

Cómo identificar tus días de la suerte

Cualquier día de cualquier mes que pueda reducirse a 8 es afortunado para ti. Así, los días 17 y 26 de cada mes son para ti días de la suerte, porque la reducción de esas cifras a un solo número da 8. Por lo tanto, los días del mes en los que puedes especular con altas probabilidades de ganar son el 8, 17 y 26. Sin embargo, debes correr riesgos únicamente en los periodos, meses u horas favorables para ti.

Horas favorables

Las horas favorables para correr riesgos son las gobernadas por tu planeta regente. Infórmate a qué hora sale el sol y cuenta las horas a partir de ahí. Estas horas son las mismas en cualquier semana, mes y año; lo único que cambia es la hora de salida del sol.

Horas favorables. Domingo: 6a., 13a. y 20a. tras la salida del sol. Lunes: 3a., 10a., 17a. y 24a. Martes: 7a., 14a. y 21a. Miércoles: 4a., 11a. y 18a. Jueves: 1a., 8a., 15a. y 22a. Viernes: 5a., 12a. y 19a. Sábado: 2a., 9a., 16a. y 23a.

Días de la suerte para capricornio

(Para los nacidos del 23 de diciembre al 20 de enero)

Si naciste el 23, 24, 25, 26, 27, 28, 29, 30 ó 31 de diciembre, puedes especular, con altas probabilidades de ganar, durante los siguientes periodos:

Febrero	20 a 29
Abril	21 a 2 de mayo
Agosto	23 a 3 de septiembre
Octubre	22 a 2 de noviembre

Es muy probable que entre el 20 y el 31 de diciembre te veas tentado a especular; deberás determinar por ti mismo si este periodo te es afortunado o no. No corras riesgos del 21 al 31 de marzo; del 22 de junio al 3 de julio, ni del 24 de septiembre al 4 de octubre.

Si naciste el 1, 2, 3, 4, 5, 6, 7, 8, 9 ó 10 de enero, puedes especular, con altas probabilidades de ganar, durante los siguientes periodos:

Marzo	1 a 10
Mayo	2 a 12

Septiembre 4 a 14

Noviembre 2 a 12

Es muy probable que entre el 1 y el 12 de enero te veas tentado a especular; deberás determinar por ti mismo si este periodo te es afortunado o no. No corras riesgos del 1 al 11 de abril; del 2 al 13 de julio, ni del 3 al 14 de octubre.

Si naciste el 11, 12, 13, 14, 15, 16, 17, 18, 19 ó 20 de enero, puedes especular, con altas probabilidades de ganar, durante los siguientes periodos:

Marzo 10 a 20

Mayo 11 a 21

Septiembre 13 a 24

Noviembre 13 a 22

Es muy probable que entre el 9 y el 21 de enero te veas tentado a especular; deberás determinar por ti mismo si este periodo te es afortunado o no. No corras riesgos del 10 al 20 de abril; del 13 al 23 de julio, ni del 12 al 23 de octubre.

Todas las personas nacidas bajo el signo de capricornio gustan de correr riesgos entre el 21 de abril y el 21 de mayo. Si especulas junto con otras personas, sería recomendable que alguno de tus socios perteneciera a uno de los siguientes signos:

Capricornio (del 23 de diciembre al 20 de enero)

Piscis (del 20 de febrero al 20 de marzo)

Tauro (del 21 de abril al 21 de mayo)

Cáncer (del 22 de junio al 23 de julio)

Virgo (del 24 de agosto al 23 de septiembre)

Escorpión (del 24 de octubre al 22 de noviembre)

Observaciones varias

Los nacidos entre el 23 y 30 de diciembre tienen buena suerte durante la luna nueva.

Los nacidos entre el 31 de diciembre y el 6 de enero tienen buena suerte durante el cuarto creciente.

Los nacidos entre el 7 y 14 de enero tienen buena suerte durante la luna llena.

Los nacidos entre el 15 y 20 de enero tienen buena suerte durante el cuarto menguante.

Consulta en un calendario las fechas de cada una de las cuatro fases de la luna.

Numerología

De acuerdo con la ciencia de la numerología, el número astral de capricornio es 8. Saturno, planeta que rige este signo, tiene un valor numérico de 3. Si sumamos estas dos cifras (8 más 3) obtenemos 11, cifra que debemos reducir a su vez a un solo número, que sería 2 (1 más 1). Por lo tanto, el número 2 es el número clave de todas las personas nacidas bajo el signo de capricornio, el mismo que para las nacidas en cáncer; dado que en numerología se manejan sólo 9 cifras y los signos del zodiaco son 12, algunos comparten igual número clave. Ten presente en todo momento que tu número clave es 2. Cuando compres un boleto de cualquier cosa, fíjate que el número dominante sea 2. Elige la habitación 2 de un hotel, una casa marcada con el número 2 (o con varios 2), el caballo número 2 en un hipódromo, el jugador 2 en cualquier deporte, las cartas que suman 2 en los naipes, el 2 en los dados, el 2 en la ruleta, etcétera.

Ejemplo: vamos a suponer que tienes en tus manos dos cartas: un 10 y un as; 10 más 1 da 11, y 1 más 1 da 2. Esas cartas, o cualesquiera otras que combinadas den 2, son afortunadas para ti. Si la combinación en tu poder da un total de 20, es afortunada, pues se puede reducir a 2. En toda combinación usa el método de reducción a un solo número.

Cómo identificar tus días de la suerte

Cualquier día de cualquier mes que pueda reducirse a 2 es afortunado para ti. Así, los días 11 y 29 de cada mes son para ti días de la suerte, porque la reducción de esas cifras a un solo número da 2. Por lo tanto, los días del mes en los que puedes especular con altas probabilidades de ganar son el 2, 11 y 29. Sin embargo, debes correr riesgos únicamente en los periodos, meses u horas favorables para ti.

Horas favorables

Las horas favorables para correr riesgos son las gobernadas por tu planeta regente. Infórmate a qué hora sale el sol y cuenta las horas a partir de ahí. Estas horas son las mismas en cualquier semana, mes y año; lo único que cambia es la hora de salida del sol.

Horas favorables. Domingo: 5a., 12a. y 19a. tras la salida del sol. Lunes: 2a., 9a. y 23a. Martes: 6a., 13a. y 20a. Miércoles: 3a., 8a., 15a. y 24a. Jueves: 7a., 14a., y 21a. Viernes: 4a., 11a. y 18a. Sábado: 1a., 10a., 17a. y 22a.

Días de la suerte para acuario
(Para los nacidos entre el 21 de enero y el 19 de febrero)

Si naciste el 21, 22, 23, 24, 25, 26, 27, 28, 29 ó 30 de enero, puedes especular, con altas probabilidades de ganar, durante los siguientes periodos:

Marzo	21 a 31
Mayo	21 a 2 de junio

Es muy probable que entre el 20 y el 31 de enero te veas tentado a especular; deberás determinar por ti mismo si este periodo te es afortunado o no. No corras riesgos del 21 de abril al 2 de mayo; del 23 de julio al 3 de agosto, ni del 24 de octubre al 3 de noviembre.

Si naciste el 31 de enero o el 1, 2, 3, 4, 5, 6, 7, 8 ó 9 de febrero, puedes especular, con altas probabilidades de ganar, durante los siguientes periodos:

Abril	1 a 12
Junio	1 a 11
Octubre	3 a 13
Diciembre	3 a 13

Es muy probable que entre el 30 de enero y el 10 de febrero te veas tentado a especular; deberás determinar por ti mismo si este periodo te es afortunado o no. No corras riesgos del 2 al 12 de mayo; del 2 al 14 de agosto, ni del 1 al 12 de noviembre.

Si naciste el 10, 11, 12, 13, 14, 15, 16, 17, 18 ó 19 de febrero, puedes especular, con altas probabilidades de ganar, durante los siguientes periodos:

Abril	11 a 20
Junio	11 a 21
Octubre	13 a 23
Diciembre	11 a 22

Es muy probable que entre el 9 y el 20 de febrero te veas tentado a especular; deberás determinar por ti mismo si este periodo te es afortunado o no. No corras riesgos del 10 al 22 de mayo; del 13 al 23 de agosto, ni del 11 al 22 de noviembre.

Todas las personas nacidas bajo el signo de acuario gustan de correr riesgos entre el 22 de mayo y el 21 de junio. Si especulas junto con otras personas, sería recomendable que alguno de tus socios perteneciera a uno de los siguientes signos:

Acuario (del 21 de enero al 19 de febrero)
Aries (del 21 de marzo al 20 de abril)
Géminis (del 22 de mayo al 21 de junio)
Leo (del 24 de julio al 23 de agosto)
Libra (del 24 de septiembre al 23 de octubre)
Sagitario (del 23 de noviembre al 22 de diciembre)

Observaciones varias

Los nacidos entre el 21 y 28 de enero tienen buena suerte durante la luna nueva.

Los nacidos entre el 29 de enero y el 6 de febrero tienen buena suerte durante el cuarto creciente.

Los nacidos entre el 7 y 14 de febrero tienen buena suerte durante la luna llena.

Los nacidos entre el 15 y 19 de febrero tienen buena suerte durante el cuarto menguante.

Consulta en un calendario las fechas de cada una de las cuatro fases de la luna.

Numerología

De acuerdo con la ciencia de la numerología, el número astral de acuario es 8. Urano, planeta que rige este signo, tiene un valor numérico de 4. Si sumamos estas dos cifras (8 más 4) obtenemos 12, cifra que debemos reducir a su vez a un solo número, que sería 3 (1 más 2). Por lo tanto, el número 3 es el número clave de todas las personas nacidas bajo el signo de acuario, el mismo que para las nacidas en virgo; dado que en numerología se manejan sólo 9 cifras y los signos del zodiaco son 12, algunos comparten igual número clave. Ten presente en todo momento que tu número clave es 3. Cuando compres un boleto de cualquier cosa, fíjate en que el número dominante sea 3. Elige la habitación 3 de un hotel, una casa marcada con el número 3 (o con varios 3), el caballo número 3 en un hipódromo, el jugador 3 en cualquier deporte, las cartas que suman 3 en los naipes, el 3 en los dados, el 3 en la ruleta, etcétera.

Ejemplo: vamos a suponer que tienes en tus manos dos cartas marcadas con los números 9 y 3, respectivamente; 9 más 3 da 12 y 1 más 2 da 3. Esas cartas, o cualesquiera otras que combinadas den 3, son afortunadas para ti. Si la combinación en tu poder da un total de 48 ó 66, es afortunada, pues puede reducirse a 3. En toda combinación usa el método de reducción a un solo número.

Cómo identificar tus días de la suerte

Cualquier día de cualquier mes que pueda reducirse a 3 es afortunado para ti. Así, los días 12, 21 y 30 de cada mes son para ti días de la suerte, porque la reducción de todas esas cifras a un solo número da 3. Por lo tanto, los días del mes en los que puedes especular con altas probabilidades de ganar son el 3, 12, 21 y 30. Sin embargo, debes correr riesgos únicamente en los periodos, meses u horas favorables para ti.

Horas favorables

Las horas favorables para correr riesgos son las gobernadas por tu planeta regente. Infórmate a qué hora sale el sol y cuenta las horas a partir de ahí. Estas horas son las mismas en cualquier semana, mes y año; lo único que cambia es la hora de salida del sol.

Horas favorables. Domingo: 3a., 10a., 17 y 24a. tras la salida del sol. Lunes: 7a., 14a. y 21a. Martes: 4a., 11a. y 18a. Miércoles: 5a., 12a. y 19a. Jueves: 2a., 9a., 16a. y 23a. Viernes: 6a., 13a. y 20a. Sábado: 1a., 8a., 15a. y 22a.

Días de la suerte para piscis

(Para los nacidos entre el 20 de febrero y el 20 de marzo)

Si naciste el 20, 21, 22, 23, 24, 25, 26, 27, 28 ó 29 de febrero, puedes especular, con altas probabilidades de ganar, durante los siguientes periodos:

Abril	21 a 2 de mayo
Junio	22 a 3 de julio

Octubre	23 a 2 de noviembre
Diciembre	22 a 31

Es muy probable que entre el 19 y 29 de febrero te veas tentado a especular; deberás determinar por ti mismo si este periodo te es afortunado o no. No corras riesgos del 21 de mayo al 2 de junio; del 23 de agosto al 4 de septiembre, ni del 21 de noviembre al 4 de diciembre.

Si naciste el 1, 2, 3, 4, 5, 6, 7, 8, 9 ó 10 de marzo, puedes especular, con altas probabilidades de ganar, durante los siguientes periodos:

Enero	1 a 10
Mayo	1 a 12
Julio	2 a 13
Noviembre	1 a 12

Es muy probable que entre el 1 y el 12 de marzo te veas tentado a especular; deberás determinar por ti mismo si este periodo es afortunado para tus planes o no. No corras riesgos del 1 al 13 de junio; del 2 al 13 de septiembre, ni del 1 al 12 de diciembre.

Si naciste el 11, 12, 13, 14, 15, 16, 17, 18, 19 ó 20 de marzo, puedes especular, con altas probabilidades de ganar, durante los siguientes periodos:

Enero	10 a 20
Mayo	11 a 21
Julio	13 a 23
Noviembre	11 a 22

Es muy probable que entre el 9 y el 21 de marzo te veas tentado a especular; deberás determinar por ti mismo si este periodo es afortunado para tus planes o no. No corras riesgos del 10 al 22 de junio; del 12 al 23 de septiembre, ni del 10 al 22 de diciembre.

Todas las personas nacidas bajo el signo de piscis gustan de correr riesgos entre el 22 de junio y el 23 de julio. Si especulas junto con otras personas, sería recomendable que alguno de tus socios perteneciera a uno de los siguientes signos:

Capricornio (del 23 de diciembre al 20 de enero)
Piscis (del 20 de febrero al 20 de marzo)

Tauro (del 21 de abril al 21 de mayo)
Cáncer (del 22 de junio al 23 de julio)
Virgo (del 24 de agosto al 23 de septiembre)
Escorpión (del 24 de octubre al 22 de noviembre)

Observaciones varias
Los nacidos entre el 20 y 26 de febrero tienen buena suerte durante la luna nueva.

Los nacidos entre el 27 de febrero y el 5 de marzo tienen buena suerte durante el cuarto creciente.

Los nacidos entre el 6 y 13 de marzo tienen buena suerte durante la luna llena.

Los nacidos entre el 14 y 20 de marzo tienen buena suerte durante el cuarto menguante.

Consulta en un calendario las fechas de cada una de las cuatro fases de la luna.

Numerología
De acuerdo con la ciencia de la numerología, el número astral de piscis es 8. Neptuno, planeta que rige este signo, tiene un valor numérico de 5. Si sumamos estas dos cifras (8 más 5) obtenemos 13, cifra que debemos reducir a su vez a un solo número, que sería 4 (1 más 3). Por lo tanto, el número 4 es el número clave de todas las personas nacidas bajo el signo de piscis, el mismo que para las nacidas en aries; dado que en numerología se manejan sólo 9 cifras y los signos del zodiaco son 12, algunos comparten igual número clave. Ten presente en todo momento que tu número clave es 4. Cuando compres un boleto de cualquier cosa, fíjate en que el número dominante sea 4. Elige la habitación 4 de un hotel, una casa marcada con el número 4 (o con varios 4), el caballo número 4 en un hipódromo, el jugador 4 en cualquier deporte, las cartas que suman 4 en los naipes, el 4 en los dados, el 4 en la ruleta, etcétera.

Ejemplo: vamos a suponer que tienes en tus manos dos cartas marcadas con los números 9 y 4, respectivamente; 9 más 4 da 13, y 1 más 3 da 4. Esas cartas, o cualesquiera otras que combinadas den 4, son afortunadas para ti. Si la combinación en tu poder da un total de 31 ó 67, es afortunada, pues puede reducirse a 4. En toda combinación usa el método de reducción a un solo número.

Cómo identificar sus días de la suerte

Cualquier día de cualquier mes que pueda reducirse a 4 es afortunado para ti. Así, los días 13, 22 y 31 de cada mes son para ti días de la suerte, porque la reducción de todas esas cifras a un solo número da 4. Por lo tanto, los días del mes en los que puedes especular con altas probabilidades de ganar son el 4, 13, 22 y 31. Sin embargo, debes correr riesgos únicamente en los periodos, meses u horas favorables para ti.

Horas favorables

Las horas favorables para correr riesgos son las gobernadas por tu planeta regente. Infórmate a qué hora sale el sol y cuenta las horas a partir de ahí. Estas horas son las mismas en cualquier semana, mes y año; lo único que cambia es la hora de salida del sol.

Horas favorables. Domingo: 2a., 9a., 16a. y 23a. tras la salida del sol. Lunes: 5a., 12a. y 19a. Martes: 6a., 13a. y 20a. Miércoles: 3a., 10a., 17a. y 24a. Jueves: 7a., 14a., y 21a. Viernes: 1a., 8a., 15a. y 22a. Sábado: 4a., 11a., y 18a.

Ciclos afortunados y adversos

Júpiter, el planeta más grande de nuestro sistema solar, desempeña un importante papel en la vida humana. Tres veces mayor que todos los demás planetas juntos, tarda doce años en recorrer los doce signos del zodiaco, periodo durante el cual ejerce poderosa influencia sobre los seres vivos. Si con su enorme poder es capaz de alterar el curso de los cometas, no es de extrañar que modifique el destino de hombres e imperios. Debido a su ciclo singular, cada doce años vuelve a encontrarse en el mismo punto del cielo en el que se hallaba cuando naciste, con lo que marca el inicio de un nuevo ciclo en tu vida. Esta ley se aplica por igual a hombres y mujeres. En consecuencia, cada uno de nosotros puede calcular sus años afortunados y aquellos otros en los que nos comportamos en forma tan insensata, extravagante y desastrosa que no hacemos sino acumular pérdidas. La interpretación que detallaremos enseguida acerca del ciclo de Júpiter es igual para todos y cada uno de nosotros, lo que no quiere decir que sea general. Como este planeta tarda un año en recorrer un signo zodiacal completo, es muy fácil calcular su posición exacta en cada año de nuestra vida.

El rey Salomón afirmó: «Todo tiene su estación, y cada propósito su momento en el cielo.» Esto significa que la vida humana debe planearse de acuerdo con la operación de las influencias planetarias sobre nuestra fecha de nacimiento, y por lo tanto sobre nosotros mismos, no obstante cada quien está en libertad de armonizar con las grandes leyes naturales o de oponerse a ellas. De nosotros depende planear nuestra vida en tal forma que nos beneficiemos de influencias favorables y nos protejamos en momentos en los que los planetas se encuentran en ángulos críticos para nosotros. Quienes desconocen estas leyes van ciegos por la vida, culpando al destino de su mala estrella, cuando lo cierto es que, independientemente de nuestra fecha de nacimiento, todos estamos sujetos a periodos de buena suerte en los que nos sonríe el éxito y a ciclos en los que todo nos sale mal y nuestras oportunidades se reducen. Por fortuna, estos ciclos ocurren a intervalos regulares, de manera que es muy sencillo identificar el ciclo en el que nos encontramos en determinado momento de nuestra vida.

Más allá de las demás influencias planetarias que intervienen en tu vida, los siguientes son tus ciclos afortunados. El uso que le des a esta información depende de ti.

Ciclos afortunados. Ocurren a las edades de 16, 20, 22, 26, 28, 32, 34, 38, 40, 44, 46, 50, 56, 58, 62, 64, 68, 70, 74, 76 y 80 años. Es evidente que en estos años puedes tener problemas, pero nunca faltarán cierta dosis de buena suerte, la mano amiga que te ayude, las oportunidades que llegan solas y numerosas posibilidades de hacer dinero. Para quienes no tienen trabajo, esto quiere decir que en esos años encontrarán empleo, así no sea el que más les gustaría. Los cambios que ocurran en estos ciclos serán a la larga muy positivos, y todo negocio florecerá. Son éstas las épocas más indicadas para ampliar un negocio, hacer viajes prolongados, resolver todo tipo de asuntos legales o terminar de establecerse con solidez. Las cosas se nos facilitan, recibimos muchos regalos, ganamos en todos los juegos de azar, y el sexo opuesto nos favorece. Los ciclos afortunados duran alrededor de nueve meses y comienzan entre cuatro meses antes y cuatro después de su mes de nacimiento. Para muchas personas, son épocas prósperas.

Sin embargo, también debemos considerar nuestros ciclos adversos, conocidos como ciclos de restricciones. Se trata de aquellos periodos de la vida en los que no te sientes bien, en los que parecería que la sangre se te hubiera espesado e incurres en toda clase de excentricidades y descuidos. Son temporadas adversas para la especulación financiera y el juego, de manera que todas las personas que tienen un negocio deberían evitar en estos ciclos cualquier intento de expansión, y concentrar más bien sus energías en protegerse de trampas agresivas que las conduzcan a la ruina y a los juzgados. Otras personas se vuelven desconfiadas y algunas más incluso pierden el empleo. No te dejes llevar por oportunidades irracionales; si entiendes que hay momentos en los que es imposible hacerse ilusiones, te evitarás muchos dolores de cabeza.

Los ciclos de restricciones duran también nueve meses. Comenzarás a sentirlos unos cuatro meses antes o después del correspondiente a tu nacimiento.

Ciclos adversos. Ocurren en las edades de 15, 18, 21, 27, 30, 33, 39, 42, 45, 51, 54, 57, 63, 66, 69, 75, 78 y 81 años. Cada doce años se inicia un nuevo ciclo en tu vida, con lo que todos tus asuntos cambian por completo.

Como ya sabrás, las condiciones de nuestro planeta están determinadas por la posición del sol, cuyo ciclo es a su vez de alrededor de once años y medio, muy semejante al ciclo personal. Si no te informas en qué punto se hallaban los planetas el día, mes y año en que naciste, nunca sabrás si cada nuevo ciclo te traerá éxito o infortunio. Si haces un recuento de tu vida y repasas lo que te ocurrió entre los 12 y 24 años de edad, es muy probable que puedas deducir si tus nuevos ciclos serán favorables o desafortunados para ti. A las edades de 12, 24, 36, 48, 60, 72, 84 y 96 años empiezan nuevos ciclos para todos nosotros.

La historia registra abundantes y asombrosas predicciones del destino de naciones, gobernantes e individuos, basadas todas ellas en el conocimiento de los ciclos; tal fue precisamente el secreto de los egipcios y de todas las grandes civilizaciones de la antigüedad. De cada quien depende servirse o no de estos ciclos en beneficio de su existencia. Antes de hacer un plan de cualquier tipo, deberíamos saber si nos encontramos en un ciclo afortunado o adverso. Si estamos en un ciclo afortunado, no sólo tendríamos que hacer planes, sino también aprovechar todas las oportunidades de crecer, correr riesgos y efectuar cambios radicales en nuestra vida. Si el ciclo es adverso, hemos de aplazar cuando menos un año la puesta en marcha de nuestros proyectos o la modificación total de nuestros asuntos.

Aparte de los que acabamos de describir, existen lógicamente otros ciclos, que no conviene conocer hasta aplicar los que hemos detallado. Vuelve la vista atrás e identifica los sucesos agradables que te ocurrieron en tus ciclos afortunados y las desgracias que tuviste que padecer en tus ciclos adversos; te aseguro que será una experiencia muy interesante, con la que además aprenderás a dominar una de las leyes fundamentales de la existencia.

Es de esperar que con toda esta información seas capaz de alcanzar éxitos aún mayores y una felicidad más completa, al tiempo que te proteges de pérdidas y tropiezos. Sin duda no hay nada más valioso que saber si la suerte está de nuestro lado o debemos en cambio mantenernos alertas. Te darás cuenta de que muchas veces el destino te ha ofrecido oportunidades que has dejado pasar. En momentos de éxito y desarrollo, debes saber que pasas por un ciclo afortunado de duración precisa que de ningún modo se prolongará indefinidamente. Es del todo normal que disfrutes de meses de éxito y que poco después te encuentres ya en una etapa crítica. Prepárate para ello y deja de hacerte creer que tu buena suerte es eterna. Sé fuerte y goza de todo lo bueno que se te presente; y cuando el destino te dé la espalda y todas tus esperanzas se vuelvan humo, no pierdas la cabeza, pues tú mismo sabes que tu suerte, éxito y dicha volverán. Consulta estas páginas, identifica en qué momento habrás de comenzar tu nuevo ciclo favorable y prepárate para tal ocasión. No olvides las sabias palabras de John Dryden, poeta inglés del siglo XVII:

Para el afortunado hay días, y los elige.
Para el rufián apenas horas, y las pierde.